全国高等教育自学考试指定教材

法律专业（本科段）

公 司 法

（含：公司法自学考试大纲）

（2020年版）

全国高等教育自学考试指导委员会　组编

主　编　顾功耘
副主编　胡改蓉
撰稿人　（按撰写章节为序）
　　　　顾功耘　杨勤法　陈岱松
　　　　张　缨　胡改蓉　伍　坚
审稿人　刘俊海　刘凯湘　梁上上

图书在版编目(CIP)数据

公司法/顾功耘主编. —北京:北京大学出版社,2020.6
全国高等教育自学考试指定教材
ISBN 978-7-301-24648-1

Ⅰ.①公… Ⅱ.①顾… Ⅲ.①公司法—中国—高等教育—自学考试—教材 Ⅳ.①D922.291.91

中国版本图书馆 CIP 数据核字(2020)第 080958 号

书　　　名	公司法 GONGSIFA
著作责任者	顾功耘　主编
责 任 编 辑	孙战营
标 准 书 号	ISBN 978-7-301-24648-1
出 版 发 行	北京大学出版社
地　　　址	北京市海淀区成府路 205 号　100871
网　　　址	http://www.pup.cn
电 子 邮 箱	编辑部 law@pup.cn　总编室 zpup@pup.cn
新 浪 微 博	@北京大学出版社　@北大出版社法律图书
电　　　话	邮购部 010-62752015　发行部 010-62750672　编辑部 010-62752027
印 刷 者	河北滦县鑫华书刊印刷厂
经 销 者	新华书店
	787 毫米×1092 毫米　16 开本　19.25 印张　421 千字 2020 年 6 月第 1 版　2025 年 5 月第 9 次印刷
定　　　价	41.00 元

未经许可,不得以任何方式复制或抄袭本书之部分或全部内容。
版权所有,侵权必究
举报电话: 010-62752024　电子信箱: fd@pup.cn
图书如有印装质量问题,请与出版部联系,电话: 010-62756370

组编前言

21世纪是一个变幻莫测的世纪,是一个催人奋进的时代。科学技术飞速发展,知识更替日新月异。希望、困惑、机遇、挑战,随时随地都有可能出现在每一个社会成员的生活之中。抓住机遇、寻求发展、迎接挑战、适应变化的制胜法宝就是学习——依靠自己学习、终生学习。

作为我国高等教育组成部分的自学考试,其职责就是在高等教育这个水平上倡导自学、鼓励自学、帮助自学、推动自学,为每一个自学者铺就成才之路。组织编写供读者学习的教材就是履行这个职责的重要环节。毫无疑问,这种教材应当适合自学,应当有利于学习者掌握和了解新知识、新信息,有利于学习者增强创新意识、培养实践能力、形成自学能力,也有利于学习者学以致用,解决实际工作中所遇到的问题。具有如此特点的书,我们虽然沿用了"教材"这个概念,但它与那种仅供教师讲、学生听,教师不讲、学生不懂,以"教"为中心的教科书相比,已经在内容安排、编写体例、行文风格等方面都大不相同了。希望读者对此有所了解,以便从一开始就树立起依靠自己学习的坚定信念,不断探索适合自己的学习方法,充分利用自己已有的知识基础和实际工作经验,最大限度地发挥自己的潜能,达到学习的目标。

欢迎读者提出意见和建议。

祝每一位读者自学成功。

全国高等教育自学考试指导委员会
2018年5月

目　　录

公司法自学考试大纲

大纲目录 …………………………………………………………………（3）
大纲前言 …………………………………………………………………（5）
Ⅰ　课程性质与课程目标 …………………………………………………（7）
Ⅱ　考核目标 ………………………………………………………………（9）
Ⅲ　课程内容与考核要求 …………………………………………………（10）
Ⅳ　关于大纲的说明与考核实施要求 ……………………………………（65）
附录　题型举例 …………………………………………………………（68）
大纲后记 …………………………………………………………………（70）

公　司　法

第一章　公司法概述 …………………………………………………（73）
　第一节　公司的定义与法律特征 ………………………………………（73）
　第二节　公司的分类 ……………………………………………………（78）
　第三节　公司法的定义、性质和精髓 …………………………………（82）
　第四节　公司法的基本原则 ……………………………………………（84）
　第五节　公司法与相关法律的关系 ……………………………………（89）
　第六节　我国公司法的发展史 …………………………………………（90）

第二章　公司设立 ……………………………………………………（94）
　第一节　公司设立的概述 ………………………………………………（94）
　第二节　公司设立的条件和程序 ………………………………………（98）
　第三节　公司发起人 ……………………………………………………（101）
　第四节　公司章程 ………………………………………………………（104）
　第五节　公司设立登记 …………………………………………………（107）

第三章　公司资本 ……………………………………………………（109）
　第一节　公司资本制度概述 ……………………………………………（109）
　第二节　公司资本的具体形式 …………………………………………（115）
　第三节　股东瑕疵出资的法律责任 ……………………………………（119）

第四节　公司资本的增减 …………………………………………… (121)

第四章　股东与股权 ……………………………………………………… (124)
　　第一节　股东 ………………………………………………………… (124)
　　第二节　股权 ………………………………………………………… (128)

第五章　董事、监事、高级管理人员的资格、义务与责任 ………………… (144)
　　第一节　董事、监事、高管人员的任职资格 ………………………… (144)
　　第二节　董事、监事、高级管理人员的义务 ………………………… (146)
　　第三节　董事、监事、高级管理人员的责任 ………………………… (151)

第六章　公司债 …………………………………………………………… (156)
　　第一节　公司债概述 ………………………………………………… (156)
　　第二节　公司债的发行 ……………………………………………… (160)
　　第三节　公司债的转让 ……………………………………………… (163)

第七章　公司财务会计制度 ……………………………………………… (165)
　　第一节　公司财务会计制度概述 …………………………………… (165)
　　第二节　公积金制度 ………………………………………………… (168)
　　第三节　公司利润分配 ……………………………………………… (171)

第八章　公司合并、分立与公司形式变更 ………………………………… (174)
　　第一节　公司合并 …………………………………………………… (174)
　　第二节　公司分立 …………………………………………………… (178)
　　第三节　公司形式变更 ……………………………………………… (180)

第九章　公司解散与清算 ………………………………………………… (183)
　　第一节　公司解散 …………………………………………………… (183)
　　第二节　公司清算概述 ……………………………………………… (184)
　　第三节　普通清算 …………………………………………………… (187)
　　第四节　特别清算 …………………………………………………… (191)

第十章　公司破产 ………………………………………………………… (194)
　　第一节　公司破产概述 ……………………………………………… (194)
　　第二节　破产界限 …………………………………………………… (196)
　　第三节　破产管理人 ………………………………………………… (198)
　　第四节　破产债权 …………………………………………………… (200)
　　第五节　债务人财产 ………………………………………………… (204)
　　第六节　破产程序 …………………………………………………… (206)
　　第七节　破产中的法律责任 ………………………………………… (215)

第十一章 有限责任公司······(217)
第一节 有限责任公司概述······(217)
第二节 有限责任公司的设立······(219)
第三节 有限责任公司的股东及股东出资······(222)
第四节 有限责任公司的组织机构······(225)
第五节 股权转让和增减资本······(231)
第六节 一人有限公司······(233)

第十二章 国有独资公司······(236)
第一节 国有独资公司概述······(236)
第二节 国有独资公司的国有资产运作······(240)
第三节 国有独资公司的组织机构······(241)

第十三章 股份有限公司······(243)
第一节 股份有限公司概述······(243)
第二节 股份有限公司的设立······(244)
第三节 股份有限公司的股份与股票······(249)
第四节 股份有限公司的组织结构······(256)
第五节 上市公司······(266)

第十四章 中外合资股份有限公司······(269)
第一节 中外合资股份有限公司概述······(269)
第二节 发行境内上市外资股的股份有限公司······(271)
第三节 发行境外上市外资股的股份有限公司······(274)

第十五章 外国公司分支机构······(283)
第一节 外国公司分支机构概述······(283)
第二节 外国公司分支机构的设立······(284)
第三节 外国公司分支机构的撤销与清算······(285)

第十六章 公司集团······(287)
第一节 公司集团概述······(287)
第二节 对公司集团的法律规制······(291)

教材后记······(298)

全国高等教育自学考试
法律专业(本科段)

公司法自学考试大纲

全国高等教育自学考试指导委员会　制定

大 纲 目 录

大纲前言 ·· (5)
Ⅰ 课程性质与课程目标 ··· (7)
Ⅱ 考核目标 ··· (9)
Ⅲ 课程内容与考核要求 ·· (10)
  第一章 公司法概述 ··· (10)
    学习目的和要求 ··· (10)
    考核知识点与考核要求 ·· (12)
  第二章 公司设立 ·· (14)
    学习目的和要求 ··· (14)
    考核知识点与考核要求 ·· (17)
  第三章 公司资本 ·· (18)
    学习目的和要求 ··· (18)
    考核知识点与考核要求 ·· (20)
  第四章 股东与股权 ··· (22)
    学习目的和要求 ··· (22)
    考核知识点与考核要求 ·· (24)
  第五章 董事、监事、高级管理人员的资格、义务与责任 ················· (26)
    学习目的和要求 ··· (26)
    考核知识点与考核要求 ·· (28)
  第六章 公司债 ··· (29)
    学习目的和要求 ··· (29)
    考核知识点与考核要求 ·· (30)
  第七章 公司财务会计制度 ·· (31)
    学习目的和要求 ··· (31)
    考核知识点与考核要求 ·· (33)
  第八章 公司合并、分立与公司形式变更 ······································ (34)
    学习目的和要求 ··· (34)
    考核知识点与考核要求 ·· (36)
  第九章 公司解散与清算 ··· (37)
    学习目的和要求 ··· (37)
    考核知识点与考核要求 ·· (39)

第十章 公司破产 …………………………………………………………………… (40)
　　学习目的和要求 ………………………………………………………………… (40)
　　考核知识点与考核要求 ………………………………………………………… (44)

第十一章 有限责任公司 …………………………………………………………… (45)
　　学习目的和要求 ………………………………………………………………… (45)
　　考核知识点与考核要求 ………………………………………………………… (48)

第十二章 国有独资公司 …………………………………………………………… (50)
　　学习目的和要求 ………………………………………………………………… (50)
　　考核知识点与考核要求 ………………………………………………………… (51)

第十三章 股份有限公司 …………………………………………………………… (53)
　　学习目的和要求 ………………………………………………………………… (53)
　　考核知识点与考核要求 ………………………………………………………… (56)

第十四章 中外合资股份有限公司 ………………………………………………… (57)
　　学习目的和要求 ………………………………………………………………… (57)
　　考核知识点与考核要求 ………………………………………………………… (59)

第十五章 外国公司分支机构 ……………………………………………………… (60)
　　学习目的和要求 ………………………………………………………………… (60)
　　考核知识点与考核要求 ………………………………………………………… (61)

第十六章 公司集团 ………………………………………………………………… (62)
　　学习目的和要求 ………………………………………………………………… (62)
　　考核知识点与考核要求 ………………………………………………………… (63)

Ⅳ 关于大纲的说明与考核实施要求 ………………………………………………… (65)
附录 题型举例 ………………………………………………………………………… (68)
大纲后记 ………………………………………………………………………………… (70)

大 纲 前 言

为了适应社会主义现代化建设事业的需要,鼓励自学成才,我国在20世纪80年代初建立了高等教育自学考试制度。高等教育自学考试是个人自学、社会助学和国家考试相结合的一种高等教育形式。应考者通过规定的专业考试课程并经思想品德鉴定达到毕业要求的,可获得毕业证书;国家承认学历并按照规定享有与普通高等学校毕业生同等的有关待遇。经过30多年的发展,高等教育自学考试为国家培养造就了大批专门人才。

课程自学考试大纲是国家规范自学者学习范围、要求和考试标准的文件。它是按照专业考试计划的要求,具体指导个人自学、社会助学、国家考试、编写教材、编写自学辅导书的依据。

随着经济社会的快速发展,新的法律法规不断出台,科技成果不断涌现,原大纲中有些内容过时、知识陈旧。为更新教育观念,深化教学内容和方式、考试制度、质量评价制度改革,使自学考试更好地提高人才培养的质量,各专业委员会按照专业考试计划的要求,对原课程自学考试大纲组织了修订或重编。

修订后的大纲,在层次上,本科参照一般普通高校本科水平,专科参照一般普通高校专科或高职院校的水平;在内容上,力图反映学科的发展变化,增补了自然科学和社会科学近年来研究的成果,对明显陈旧的内容进行了删减。

全国高等教育自学考试指导委员会法学类专业委员会组织制定了《公司法自学考试大纲》,经教育部批准,现颁发施行。各地教育部门、考试机构应认真贯彻执行。

全国高等教育自学考试指导委员会
2020年1月

Ⅰ 课程性质与课程目标

一、课程性质和特点

公司法是全国高等教育自学考试法律专业（本科段）的必修课程。

公司法是商法学科中的核心内容，也是商法学的分支学科。无论是商法，还是公司法，均是我国高等教育发展中新设立的学科。随着社会主义市场经济体制的建立，人们对这些学科的需求显得越来越迫切和突出。

公司法学是研究公司法律的科学，是从法律的角度研究公司如何设立、如何组织与管理、如何规范运行的科学。公司是从事商品生产和经营的组织形式，也是资本和人力资源有效利用的组织形式。公司在我国的出现对社会经济生活的每一个方面都产生了巨大的、深刻的影响，改变了社会经济生活方式和人们习以为常的价值观念。然而，公司的运作又是非常严格的。离开法制的轨道，公司也会给社会经济生活的秩序制造混乱。学习公司法，可以使我们学会掌握公司组织的规律；学会运用法律，可以指导国有企业的公司制改革；学会对公司依法进行管理，可以让公司组织最大程度地在国民经济中发挥应有的作用。

与多数公司法教科书不同，本书在内容安排中增加了公司破产和中外合资股份有限公司的内容，它们分别是本书的第十章和第十四章。增加这些内容的目的，是考虑到自考生有关公司法律知识的完整性。在自考生的课程设置中，没有专设破产法课程，也缺乏对中外合资股份有限公司的专门介绍。但就公司法律制度整体而言，破产是公司退出市场的主要原因和方式之一，从学生掌握知识的角度看，应当予以学习；同时，随着我国资本市场的发展，国际化的步伐越来越快，无论是我国境内上市企业引入外资，还是境内企业赴境外上市融资，都成为当前股份有限公司发展的重要方向，为此，加入中外合资股份有限公司的制度介绍，对于学生的知识拓展也非常必要。所以，本书的体系结构是考虑到自考生课程设置的实际情况而进行的安排。

二、课程目标

设置本课程的目标是使考生能够：

（一）了解和掌握公司法的基本概念、基本知识、基本理论，熟悉有关的公司法律、法规；

（二）增强市场经济的法制观念，自觉地运用公司法等法律参与经济活动，严格依法办事；

（三）训练自己应用公司法知识解决实际问题的能力；

(四)通过公司法课程的考试,取得规定的学分。

三、与相关课程的联系与区别

公司法是我国商事法律制度体系中一个非常重要的组成部分。其主要目的在于规范投资者设立、经营、管理、清算公司过程中所发生的一系列社会关系,促进公司组织形式的规范运作和发展,最终推动我国社会经济的进步和繁荣。

公司法属于商法,从更高层次的法律分类来看,属于私法。私法的制度基础在于民法,尤其是在我国目前的立法例中,主要坚持的是民商合一的立法模式,因而,在学习商法,尤其是公司法之前,首先应当学好民法,掌握民法的基本知识,这是学习公司法的前提和基础。此外,由于公司法的制度规则中涉及了一些特殊的诉讼制度,以维护公司、股东的合法权益,因此,在学习公司法之前,还应当对民事诉讼法的基本内容有所了解。当然,法理学等基础学科本身就是学习法律专业的最基础环节,故而,法理学等法律基本课程也必须在学习公司法课程之前先行掌握。

四、课程的重点和难点

本课程的学习重点是第一章至第五章、第九章、第十章、第十一章、第十二章、第十三章和第十六章。

本课程的学习难点是:公司的内涵、类型与法律特点,公司资本制度,股东资格与股东权利,公司董事、监事和高级管理人员的义务,公司解散事由与清算程序,公司破产制度,有限责任公司及股份有限公司的组织机构,国有独资公司的特殊规定,上市公司的特有制度,集团公司的法律规范等。

Ⅱ 考核目标

本大纲在考核目标中,按照识记、领会、应用三个层次规定其应达到的能力层次要求。三个能力层次是递进关系,各能力层次的含义是:

识记(Ⅰ):要求考生能够识别和记忆本课程中有关公司法概念及公司法原理的主要内容,并能够根据考核的不同要求,作出正确的表述、选择和判断。

领会(Ⅱ):要求考生能够领悟和理解本课程中有关公司法原理的内涵及外延,理解相关公司法知识的区别和联系,并能根据考核的不同要求对公司法问题进行逻辑分析和论证,作出正确的判断、解释和说明。

应用(Ⅲ):要求考生能够根据已知的公司实际情况,对公司法问题进行法律层面的分析和论证,得出正确的结论或作出正确的判断。

Ⅲ 课程内容与考核要求

第一章 公司法概述

学习目的和要求

掌握公司的概念和特征,了解公司的分类,理解公司法的基本原则,区分公司法与相邻法律的关系,了解公司法的结构与体例,了解中国公司法的发展历史。

第一节 公司的定义与法律特征

一、公司的定义

公司是依照公司法律规定组织、成立和从事活动的,以营利为目的且兼顾社会利益的,具有法人资格的企业。

二、公司的法律特征

(一)合法性

设立公司,需要符合法定条件,其中有些条件是任何公司都必不可少的,包括:资本、章程和组织机构。

(二)营利性

公司作为一种企业,应当通过自己的生产、经营、服务等活动取得实际的经济利益,并将这种利益依法分配给公司的投资者。

强调公司以营利为目的,但并不否定公司的社会责任。

(三)独立性

公司是具有独立法人资格的企业,享有权利,承担义务和责任。公司不仅独立于其他社会经济组织,而且还独立于自己的股东。

(四)自治性

公司自治是私法自治理念在公司法领域的体现和延伸,意指公司事务由公司作为独立主体依其意思自主决定,国家一般不加干预。

但是,当公司自治影响到国家利益、集体利益、他人利益时,应当受到限制。

三、公司与其他企业的区别

（一）个人独资企业

公司与个人独资企业的区别：对出资人的规定不同；法律地位不同；出资人享有的权利不同；出资人承担的风险不同。

（二）合伙企业

公司与合伙企业的区别：成立基础不同；法律地位不同；法律性质不同；出资人承担的风险不同。

（三）集团企业

公司与集团企业的区别：公司是单个企业，功能通常也较单一；集团企业是多法人的联合体，功能相对强大而且多元化。

第二节 公司的分类

一、现行法律上的分类

（一）按公司资本的不同表现形式以及公司股东人数的不同，可将公司分为有限责任公司、股份有限公司

（二）按公司与公司之间的控制依附关系，可将公司分为母公司和子公司

（三）按公司除受《中华人民共和国公司法》调整外是否还受其他特别法调整，可将公司分为一般法上的公司与特别法上的公司

（四）按公司股票的流通性不同，可将公司分为上市公司、非上市公众公司和非上市公司

（五）按公司的国籍，可将公司分为本国公司和外国公司

二、理论上的分类

（一）无限公司、两合公司、股份有限公司、股份两合公司、有限责任公司

（二）公开公司与封闭公司

（三）人合公司、资合公司与股份合作制公司

第三节 公司法的定义、性质和精髓

一、公司法的定义

公司法是规定各种公司的设立、组织活动和解散以及其他与公司组织有关的对内对外关系的法律规范的总称。

公司法有形式意义上的公司法和实质意义上的公司法之分。形式意义上的公司法仅指冠以"公司法"之名的一部法律。实质意义上的公司法包括一切有关公司的法律、行政法规、规章以及最高司法机关的司法解释等。公司法理论研究的对象通常是实质意义上

的公司法。

二、公司法的性质

(一) 公司法兼具组织法和行为法的双重性质,以组织法为主
(二) 公司法兼具实体法和程序法的双重性质,以实体法为主
(三) 公司法兼具强制法和任意法的双重性质,以强制法为主
(四) 公司法兼具国内法和国际法的双重性质,以国内法为主

三、公司法的精髓

(一) 确认股东财产和公司财产分离,使公司具有独立的财产权利
(二) 确认股东承担有限责任
(三) 确认公司具有法律上的独立人格

第四节 公司法的基本原则

一、鼓励投资原则
二、公司自治原则
三、股权保护原则
四、治理科学原则
五、利益平衡原则
六、社会责任原则

第五节 公司法与相关法律的关系

在公司法与相关法律的关系中,要重点关注公司法与民法、商法、企业法、证券法、破产法的关系的认识与处理。

第六节 我国公司法的发展史

一、中华人民共和国成立前的公司立法
二、改革开放前中国的公司立法
三、改革开放后中国的公司立法

考核知识点与考核要求

本章考核的重点内容在第一节、第二节、第三节和第四节。

一、公司的定义与法律特征
识记:公司的定义。
领会:1.公司的合法性;2.公司的营利性;3.公司的独立性;4.公司的自治性。
应用:1.区分公司与个人独资企业;2.区分公司与合伙企业;3.区分公司与集团企业。

二、公司的分类
识记:公司的各种分类。

三、公司法的定义、性质和精髓
识记:公司法的定义
领会:1.公司法的性质;2.公司法的精髓。

四、公司法的基本原则
领会:1.鼓励投资原则;2.公司自治原则;3.股权保护原则;4.治理科学原则;5.利益平衡原则;6.社会责任原则。

五、公司法与相关法律的关系
领会:1.公司法与民法的关系;2.公司法与商法的关系;3.公司法与企业法的关系;4.公司法与证券法的关系;5.公司法与破产法的关系。

六、我国公司法的发展史
领会:我国近年来对《中华人民共和国公司法》历次修改的主要内容。

第二章 公司设立

学习目的和要求

理解公司设立的原则和意义,掌握公司设立的基本条件和程序,理解公司章程,同时要弄清发起人的权利和责任。

第一节 公司设立的概述

一、公司设立的定义与性质

公司设立,是指为使公司成立、取得公司法人资格而依据法定程序进行的一系列法律行为的总称。

关于公司设立的性质,学界大致存在三种学说:合伙契约说、单独行为说、共同行为说。多数学者主张共同行为说。

二、公司设立的原则

公司设立的原则在不同的历史时期是不同的,总的趋势是设立的限制条件越来越少,公司设立从禁止、限制主义走向自由主义。

一般认为公司的设立原则有以下几种:自由设立主义;特许主义;核准主义;准则主义。

我国公司设立采用的是准则主义和核准主义相结合原则。

三、公司设立的方式

公司设立的方式可以分为以下两种:发起设立与募集设立。

四、公司设立与成立的区别

公司设立是指发起人创建公司的一系列活动,是一种过程。而公司成立则标志着公司取得法人资格,取得了依法进行生产经营活动的权利能力和行为能力。可以说,公司设立是公司成立的前提,公司成立是公司设立的结果。

公司设立和公司成立主要有如下区别:行为性质不同;行为效力不同;行为主体不同。

五、公司设立中的责任承担

设立中的公司是指公司设立登记完毕以前,尚无法人资格的创建中的公司。由于设立中的公司尚未取得法人资格,没有权利能力和行为能力,因而不能独立承担责任。

关于公司设立过程中产生的债务或损失,可分两种情况:一是公司成立,由公司继受,如果发起人有过错,公司可追索发起人的责任;二是公司不能成立,其责任由全部发起人共同承担,发起人之间承担无限连带责任。

第二节 公司设立的条件和程序

一、有限责任公司设立的条件和程序
(一)设立条件
1. 股东符合法定人数
2. 有符合公司章程规定的全体股东认缴的出资额
3. 股东共同制定公司章程
4. 有公司名称,建立符合有限责任公司要求的组织机构
5. 有公司住所
(二)设立程序
1. 确定股东
2. 确定公司规模
3. 制定公司章程
4. 出资
5. 公司设立登记
二、股份有限公司设立的条件和程序
(一)设立条件
1. 发起人符合法定人数
2. 有符合公司章程规定的全体发起人认购的股本总额或者募集的实收股本总额
3. 股份发行、筹办事项符合法律规定
4. 发起人制定公司章程,采用募集方式设立的经创立大会通过
5. 有公司名称,建立符合股份有限公司要求的组织机构
6. 有公司住所
(二)设立程序
1. 确定发起人并签署发起人协议
2. 发起人认购股份和缴纳股款
3. 公开募集股份的申请与审批
4. 募集股份
5. 召开创立大会
6. 公司设立登记

第三节 公司发起人

一、发起人的定义

发起人是指向公司出资或认购公司股份,并策划、承担公司筹办事务的公司创始人。

二、发起人的资格

发起人资格的规定一般包括:(1)发起人行为能力的要求;(2)发起人的国籍或住所地的要求;(3)法律的特殊要求;(4)发起人人数的要求。

《中华人民共和国公司法》对公司发起人的资格作出了具体规定。

三、发起人的权利和责任

发起人的权利主要包括以下几方面:(1)取得报酬;(2)获得特别利益;(3)可以用货币出资,也可以用非货币财产出资;(4)可以入选首届董事会和监事会。

发起人的责任主要包括:(1)出资连带填补责任;(2)公司不能成立时所承担的责任;(3)损害赔偿责任。

第四节 公司章程

一、公司章程的概念和意义

公司章程是公司组织与活动的基本准则,具体是指对公司的组织、运营、管理、解散以及公司与股东之间、股东与股东之间权利义务关系作出明确规定的自治性法律文件。

公司章程是公司内部的契约;公司章程是公司事务公开性的手段。

二、公司章程的内容

法律根据公司章程所规定内容的重要性的不同和是否法律的强制性规定将公司章程的记载事项分为:绝对必要记载事项、相对必要记载事项和任意记载事项。

三、公司章程的效力

公司章程的效力范围主要包括两方面内容:一是公司章程的时间效力;二是公司章程的对人效力。

四、公司章程的修改

公司章程的修改权一般由公司权力机构行使。公司章程修改是公司权力机构的特别决议事项,适用绝对多数决规则。

公司章程修改须办理变更登记时,应及时登记,否则不得对抗第三人。

第五节 公司设立登记

一、有限责任公司的设立登记申请

二、股份有限公司的设立登记申请

三、设立登记的核准

对于申请文件、材料齐全,符合法定形式的,公司登记机关应当决定予以受理,并在规定期限内作出是否准予登记的决定。作出准予公司设立登记决定的,应当出具《准予设立登记通知书》,告知申请人自决定之日起10日内,领取营业执照。营业执照签发之日,公司成立,即取得企业法人资格。

考核知识点与考核要求

本章重点考核的内容是第一节、第二节、第三节、第四节。

一、公司设立的概述

识记:1. 公司设立;2. 公司成立;3. 自由设立主义;4. 特许主义;5. 核准主义;6. 准则主义;7. 发起设立;8. 募集设立。

领会:1. 公司设立与成立的区别;2. 发起设立与募集设立的区别。

二、公司设立的条件和程序

领会:1. 有限责任公司设立的条件和程序;2. 股份有限公司设立的条件和程序。

三、公司发起人

识记:发起人的定义。

领会:1. 发起人的资格;2. 发起人的权利和责任。

四、公司章程

识记:1. 公司章程的概念;2. 绝对必要记载事项;3. 相对必要记载事项;4. 任意记载事项。

应用:起草一份公司章程。

五、公司设立登记

应用:公司设立登记申请和核准的程序。

第三章 公司资本

学习目的和要求

了解公司资本及相关概念,掌握公司资本的具体形式及法定要求;理解不同资本制度的区别。

第一节 公司资本制度概述

一、公司资本的概念及意义

公司资本又称股本,是指由公司章程确定的全体股东认缴或实缴的出资总额。

公司资本与公司资产、公司净资产、公司发行资本、实缴(收)资本、催缴资本等概念既有联系又有区别。

二、公司资本制度的类型

(一)法定资本制

法定资本制,又称确定资本制,是大陆法系国家首创的一种资本制度,其核心内容是资本三原则,即:资本确定原则、资本维持原则及资本不变原则。

(二)授权资本制

授权资本制是英美法系国家创设并采用的一种公司资本制度。其含义是:

设立公司时,虽然应该在公司章程中载明资本总额,但不必全部发行,只需发行其中的一部分,公司就可成立,其余未发行部分资本,授权公司董事会在公司成立后决定是否发行。

(三)折中资本制

关于折中资本制,其实并没有一个准确的定义,它实际上是各国在法定资本制和授权资本制基础上所作的一种趋利避害性选择的结果。学界谓之以"折中资本制"是因为:它既吸收了法定资本制的合理内容,又与它不完全相同;既有授权资本制的特点,又与其不完全一致;"它是介于法定资本制和授权资本制之间的一种公司资本制度,是两种制度的有机结合"。

三、我国公司资本制度的改革

1993年《中华人民共和国公司法》所确定的公司资本制度,要求公司在设立时,所有的注册资本必须一次发行、一次认购、一次缴纳完毕,属于严格的法定资本制。

2005年修订的《中华人民共和国公司法》,对资本制度进行了较大力度的改革,不仅大幅度降低了注册资本的最低限额,同时将我国注册资本由一次性足额实缴制改为法定的分期缴纳制,从而使公司资本制度更适合我国市场经济体制的需要。

2013年我国再次修正《中华人民共和国公司法》,对公司资本制度又一次进行了深度改革。此次资本制度的主要修改内容包括:第一,彻底废除了最低法定注册资本限额要求;第二,将注册资本改为完全认缴制;第三,废除强制验资制度。

2018年,立法者再次对《中华人民共和国公司法》中有关股份回购制度进行了修改,明确了股份回购的六种情形,对实施回购的相关程序作出规定,从而赋予了公司更多自主权。

四、我国公司资本认缴制下的特殊问题

(一)一元公司的风险与防范

从法律规定的角度看,一元公司依照法律规定、遵守法定程序而注册成立,不存在法律障碍。但这种注册资本数额过小的现象必然蕴含着较大的交易风险。对此,可以通过法人格否认制度、加强企业信用的监管和公示制度进行防范。

(二)股东出资加速到期制度

在注册资本认缴制下,股东依法享有期限利益,一般情况下不加速到期。但是,在特殊情况下,为了保护公司债权人的合法权益,虽然公司未破产或清算,但是未届出资期限的股东还是应负出资的加速到期义务:(1)公司已经具备破产原因,但是未被申请破产;(2)在公司债务产生之后,公司股东(大)会通过决议或者其他方式延长股东出资期限的。

第二节 公司资本的具体形式

一、货币

货币,是公司资本中最常见也是最基本的一种构成形式,几乎所有不同类型的公司都离不开货币资本。这是因为货币具有其他形式的资本所不具有的一些优点。正因为此,我国及域外的公司法都允许股东以货币形式出资。

二、实物

实物,主要是指建筑物、厂房和机器设备等有形资产。股东的实物形态出资是公司资本中不可或缺的重要组成部分。包括我国在内的各国公司法都普遍规定股东可以实物出资。

三、知识产权

四、土地使用权

土地所有权属于国家或集体,公司不能获得土地所有权而只能获得土地使用权。我国法律规定,股东以土地使用权作价后,可以向公司出资,从而使公司获得土地使用权。

五、股权

股权出资是股东或发起人以对其他企业投资所获得的其他企业股权进行的出资。股权投资作为一项长期资产,由投资人拥有并且预计会给投资者带来经济利益。股权作为一项资产既然可以单独转让,也就可以作为一种出资方式。

六、其他出资形式

除以上列举的出资形式外,股东还可以根据自身及公司的实际情况,选择其他"可以用货币估价并可以依法转让的非货币财产作价出资"。

第三节 股东瑕疵出资的法律责任

一、股东虚假出资的法律责任

股东对公司负有真实、足额的出资缴纳义务。如果虚假出资,将承担民事责任、行政责任、刑事责任。

二、股东抽逃出资的法律责任

股东一旦向公司履行了出资义务,便丧失了对所出资财产的所有权,进而取得对公司的相应股权,所出资财产成为公司的自有资产,除非公司解散清算后还有剩余财产,否则,股东投入到公司的资产不得随意抽回。如果违法的抽逃出资,同样将承担民事责任、行政责任、刑事责任。

第四节 公司资本的增减

一、公司增资

公司增资,是指公司依法增加注册资本的行为。

公司增资应符合法定条件并履行相应的程序。

二、公司减资

公司减资,是指公司依法减少注册资本的行为。

公司减资应根据减资的原因不同而履行相应的减资程序。

公司减资中要特别注意对债权人的保护程序。

考核知识点与考核要求

本章重点考核内容是第一节、第二节、第三节

一、公司资本制度概述

识记:1. 公司资本;2. 公司资产;3. 公司净资产;4. 公司发行资本;5. 实缴(收)资本;6. 催缴资本;7. 资本确定原则;8. 资本维持原则;9. 资本不变原则;10. 法定资本制;11. 授权资本制;12. 折中资本制。

领会:1. 公司资本及其相关概念的联系与区别;2. 公司资本的意义;3. 法定资本制、

授权资本制及折中资本制三者的区别。

二、公司资本的具体形式

领会:1.公司资本的构成;2.各类出资应注意的问题。

应用:合理安排公司资本的构成。

三、股东瑕疵出资的法律责任

领会:1.股东虚假出资的法律责任,尤其是民事责任;2.股东抽逃出资的法律责任,尤其是民事责任。

四、公司资本的增减

领会:1.公司增资的程序;2.公司减资的程序。

第四章 股东与股权

学习目的和要求

理解股东的基本含义以及股东资格的取得方式,掌握股东的基本权利与义务,尤其是能够熟知股权的具体内容及权利受到侵害时的救济途径。

第一节 股 东

一、股东的概念

股东是指通过向公司出资或其他合法途径获得公司股权,并对公司享有权利和承担义务的人,是公司设立、存续过程中不可或缺的基础要素。

"股东"与"发起人"是两个既有联系又有区别的概念。

二、股东的法律地位

股东的法律地位,既表现在股东与公司间的法律关系中,也表现在股东相互间的法律关系中。前者主要体现为股东享有股权;后者主要体现为股东地位平等。

三、股东资格的限制及其取得与丧失

(一)股东资格的限制

1. 对自然人的股东资格限制

(1)限制行为能力人及无行为能力人作为发起人的禁止;(2)法律对特定职业的自然人从事营利性活动的禁止;(3)股份有限公司发起人受国籍或住所的限制。

2. 对法人的股东资格限制

(1)原则上,公法人不得投资于公司;(2)公司原则上不得成为自己的股东。

(二)股东资格的取得

1. 原始取得

2. 继受取得

(三)股东资格的丧失

1. 公司法人资格消灭

2. 自然人股东死亡或法人股东终止

3. 股东将其所持有的股份转让

4. 股份被人民法院强制执行

5. 股份被公司依法回购

6. 法律规定的其他情形

四、股东的权利与义务

(一)股东权利

狭义的股权,是指股东基于其股东资格而享有的从公司获取经济利益并参与公司经营管理的权利;而广义的股权,则是股东向公司享有权利和承担义务的总称。本书采取的是狭义的股权概念,即股东因其股东地位而对公司享有的一系列权利的综合。

(二)股东义务

1. 遵守公司章程

2. 真实缴纳出资(注意虚假出资的法律责任)

3. 控股股东的特别义务

第二节 股 权

一、股权的种类

(一)自益权与共益权

(二)固有股权与非固有股权

(三)单独股东权与少数股东权

(四)普通股股权与特别股股权

二、股权的法律性质

代表性的观点主要有以下几种:所有权说;债权说;社员权说;独立民事权利说。

三、股权的内容

(一)财产权

1. 利润分配请求权

2. 股份转让权

3. 优先认购权

4. 优先购买权

5. 异议股份回购请求权

6. 剩余财产的分配请求权

(二)参与经营管理权

1. 表决权

2. 知情权

3. 临时股东(大)会的提议召开权

4. 股东大会的召集与主持权

5. 提案权与质询权

6. 司法解散请求权

四、股权行使的代理

委托代理人行使股权(尤其是其中的表决权)是股东参与公司决策的主要方式之一。这其中主要应当关注以下几个问题:代理人资格和人数、代理权的授予、代理权的效力以及代理权的招揽。

五、股权滥用的限制

权利滥用在股权中的体现主要集中于控股股东身上,往往表现为其滥用自己权利从而剥夺其他中小股东的合法权益,如知情权、表决权,等等。因此,应当从法理、民商法、公司法各层面逐步探求、深刻理解控股股东的诚信义务,以防其滥用股权。

六、股权的保护与救济——诉权的行使

（一）诉的种类:直接诉讼与派生诉讼

直接诉讼是指股东单纯为维护自身的利益,基于其股份持有人的身份而向侵权人提起的诉讼。

派生诉讼,是指当公司的董事、监事、高级管理人员,乃至第三人等主体侵害了公司权益,而公司怠于追究其法律责任时,符合法定条件的股东以自己的名义代表公司提起诉讼。

二者的区别:(1)两者诉的目的不同;(2)两者在诉讼时原告地位有所不同;(3)两者诉的被告范围不同。

（二）诉讼的具体类型分析

1. 损害赔偿之诉
2. 决议不成立之诉、决议无效之诉、决议撤销之诉
3. 知情权之诉
4. 异议股份回购之诉
5. 司法解散之诉

（三）派生诉讼的行使要件

1. 诉讼的对象

派生诉讼的对象必须是公司董事、监事、高级管理人员执行公司职务时,违反法律、行政法规或者公司章程的规定,并给公司造成损失的行为,或者是第三人侵害公司合法权益,并给公司造成损失的行为。

2. 原告资格必须合法
3. 竭尽公司内部救济

考核知识点与考核要求

本章重点考核内容是第一节的三、四部分以及第二节。

一、股东

识记:股东的概念。

领会:1.股东与发起人的联系与区别;2.股东的法律地位;3.股东的资格;4.股东权利与义务。

应用:1.股东资格的限制、取得与丧失;2.股东的各项主要义务。

二、股权

识记:1.股权的种类;2.直接诉讼;3.派生诉讼。

领会:1.股权的法律性质;2.股权的各项具体权能;3.股权行使的代理;4.股权滥用的限制;5.股东派生诉讼的行使要件。

应用:1.股权的内容;2.股权的保护与救济——诉权的行使。

第五章 董事、监事、高级管理人员的资格、义务与责任

学习目的和要求

熟知公司董事、监事、高级管理人员的任职条件,理解其应当承担的义务及违反义务时应当承担的法律责任。

第一节 董事、监事、高管人员的任职资格

一、积极条件

《中华人民共和国公司法》没有对公司董事、监事、高级管理人员任职的积极条件作出明确规定。从国外公司立法来看,担任这些职务的积极条件主要包括:持股条件;国籍条件;身份条件;年龄条件。

二、消极条件

《中华人民共和国公司法》对不得担任董事、监事、高级管理人员职务的消极条件做了明确的规定:无民事行为能力或限制民事行为能力;因贪污、贿赂、侵占财产、挪用财产或者破坏社会主义市场经济秩序,被判处刑罚,执行期满未逾5年,或者因犯罪被剥夺政治权利,执行期满未逾5年;担任破产清算的公司、企业的董事或者厂长、经理,对该公司、企业的破产负有个人责任的,自该公司、企业破产清算完结之日起未逾3年;担任因违法被吊销营业执照、责令关闭的公司、企业的法定代表人,并负有个人责任的,自该公司、企业被吊销营业执照之日起未逾3年;个人所负数额较大的债务到期未清偿。

第二节 董事、监事、高级管理人员的义务

一、法理基础

董事、监事、高级管理人员的义务是指基于其与公司的关系,或在公司所处的法律地位,而对公司所承受之义务。关于董事、监事、高级管理人员与公司的法律关系,不同法系国家存在明显不同的观点:大陆法系国家主要采取委任关系说;英美法系国家主要采取信托关系说。虽然两种学说在法律渊源及理论基础上存在很大不同,但各自所设定的董事、监事、高级管理人员的义务却基本一致,即均包含了忠实义务和注意义务。

二、义务的内容

（一）注意义务

注意义务，是指董事、监事、高级管理人员应当诚信地履行对公司的职责，在管理公司事务时，应当以一个合理的谨慎的人在相似情形下所应表现的勤勉和技能来履行其职责，为实现公司最大利益努力工作。

注意义务较为抽象，因而需要对其作出合适的界定，不得过宽或过严。纵观各国的公司法，对注意义务的具体标准主要有两类：客观标准和主观标准。但两种标准均有利弊，因此，应采取主客观相结合，以客观为主的综合标准。

（二）忠实义务

忠实义务，是指董事、监事、高级管理人员在进行经营管理和监督时，应以公司利益为己任，为公司最大利益履行职责；当自身利益与公司利益发生冲突时，应以公司利益为重。具体体现在：不得侵占公司财产；不得利用职务获取非法利益；禁止越权使用公司财产；竞业禁止；限制自我交易；禁止篡夺公司机会；禁止泄露公司秘密。

三、商业判断规则

商业判断规则是对注意义务的豁免原则，是指只要董事、监事、高级管理人员是基于管理信息、善意和诚实地作出合理决议，即便事后在公司立场上看来此项决议是不正确或有害的，也无须由上述人员负责；对于此种决议，股东无权禁止、废除或者抨击非难。

商业判断规则反映了一种司法理念：即董事在公司经营方面享有自由决定权，并且此种决定权的行使普遍地不受司法的审查。从这个方面看，商业判断规则有排除或抑制司法介入的效果。

第三节 董事、监事、高级管理人员的责任

一、责任种类

（一）董事、监事、高级管理人员对公司的责任

董事、监事、高级管理人员对公司承担民事责任应具备以下几个构成要件：(1) 对公司负有义务；(2) 实施了侵害公司利益的行为，包括积极行为和消极行为；(3) 主观上存在故意或重大过失；(4) 不属于可免责的范围[主要是商业判断原则的豁免和股东（大）会的追认]。

（二）董事、高级管理人员对股东的责任

董事和高级管理人员对股东的民事责任，一般属于侵权责任。其构成要件为：责任主体的侵权行为、主观过错、股东利益受损的客观后果以及因果关系。在主观过错中，应当采用过错推定原则。

（三）董事、监事、高级管理人员对第三人的责任

从传统的民商法理论看，法人机关的行为是法人的行为，应由法人承担机关人员的职务行为的法律后果，所以法人机关人员对其职务行为不承担对外责任。但要求董事与公

司共同对第三人负连带赔偿责任,却是现代公司法的发展趋势。

二、责任形式

（一）民事责任

1. 确认行为无效

2. 停止侵害

3. 赔偿损失

4. 返还财产或收益

（二）行政责任

（三）刑事责任

1. 商业受贿罪

2. 非法经营同类营业罪

3. 职务侵占罪

4. 挪用资金罪

三、责任的追究

对于刑事责任的追究,由检察机关通过公诉形式进行;对于民事责任的追究,则通过直接诉讼机制与间接诉讼机制予以保障。

考核知识点与考核要求

本章重点考核内容是第一节、第二节、第三节。

一、董事、监事、高管人员的任职资格

识记：董事、监事、高级管理人员任职的消极条件。

二、董事、监事、高级管理人员的义务

领会：1. 董事、监事、高级管理人员所负义务的法理基础；2. 义务的内容；3. 商业判断规则。

应用：董事、监事、高级管理人员的各项忠实义务。

三、董事、监事、高级管理人员的责任

领会：1. 责任种类；2. 责任形式。

应用：1. 董事、监事、高级管理人员对公司、股东所负责任的构成要件；2. 各自的责任形式。

第六章 公 司 债

学习目的和要求

理解公司债的概念和特点,了解公司债的种类;掌握各种公司债的发行条件和程序。

第一节 公司债概述

一、公司债的概念及表现形式

公司债是公司依照法定的条件及程序,并通过发行有价证券的形式,以债务人身份与不特定的社会公众之间所形成的一种金钱债务。

二、公司债的特征

(一)公司债的法律特点

1. 公司债是公司依法发行公司债券而形成的公司债务
2. 公司债是以公司债券这种要式有价证券的形式表示的
3. 公司债券是有一定的还本付息期限的有价证券

(二)公司债与公司其他一般借贷之债的区别

(三)公司债与公司股份的区别

(四)公司以公司债券融资的利弊分析

三、公司债的种类

(一)记名公司债与无记名公司债

(二)担保公司债与无担保公司债

(三)可转换公司债和非转换公司债

第二节 公司债的发行

一、公司债的发行条件

(一)发行公司债的积极要件

1. 具备健全且运行良好的组织机构
2. 最近3年平均可分配利润足以支付公司债券一年的利息
3. 国务院规定的其他条件

(二)发行公司债券的消极要件

1. 对已公开发行的公司债券或者其他债务有违约或者延迟支付本息的事实,仍处于继续状态

2. 违反法律规定,改变公开发行公司债券所募资金的用途

二、公司债的发行程序

(一)公司董事会制订发行公司债券的方案

(二)股东大会审议通过公司债券发行方案

(三)报经国务院证券监督管理机构或者国务院授权的部门核准

(四)公告公司债券募集办法

(五)证券经营机构承销发售公司债券

(六)公众认购债券

(七)发行公司依法备置公司债券存根簿

第三节 公司债的转让

一、公司债的转让场所

转让公司债券应当在依法设立的证券交易场所进行。

二、公司债的转让价格

公司债券的转让价格由转让人与受让人约定。

三、公司债的转让方式

记名债券,由债券持有人以背书方式或者法律、行政法规规定的其他方式转让。无记名债券,由债券持有人将该债券交付给受让人后即发生转让的效力。

考核知识点与考核要求

本章重点考核内容是第一节、第二节。

一、公司债概述

识记:1. 公司债;2. 记名公司债;3. 担保公司债;4. 可转换公司债。

领会:1. 公司债的法律特点;2. 公司债与公司其他一般借贷之债的区别;3. 公司债与公司股份的区别;4. 公司以公司债券融资的利弊。

二、公司债的发行

领会:公司债发行的条件。

应用:公司债发行的操作过程。

三、公司债的转让

领会:公司债的转让方式。

第七章 公司财务会计制度

学习目的和要求

理解公司财务会计制度的基本内容,掌握公积金的种类、来源及用途;弄清公司利润分配的原则、顺序及违法分配的法律责任。

第一节 公司财务会计制度概述

一、公司财务会计制度的概念及意义

(一)公司财务会计制度的概念

公司财务会计制度是公司财务制度和会计制度的统称,具体指法律、法规及公司章程中所确立的一系列公司财务会计规程。

公司财务制度,是指关于公司资金管理、成本费用的计算、营业收入的分配、货币的管理、公司的财务报告、公司纳税等方面的规程。

公司会计制度,是指会计记账、会计核算等方面的规程。它是公司生产经营过程中各种财务制度的具体反映。公司的财务制度正是通过公司的会计制度来实现的。

(二)建立公司财务会计制度的法律意义

1. 有利于保护公司股东的利益
2. 有利于保护公司债权人的利益
3. 有利于政府有关部门的监督

二、公司财务会计报告

(一)公司财务会计报告的内容

1. 会计报表

会计报表主要有:(1)资产负债表;(2)利润表;(3)现金流量表;(4)相关附表。

2. 会计报表附注

3. 财务情况说明书

(二)公司财务会计报告的编制

公司在制作财务会计报告时应注意如下法律问题:(1)公司财务会计报告的制作时间及结账日期;(2)公司财务会计报告的编制依据;(3)公司财务会计报告的形式

(三)公司财务会计报告的审计

公司应当在每一会计年度终了时编制财务会计报告,并依法经会计师事务所审计。

（四）股东对公司财务会计报告的查阅权

不同种类的公司，股东查阅权的范围及实现途径不同。《中华人民共和国公司法》分别就有限责任公司股东及股份有限公司股东的财务会计报告查阅权作了差异化规定。

第二节 公积金制度

一、公积金的定义

公积金，是公司依照法律、公司章程或股东会决议从公司营业利润或其他收入中提取的一种储备金。

二、公积金的种类及来源

（一）公积金的分类标准

1. 以是否依法律规定强制提取为标准，可把公积金分为法定公积金和任意公积金
2. 以公积金的来源为标准，可把公积金分为盈余公积金和资本公积金

（二）我国公积金的种类及其来源

1. 法定公积金
2. 资本公积金
3. 任意公积金

三、公积金的用途

根据《中华人民共和国公司法》的规定，公积金主要用于：(1) 弥补亏损；(2) 扩大公司生产经营；(3) 增加资本。

第三节 公司利润分配

一、公司利润分配的原则

（一）非有盈余不得分配原则

（二）按法定顺序分配的原则

（三）同股同权、同股同利原则

二、公司利润分配的形式

（一）现金股利

（二）股票股利

（三）财产股利

（四）负债股利

三、违法分配的法律责任

两种违法分配行为：一是在公司弥补亏损和提取法定公积金之前向股东分配利润的；二是公司不依照《中华人民共和国公司法》规定提取法定公积金的。

第一种违法行为的法律责任是：股东必须将违反规定分配的利润退还公司；第二种违

法行为的法律责任是：由县级以上人民政府财政部门责令如数补足应当提取的金额，可以对公司处以20万元以下的罚款。

考核知识点与考核要求

本章重点考核内容是第一节、第二节、第三节。

一、公司财务会计师制度概述

识记：1. 公司财务制度；2. 公司会计制度；3. 资产负债表；4. 利润表；5. 财务情况说明书；6. 利润分配表。

领会：我国现行法律对公司财务会计报告的基本要求及建立健全公司财务会计制度的法律意义。

运用：具有阅读公司财务会计报表的能力。

二、公积金制度

识记：1. 公积金；2. 法定公积金；3. 任意公积金；4. 盈余公积金；5. 资本公积金。

领会：1. 建立公积金制度的意义；2. 公积金的分类及来源；3. 公积金的用途。

三、公司利润分配

识记：1. 现金股利；2. 股票股利；3. 财产股利；4. 负债股利。

领会：1. 公司利润分配的原则；2. 公司利润分配的顺序；3. 违法分配的法律责任。

第八章 公司合并、分立与公司形式变更

学习目的和要求

了解公司合并、分立和形式变更的基本知识以及进行合并、分立和形式变更所要履行的程序。

第一节 公 司 合 并

一、公司合并的定义

(一) 公司合并的概念和特点

公司合并是指两个或两个以上的公司依法达成合意归并为一个公司的法律行为。公司合并具有如下特点:(1) 公司合并是多方法律行为;(2) 公司合并是提高公司运作效率的行为;(3) 公司合并是公司的自愿行为。

(二) 公司合并与其他公司并购形式的区别

1. 公司合并与资产收购的区别

2. 公司合并与股权收购的区别

二、公司合并的方式

公司合并一般采取两种方式:吸收合并和新设合并。

根据吸收公司所支付的对价,可以将公司的吸收合并划分为两类四种。

第一类,资产先转移。(1) 以现金购买资产的方式;(2) 以股份购买资产的方式。

第二类,股权先转移。(2) 以现金购买股份的方式;(2) 以股份购买股份的方式。

三、公司合并的程序

(一) 公司合并决议的作出与批准

(二) 签订公司合并协议

(三) 编制表册、通告债权人

(四) 登记

四、异议股东的保护

为了保护对公司合并持反对意见的股东的利益,《中华人民共和国公司法》设立了异议股份回购请求权制度。

五、债权人的保护

公司合并时,合并各方的债权、债务,应当由合并后存续的公司或者新设的公司承继。

第二节 公司分立

一、公司分立的定义

公司的分立,是指被分立公司依法将部分或全部营业分离转让给两个或两个以上现存或新设的公司的行为。公司分立应当为其股东换取分立后公司的股权或其他财产。

二、公司分立的形式

(一)派生分立

派生分立即公司将其部分财产或业务分离出去另设一个或数个新的公司,原公司继续存在。

(二)新设分立

新设分立即公司将其全部财产分别归于两个以上的新设公司中,原公司的财产按照各个新成立的公司的性质、宗旨、经营范围进行重新分配,原公司解散。

三、公司分立的程序

(一)公司分立决议的作出与批准

(二)进行财产分割

(三)编制表册、通告债权人

(四)登记

四、异议股东的保护

为了保护对公司分立持反对意见的股东的利益,《中华人民共和国公司法》设立了异议股份回购请求权制度。

五、分立后的债务承担

公司分立前的债务由分立后的公司承担连带责任。但是,公司在分立前与债权人就债务清偿达成的书面协议另有约定的除外。

第三节 公司形式变更

一、公司形式变更概述

公司形式变更具有四方面功能:(1)公司维持;(2)营业持续;(3)程序简化;(4)成本降低。

二、公司形式变更的基本要求

(一)公司形式变更的条件

1. 有限责任公司变更为股份有限公司的条件

2. 股份有限公司变更为有限责任公司的条件

(二)公司形式变更的程序

有限责任公司变更为股份有限公司的程序如下:(1)原有限责任公司的股东作为拟

设立的股份有限公司的发起人,将公司净资产按1∶1的比例投入到拟设立的股份有限公司;(2)制定公司章程,如公开募集股份,则章程需要创立大会审议通过;(3)采取公开募集设立的,需由会计师事务所出具验资报告;(4)由公司授权的代表人向公司登记管理机关申请设立登记;(5)公告。

三、公司形式变更后的法律效力

（一）公司的变更登记

有限责任公司变更为股份有限公司或者股份有限公司变更为有限责任公司,公司的许多其他登记事项如公司名称、性质、资本、章程、股东等也发生变更,因此,必须办理公司的变更登记。

（二）债权、债务的承受

有限责任公司变更为股份有限公司的,或者股份有限公司变更为有限责任公司的,公司变更前的债权、债务由变更后的公司承继。

考核知识点与考核要求

本章重点考核内容是第一节、第二节、第三节。

一、公司合并

识记:1.公司合并;2.吸收合并;3.新设合并;4.合并协议。

领会:1.公司合并的特征;2.吸收合并与新设合并的区别;3.公司合并的程序;4.异议股份的回购。

二、公司分立

识记:1.公司分立;2.派生分立;3.新设分立。

领会:1.派生分立和新设分立的区别;2.公司分立的程序;3.异议股份的回购;4.分立后的债务承担

三、公司形式变更

识记:公司形式变更。

领会:1.公司形式变更的功能;2.公司形式变更的条件;3.公司形式变更后的法律效力。

第九章 公司解散与清算

学习目的和要求

了解公司清算的定义和种类,认识清算机关的构成和职权,掌握普通清算的程序和要求,同时了解特别清算的程序和要求。

第一节 公司解散

一、自愿解散

自愿解散,也称任意解散,是指因公司或股东的意愿而解散公司。任意解散的事由包括:(1)公司章程规定的营业期限届满或公司章程规定的其他解散事由出现;(2)股东(大)会决议解散;(3)因公司合并或者分立解散。

二、强制解散

强制解散,是指因法律规定或行政机关命令或司法机关裁判而解散公司。强制解散事由主要包括:(1)公司因不能清偿到期债务而被宣告破产;(2)公司因违反法律、行政法规被吊销营业执照、被责令关闭或者被撤销;(3)经法院判决解散。

三、公司解散的法律后果

公司被宣告解散后,法人资格尚存,但公司的权利能力受到严格限制。公司解散后随即产生了公司清算的义务。但是,并非所有导致公司解散的事由都会要求公司进行清算。

第二节 公司清算概述

一、公司清算的定义

公司清算,是指公司解散后,了结公司债权债务,分配公司剩余财产,最终向公司登记机关申请注销登记,使公司法人资格归于消灭的法律行为。

二、公司清算的分类

(一)非破产清算和破产清算

(二)任意清算和法定清算

(三)普通清算和特别清算

(四)自愿清算和强制清算

三、清算中的法律责任
（一）怠于履行清算职责的法律责任
（二）恶意处置公司财产的法律责任
（三）未经依法清算而注销公司的法律责任
（四）未履行出资义务的法律责任

第三节 普通清算

一、清算义务人与清算人
清算义务人是指当公司解散时，对公司和债权人负有组织清算义务的人，其可能直接实施清算（此时与清算人的身份重叠），也可能不直接担任清算人，而是确认他人担任清算人。
清算人也称为清算组或清算机关，是指在清算中代表被解散公司依法执行清算事务的机关。
二、普通清算组成员的选任和解任
（一）普通清算组成员的选任
（二）普通清算组成员的解任
三、普通清算组的职权
清理公司财产、编制资产负债表和财产清单；处理与清算有关的公司未了结业务；收取债权；清偿公司债务；申请破产；分派剩余财产；代表公司参与民事诉讼活动。
四、普通清算的程序
（一）成立清算组
（二）债权人申报债权
（三）清理公司财产，编制资产负债表和财产清单，制订清算方案，并报股东（大）会或人民法院确认
（四）按法定顺序分配公司财产
（五）清算组制作清算报告报股东（大）会或者人民法院确认
（六）办理注销登记并向社会公告公司终止

第四节 特别清算

一、特别清算的定义
特别清算一般是指由法院指定人员组成清算组织，在法院严格监督下，依照法律规定的特定程序进行的清算。
二、特别清算的特征
（一）须经公司的债权人、普通清算组、公司股东依特别清算的原因向法院提出申请，由法院决定

（二）法院直接加入并监督整个特别清算程序
（三）债权人直接参与特别清算
（四）清算组的清算权限受到限制
（五）特别清算的程序包括专门规定的特别程序及普通清算程序

三、特别清算的条件
（一）实质条件
1. 普通清算发生显著的障碍
2. 发现公司有债务超过资产之嫌
3. 其他不能清算的原因
（二）形式条件
债权人、清算组、公司股东提出申请，法院发出特别清算命令。

四、特别清算的程序
（一）特别清算方案的制订
（二）特别清算方案的执行
（三）注销登记

考核知识点与考核要求

本章重点考核内容是第一节、第二节、第三节、第四节。

一、公司解散

识记：1. 公司解散的类型；2. 公司解散的法律后果。

二、公司清算概述

识记：1. 公司清算；2. 任意清算；3. 法定清算；4. 普通清算；5. 特别清算；6. 自愿清算；7. 强制清算。

领会：1. 公司清算的原因；2. 非破产清算和破产清算的区别；3. 普通清算和特别清算的区别。

三、普通清算

识记：清算义务人、清算人的概念。

领会：1. 普通清算组成员的选任和解任；2. 普通清算组的职权；3. 普通清算的程序。

应用：掌握公司清算机关组织普通清算的操作过程和方法。

四、特别清算

领会：1. 特别清算的特征；2. 特别清算的条件；3. 特别清算的程序。

第十章 公司破产

> 学习目的和要求

熟悉公司破产的基本制度,理解破产界限、破产管理人、破产债权、破产债务的基本概念、认定标准,掌握公司破产的相关程序,尤其是重整、和解及清算程序。

第一节 公司破产概述

一、公司破产的法律特征

公司破产,是指公司作为债务人不能清偿到期债务,并且其资产不足以清偿全部债务或者明显缺乏清偿能力,为保护多数债权人的利益,使之能得到公平受偿而设置的一种程序。

其法律特征在于:(1) 公司不能清偿到期债务;(2) 存在两个以上的债权人;(3) 使债权人得到公平清偿;(4) 司法介入性。

二、公司破产适用的法律依据

破产法是调整债务人不能清偿债务时,对其宣告破产,并强制执行其全部财产,使各债权人得到公平受偿,或者债权人与债务人达成重整或和解协议,进行整顿的过程中所发生的各种关系的法律规范的总称。2006年8月27日,《中华人民共和国企业破产法》得以通过。该法主要适用于企业法人的破产,当然也就适用于公司的破产。

三、破产法的基本原则

(一) 保护债权人公平受偿原则

(二) 破产清算与重整、和解相结合原则

(三) 保护职工利益原则

第二节 破产界限

一、破产界限的定义

破产界限,亦称破产原因或破产事实,是指申请人向人民法院申请债务人破产,以及人民法院据以裁定是否受理该案件的客观标准,是启动破产案件的依据。

二、破产界限的规定

(一) 企业法人不能清偿到期债务,并且资产不足以清偿全部债务

（二）企业法人不能清偿到期债务，并且明显缺乏清偿能力

三、重整界限的规定

（一）企业法人不能清偿到期债务，并且资产不足以清偿全部债务或者明显缺乏清偿能力

（二）企业法人尚不具备破产原因，但存在丧失清偿能力可能性

第三节 破产管理人

一、破产管理人的选任主体

破产管理人是《中华人民共和国企业破产法》设立的一项新制度，是指人民法院受理破产申请案件后接管债务人财产并负责财产管理和其他有关事务的专门机构或专业人员。

破产管理人由人民法院指定，对人民法院负责并接受债权人会议和债权人委员会监督。

二、破产管理人的选任范围

（一）清算组可担任管理人

（二）社会中介机构或相关专业人员可担任管理人

（三）管理人的消极资格限制

三、破产管理人的职责

破产管理人要履行九项职责。

四、破产管理人的权利与义务

（一）管理人的报酬请求权

（二）管理人的勤勉与忠实义务

（三）管理人不得任意辞职的义务

第四节 破产债权

一、破产债权的定义及特征

破产债权是指债权人所享有的能够依据国家强制力，通过破产程序从债务人的财产中受到清偿的财产请求权。

破产债权具有四个特征：(1) 破产债权是相对权；(2) 破产债权是财产上的请求权；(3) 破产债权必须是基于破产受理前的原因发生的请求权；(4) 破产债权必须是对可以强制执行的财产的请求权。

二、破产债权的范围

破产债权的范围包括：(1) 破产申请受理前成立的无财产担保的债权；(2) 有财产担保的债权；(3) 债务人的保证人和其他连带债务人，因代替债务人清偿债务而取得的求偿

权;(4)管理人解除合同,对方当事人因合同解除所产生的损害赔偿请求权;(5)因委托合同产生的债权;(6)票据追索权;(7)人民法院认可的其他债权。

三、破产债权的申报与审查、确认

人民法院受理破产申请后,应当确定债权人申报债权的期限。债权申报期限自人民法院发布受理破产申请公告之日起计算,最短不得少于 30 日,最长不得超过 3 个月。管理人收到债权申报材料后,应当登记造册,对申报的债权进行审查,并编制债权表。债权申报结束后,人民法院和债权人会议须对债权人申报的债权进行审查、确认。

四、债权人会议

债权人会议是债权人依照人民法院的通知或公告而组成的,表达全体债权人的共同意志、参与破产程序并对有关破产事项进行决议的议事机构。

债权人会议的职权主要包括:(1)核查债权;(2)申请人民法院更换管理人,审查管理人的费用和报酬;(3)监督管理人;(4)选任和更换债权人委员会成员;(5)决定继续或者停止债务人的营业;(6)通过重整计划;(7)通过和解协议;(8)通过债务人财产的管理方案;(9)通过破产财产的变价方案;(10)通过破产财产的分配方案;(11)人民法院认为应当由债权人会议行使的其他职权。

根据需要,债权人会议可以决定设立债权人委员会。

第五节 债务人财产

一、债务人财产的定义及构成

债务人财产指的是破产申请受理时属于债务人的全部财产,以及破产申请受理后至破产程序终结前债务人取得的财产。债务人财产的构成由法律确定。

二、与债务人财产相关的几个概念

(一)破产撤销权

(二)破产无效行为

(三)取回权

(四)别除权

(五)抵销权

第六节 破 产 程 序

一、破产申请的提出与受理

(一)破产申请

(二)破产受理

二、重整与和解

（一）重整

重整是指对已经具有破产原因或有破产原因之虞而又有再生希望的债务人实施的旨在拯救其生存的积极程序，其目的不在于公平分配债务人的财产，而在于恢复债务人的经营能力。

（二）和解

和解是指具备破产原因的债务人，为避免破产清算，而与债权人会议达成以让步方法了结债务的协议，该协议经法院认可后生效的法律程序。

三、破产宣告

破产宣告意味着破产程序转变为纯以清算分配为目的，此时的中心任务就是实现破产财产的变价和公平分配。

四、破产清算

破产清算是破产宣告后，管理人在有关当事人的参加下，对破产企业的财产依法进行保管、清理、估价、处理和分配，以了结破产企业债务的程序。

五、破产终结

破产终结是指破产企业无破产财产可分或破产财产分配完毕，由破产管理人提请法院结束破产程序，并向破产企业原登记机关办理注销登记的程序。

破产终结的法律效力。

六、追加分配

破产程序终结后出现可供分配财产的，应当依法追加分配。

第七节 破产中的法律责任

破产中的法律责任是为维护破产法律秩序，遏制破产违法行为而设立的不利后果。

一、破产企业董事、监事、高级管理人员及相关人员的法律责任

二、破产管理人的法律责任

如果管理人未依照破产法规定勤勉尽责，忠实执行职务，人民法院可以依法处以罚款；给债权人、债务人或者第三人造成损失的，依法承担赔偿责任。

三、刑事责任的特别说明

破产犯罪的主体包括单位和自然人；主观方面为故意；客观方面大多数表现为积极的作为；侵害的客体为对债权人财产权益的损害及对于破产程序顺利进行的妨碍。

结合《中华人民共和国企业破产法》和《中华人民共和国刑法》的相关规定，涉及破产犯罪的罪名主要有：虚假破产罪，妨害清算罪，隐匿、故意销毁会计凭证、会计账簿、财务会计报告罪等。

考核知识点与考核要求

本章重点考核内容是第二节至第六节。

一、公司破产概述

识记：公司破产的概念、法律特征。

领会：破产法的基本原则。

二、破产界限

识记：破产界限的概念。

领会：1. 破产界限的规定；2. 重整界限的规定。

三、破产管理人

识记：破产管理人的概念。

领会：1. 选任主体；2. 选任范围。

应用：1. 破产管理人的职责；2. 破产管理人的权利和义务。

四、破产债权

识记：1. 破产债权的概念；2. 债权人会议的概念。

领会：1. 破产债权的申报与审查、确认；2. 破产债权的范围；3. 债权人会议的表决机制。

五、债务人财产

识记：债务人财产的定义及构成

领会：1. 破产撤销权；2. 破产无效行为；3. 取回权；4. 别除权；5. 抵销权。

六、破产程序

识记：1. 重整的概念；2. 和解的概念；3. 破产清算的概念。

领会：1. 破产受理的效力；2. 破产财产分配的顺位；3. 破产终结的法律效力。

应用：1. 重整的程序和内容；2. 和解的程序和内容。

七、破产中的法律责任

领会：1. 破产企业董事、监事、高级管理人员及相关人员的法律责任；2. 破产管理人的法律责任；3. 破产犯罪的构成要件及常见罪名。

第十一章 有限责任公司

学习目的和要求

掌握有限责任公司的定义、法律特征及设立条件、程序,理解有限责任公司的组织机构和增资、减资的方式和程序,理解一人有限公司的特殊制度。

第一节 有限责任公司概述

一、有限责任公司的定义

有限责任公司是一种依照法律规定的条件设立,由不超过一定人数的股东出资组成,每个股东以其所认缴的出资额为限对公司承担责任,公司以股东认缴资本和自身经营所形成的资产对公司债务承担责任的法人实体。

二、有限责任公司的特征
(一) 人资两合性
(二) 封闭性
(三) 规模可大可小,适应性强
(四) 设立程序简单
(五) 组织设置灵活
(六) 公司与股东的直接关联程度高

三、有限责任公司的分类
(一) 多人投资的有限公司和一人有限公司
(二) 保证有限责任公司和无保证有限责任公司
(三) 国有有限责任公司和非国有有限责任公司

第二节 有限责任公司的设立

一、有限责任公司设立的条件
(一) 股东符合法定人数
(二) 股东认购章程规定的出资
(三) 股东共同制定公司章程
(四) 有公司名称,建立符合有限责任公司要求的组织机构

（五）有公司住所

二、有限责任公司设立的程序

设立有限公司的一般程序是：(1) 发起人发起；(2) 制定章程；(3) 必要的行政审批；(4) 认缴或缴纳出资；(5) 申请设立登记；(6) 登记发照。

第三节 有限责任公司的股东及股东出资

一、有限责任公司的股东

（一）股东的构成

1. 凡是在公司章程上签名盖章且认购了公司资本的发起人
2. 公司存续期间依法继受取得股权的人
3. 公司增资时的新股东

（二）股东资格的限制

1. 法律、法规禁止兴办经济实体的党政机关及其工作人员
2. 公司自身
3. 公司章程约定不得成为股东的人

（三）股东资格的丧失

1. 自然人股东死亡或法人股东终止
2. 股东将其所持有的股份转让
3. 不依章程约定履行股东义务，而受到除名处置
4. 股份被人民法院强制执行
5. 因违法受政府处罚（如没收财产）而被剥夺股权
6. 股份被公司依法回购；
7. 法律规定的其他情形（如赠与、纳税、被善意取得等）

（四）股东名册

股东名册的效力在于：(1) 推定效力；(2) 对抗效力；(3) 免责效力。

二、股东出资

（一）出资的构成

出资构成包括：货币以及实物、知识产权、土地使用权等非货币出资。

（二）出资的违约

出资的违约主要是两种情况：承诺出资而未出资、未足额出资。

（三）出资证明书

公司在成立后应以公司的名义签发出资证明书。

三、股东的权利和义务

（一）股东的权利

（二）股东的义务

第四节 有限责任公司的组织机构

一、有限责任公司组织机构的定义

有限责任公司组织机构是依法行使公司决策、执行和监督权能的机构的总称。

二、有限责任公司的权力机构

（一）权力机构的性质

有限责任公司的权力机构是股东会。它是由全体股东所组成的形成公司意思的非常设机构。

（二）股东会的职权

（三）股东会会议的召集

（四）股东会的议事方式和表决

三、有限责任公司的执行机构

（一）执行机构的性质

有限责任公司的执行机构是董事会或执行董事。它是由股东选举产生的，对内执行公司业务、对外代表公司的常设性机构。

（二）董事会的职权

（三）董事会的组成

董事会由股东会选举的董事组成。但两个以上的国有企业或者其他两个以上的国有投资主体投资设立的有限责任公司，其董事会成员中应当有公司职工代表。董事会中的职工代表由公司职工民主选举产生。

（四）董事任期和解除

董事任期由公司章程规定，但每届任期不得超过 3 年。董事任期届满，连选可连任。

（五）董事会会议的召集

（六）董事会的议事方式和表决

（七）经理

四、有限责任公司的监督机构

（一）监督机构的性质

有限责任公司的监督机构是监事会或监事。它是对公司执行机构的业务活动进行专门监督的机构。

（二）监事会的职权

（三）监事会的组成

监事会由股东和职工分别选举的监事组成。其中职工代表的比例不低于1/3。

（四）监事任期和解除

五、有限责任公司的工会

有限责任公司工会是由职工组成的维护职工合法权益的组织。

第五节　股权转让和增减资本

一、股权转让

股东之间可以相互转让其全部或者部分股权。如果向股东以外的人转让股权,必须经全体股东过半数同意。不同意转让的股东应购买该转让的股权,如果不购买,则视为同意转让。股东同意对外转让的股权,在同等条件下,其他股东有优先购买权。

二、公司增资

增资,是指公司为扩大经营规模、拓展业务、提高公司的资信程度,依法增加注册资本金的行为。

三、公司减资

减资,是指公司资本过剩或亏损严重,根据经营业务的实际情况,依法减少注册资本金的行为。

第六节　一人有限公司

一、一人有限公司概述

一人有限公司具有以下特点:(1) 股东的唯一性;(2) 股东出资的单一性;(3) 设立条件的特殊性;(4) 运营要求的严格性;(5) 一人有限公司与普通有限责任公司存在互换的可能。

二、一人有限公司的法律性质

三、我国对一人有限公司的规制手段

考核知识点与考核要求

本章重点考核的内容是第一节第二部分、第二节、第三节、第四节、第五节和第六节。

一、有限责任公司概述

识记:1. 有限责任公司的定义;2. 有限责任公司的特征。

领会:《中华人民共和国公司法》对有限责任公司的分类。

二、有限责任公司的设立

领会:1. 有限责任公司设立的条件;2. 有限责任公司设立的程序。

三、有限责任公司的股东及股东出资

领会:1. 有限责任公司股东的构成;2. 有限责任公司股东资格的限制;3. 有限责任公司股东资格的丧失;4. 出资的违约。

应用:有限责任人公司股东的权利与义务。

四、有限责任公司的组织机构

识记:1.有限责任公司组织机构;2.有限责任公司的权力机构;3.有限责任公司的执行机构;4.有限责任公司的监督机构;5.有限责任公司的工会。

领会:1.有限责任公司股东会的职权、股东会会议的召集以及议事方式和表决规定;2.董事会的职权、董事会会议的召集以及议事方式和表决规定;3.监事会的职权。

五、股权转让和增减资本

应用:1.有限责任公司股权转让规则;2.增减资的程序。

六、一人有限公司

识记:一人有限公司的特征和法律性质。

领会:我国对一人有限公司的规制手段。

第十二章 国有独资公司

学习目的和要求

掌握国有独资公司的定义、特征及设立条件、程序,理解国有独资公司在组织机构上的特殊性。

第一节 国有独资公司概述

一、国有独资公司的定义

国有独资公司是指国家单独出资、由国务院或者地方人民政府授权本级人民政府国有资产监督管理机构履行出资人职责的有限责任公司。

二、国有独资公司的立法背景

在我国,国有独资公司之所以成为《中华人民共和国公司法》所规定的有限责任公司的一种类型,是与我国国有企业的改制进程密不可分的。

三、国有独资公司的作用

(一)国家对企业责任由承担无限责任改变为有限责任

(二)所有者代表从外部行使职权转变为在企业内部行使职权

(三)企业由名义的法人变为实际上的法人

(四)有利于政企分开

(五)有利于借鉴现代企业制度完善公司法人治理结构

四、国有独资公司的特点

(一)投资者责任的有限性

(二)投资主体的单一性

(三)股权的国有性

(四)公司组织机构的特殊性

五、国有独资公司的投资领域

国有独资公司发展至今,其经营范围应严格限定于必须由国家垄断经营的特殊行业。其他领域应通过国有控股和参股的方式,实现国有资产经营体制的转换。

第二节 国有独资公司的国有资产运作

一、国有独资公司的设立

随着大多数国有企业完成公司化的改制进程,国有独资公司也应由作为股东的国有资产监督管理机构或者授权机构按照《中华人民共和国公司登记管理条例》规定的公司设立、登记程序新设国有独资公司。

二、国有独资公司股权管理

国有独资公司的股权管理模式大致可以分为"二级模式"和"三级模式"。国有独资公司股权管理的另外一个重要方面就是对国有独资公司股权的处置(包括国有股权划转、出让、变更、拍卖)。

第三节 国有独资公司的组织结构

国有独资公司作为一种独立的企业法人经营组织,应具有包括决策、执行和监督功能在内的健全的治理机制。

一、国有独资公司的权力机构

国有独资公司不设股东会。决策职能只能由国有独资公司的唯一股东,即国家授权投资的机构或者国家授权的部门履行。

二、国有独资公司的执行机构

国有独资公司的执行机构是董事会。由于投资者授权,公司的董事会又具有一定的决策权。

三、国有独资公司的监督机构

(一)关于国有独资公司监督的一般规定

(二)关于国有企业监事会的特别规定

考核知识点与考核要求

本章重点考核的内容是第一节三、四部分,第二节,第三节。

一、国有独资公司概述

识记:国有独资公司的定义。

领会:国有独资公司的立法背景、作用、特点与投资领域。

二、国有独资公司的国有资产运作

领会:1.国有独资公司的设立;2.国有独资公司股权管理。

三、国有独资公司的组织机构

领会:1.国有独资公司的权力机构;2.国有独资公司的执行机构;3.国有独资公司的监督机构。

第十三章 股份有限公司

学习目的和要求

了解股份有限公司的定义、特点及种类,弄清股份有限公司的设立条件及程序;熟悉股份有限公司的内部组织结构;正确认识股份与股票之间的关系及股份、股票的种类;掌握上市公司的定义及公司上市的条件;理解上市公司股票上市的终止的相关规定。

第一节 股份有限公司概述

一、股份有限公司的概念及特点

股份有限公司,是指由 2 个以上 200 个以下的发起人发起,公司资本分为等额股份,股东以其所持股份为限承担责任,公司以其全部资产对公司债务承担责任的企业法人。

股份有限公司的特点:(1) 公司性质的资合性;(2) 股东人数的开放性;(3) 公司资本的股份性;(4) 股份形式的证券性;(5) 股东责任的有限性;(6) 公司人格的独立性。

二、股份有限公司的种类

(一) 依设立方式的不同为标准,可将股份有限公司分为发起设立的股份有限公司与募集设立的股份有限公司

(二) 依公司股票是否上市流通为标准,可将股份有限公司分为上市公司与非上市公司

(三) 依公司是否受除《中华人民共和国公司法》以外的其他特别法调整为标准,可将股份有限公司分为《中华人民共和国公司法》上的公司和特别法上的公司

第二节 股份有限公司的设立

一、股份有限公司的设立条件
(一) 发起人符合法定人数
(二) 有符合公司章程规定的全体发起人认购的股本总额或者募集的实收股本总额
(三) 股份发行、筹办事项符合法律规定
(四) 发起人制定公司章程,采用募集方式设立的经创立大会通过
(五) 有公司名称,建立符合股份有限公司要求的组织机构

（六）有公司住所

二、股份有限公司的设立程序

发起设立与募集设立的共同规则：(1) 发起人发起；(2) 制定公司章程；(3) 发起人认股缴款；(4) 履行必要的行政审批手续；(5) 申请公司的设立登记。

发起设立与募集设立的主要不同：(1) 公开募集股份的申请与审批；(2) 募集股份；(3) 召开创立大会。

第三节 股份有限公司的股份与股票

一、股份的定义、特点及表现形式

（一）股份的定义及特点

股份是指均分股份有限公司全部资本的最小单位。其具有如下特点：(1) 金额性；(2) 平等性；(3) 不可分性；(4) 可转让性。

（二）股份的表现形式——股票

股票的特征有：(1) 股票是股份有限公司成立后签发给股东的证明其所持股份的凭证；(2) 股票是一种有价证券；(3) 股票是一种要式证券；(4) 股票是一种无限期证券。

二、股份的种类

（一）依股份所代表的股东权的内容不同，可将股份分为普通股和特别股

（二）依股东姓名是否记载于股票上为标准，可将股份分为记名股与无记名股

（三）依股份是否以金额表示为标准，可将股份分为额面股（也称金额股）和无额面股（亦称比例股或分数股）

（四）依持股主体的不同为标准，可将股份分为国有股、法人股、个人股及外资股

（五）依股票的上市地和所面对的投资者不同为标准，可将股份分为人民币普通股、人民币特种股、境外上市外资股

三、股份的发行

（一）股份的发行，是指股份有限公司为筹集资金、或为其他目的而向投资者出售或分配自己股份的行为。

（二）股份发行应遵循公平、公正原则

（三）股份发行的价格有平价发行、溢价发行、折价发行

四、股份的转让

股东转让其股份，应当在依法设立的证券交易场所进行，或者按照国务院规定的其他方式进行。股份转让的方式，依股票为记名或不记名而有所区别。

公司发起人、董事、监事、高级管理人员等特殊股东的股份转让受法律限制；公司持有自己股份亦受法律限制。

公司回购本公司股份有特殊规则。

第四节 股份有限公司的组织机构

一、股东大会
(一) 股东大会的性质
股东大会是股份有限公司的权力机构。
(二) 股东大会的职权
(三) 股东大会的种类
(四) 股东大会的召集
(五) 股东大会决议
二、董事会和经理
(一) 董事会的概念及特点
(二) 董事会的职权
(三) 董事会的组成
(四) 董事会会议的召集及议事规则
(五) 经理
三、监事会
(一) 监事会的概念及性质
(二) 监事会的组成
(三) 监事会的职权
(四) 监事会的议事规则

第五节 上市公司

一、上市公司的概念
上市公司是指股票在证券交易所上市交易的股份有限公司。
二、公司的上市条件
申请证券上市交易,应当符合证券交易所上市规则规定的上市条件。
股份有限公司拟成为上市公司的,应向证券交易所提出申请,由证券交易所依法审核同意、并由双方签订上市协议后,其上市资格才可能获得。
三、上市公司股票上市的终止
上市公司股票上市的终止是指,证券交易所依照有关规定,对上市公司上市交易的股票作出永久停止其挂牌交易的措施。
上市交易的证券,有证券交易所规定的终止上市情形的,由证券交易所按照业务规则终止其上市交易。

四、上市公司组织机构的特别规定

（一）独立董事

（二）董事会秘书

考核知识点与考核要求

本章考核的重点内容在第一节、第二节、第三节、第四节、第五节。

一、股份有限公司概念及特点

识记：股份有限公司。

领会：1. 股份有限公司的特点；2. 股份有限公司的种类。

二、股份有限公司的设立

领会：1. 股份有限公司的设立条件；2. 股份有限公司的设立程序。

应用：能够运用相关法律知识判断某一公司的设立合法与否。

三、股份有限公司的股份与股票

识记：1. 股份；2. 股票；3. 普通股；4. 特别股；5. 人民币特种股；6. 股份的发行。

领会：1. 股份的特点；2. 股份与股票的关系；3. 股份发行的原则；4. 股份发行的价格；5. 股份转让的限制。

应用：对照股份发行的相关规定，判断公司发行股份事项的合法性。

四、股份有限公司的组织机构

识记：1. 股东大会；2. 临时股东大会；3. 普通决议；4. 特别决议；5. 董事会；6. 经理；7. 监事会。

领会：1. 股东大会、董事会及监事会相互之间的关系；2. 股东大会的职权；3. 股东大会的召集与主持；4. 董事会的职权；5. 董事会的组成；6. 董事会的议事规则；7. 监事会的组成；8. 监事会的议事规则；9. 经理的职权。

五、上市公司

识记：1. 上市公司；2. 上市终止。

领会：1. 公司上市的条件；2. 上市终止的原因。

第十四章 中外合资股份有限公司

学习目的和要求

理解中外合资股份有限公司的定义和特点,正确认识中外合资股份有限公司的分类及其特殊作用。熟悉境内上市外资股和境外上市的程序及特殊要求,掌握境外上市的方式。

第一节 中外合资股份有限公司概述

一、中外合资股份有限公司的定义和特点

中外合资股份有限公司,有时也称外商投资股份有限公司,是指依法设立的,全部资本由等额股份构成,股东以其所认购的股份对公司承担责任,公司以其全部财产对公司债务承担责任,境内和境外投资者共同购买并持有公司股份的企业法人。

中外合资股份有限公司一般具有三个特点:(1) 具备股份有限公司的基本属性;(2) 股东分属不同国籍或地区,既有境内投资者,也有境外投资者;(3) 依法设立。

二、中外合资股份有限公司的分类

中外合资股份有限公司传统的分类是以所发行的外资股上市地的不同为标准分为两类:一类是发行境内上市外资股的股份有限公司,另一类是发行境外上市外资股的股份有限公司。

三、中外合资股份有限公司的作用

第二节 发行境内上市外资股的股份有限公司

一、公司申请发行境内上市外资股的条件
(一) 以募集方式设立公司发行境内上市外资股的条件
(二) 公司增加股本发行境内上市外资股的条件
二、发行境内上市外资股公司的信息披露
(一) 信息披露的文本
(二) 定期报告
(三) 股东股份变动报告和公告
三、发行境内上市外资股公司的会计和审计

发行境内上市外资股的股份有限公司的会计与审计是规范上市公司行为、维护投资者权益的一项重要内容。主要包括:(1)会计师事务所的聘请;(2)税后可分配利润的确定。

四、其他对发行境内上市外资股公司的要求

(一)预留股份

(二)增资时间间隔

(三)主承销商

(四)外汇管理

(五)审核和管理

第三节 发行境外上市外资股的股份有限公司

一、境外上市的方式

境外上市的形式各种各样,根据发行主体、证券种类、上市方式等可进行各种分类。通常以是否直接以自己的名义申请为准,基本上可以归纳为两大类:直接上市和间接上市。

境外直接上市是指国内企业直接以自己的名义向外国的证券主管机构申请在该国证券市场挂牌上市。

境外间接上市是指内企业利用境外设立的公司的名义在境外发行股票和上市,香港的红筹股就是这种方式的典型表现。间接上市又可分为买壳上市、造壳上市与存托凭证上市。

二、境外上市的要求和程序

(一)申请境外上市的要求

(二)申请境外上市的程序

1. 准备公司申请境外上市须报送的文件

2. 正式提请中国证监会审批

三、几种境外上市形式的特别要求

(一)红筹股

(二)H股

(三)香港创业板

四、境外上市公司的特别治理

(一)关于规范运作的特别治理

(二)关于股东大会的特别治理

(三)关于独立董事的特别治理

(四)关于信息披露的特别治理

考核知识点与考核要求

本章重点考核的内容是基本概念,其他内容做一般了解。

一、中外合资股份有限公司概述

识记:中外合资股份有限公司的概念。

领会:1. 中外合资股份有限公司的特点;2. 中外合资股份有限公司的作用。

二、发行境内上市外资股的股份有限公司

领会:1. 公司申请发行境内上市外资股的条件;2. 发行境内上市外资股公司的信息披露;3. 发行境内上市外资股公司的会计和审计;4. 其他对发行境内上市外资股公司的要求。

三、发行境外上市外资股的股份有限公司

识记:1. 境外直接上市;2. 买壳上市;3. 造壳上市;4. 存托凭证。

领会:1. 境外上市的要求和程序;2. 几种境外上市形式的特别要求;3. 境外上市公司的特别治理。

第十五章 外国公司分支机构

学习目的和要求

理解外国公司、外国公司分支机构的定义和法律特征,掌握外国公司分支机构的设立条件和程序,理解外国公司分支机构的撤销和清算程序。

第一节 外国公司分支机构概述

一、外国公司的定义和特征

(一)外国公司的定义

外国公司是相对于本国公司而言的,通常认为,凡是具有外国国籍的公司就是外国公司。《中华人民共和国公司法》规定,外国公司是指依照外国法律在中国境外设立的公司。

(二)外国公司的特征

1. 外国公司必须依据外国法律设立
2. 外国公司必须在中国境外设立

二、外国公司分支机构的定义和特征

(一)外国公司分支机构的定义

外国公司分支机构是指外国公司依照中国公司法的规定,在中国境内设立的从事生产经营活动的分支机构。

(二)外国公司分支机构的特征

1. 由外国公司设立,具有与外国公司相同的国籍
2. 不具有独立的法人资格
3. 须以营利为目的,并在中国境内开展营业活动

第二节 外国公司分支机构的设立

外国公司分支机构的设立,是指外国公司依照《中华人民共和国公司法》规定的条件和程序,在我国境内为其分支机构取得经营资格而实施的一系列法律行为。

一、外国公司分支机构的设立条件

(一)分支机构应在其名称中标明该外国公司的国籍及责任形式

(二)外国公司必须指定在中国境内负责该分支机构的代表人或者代理人

(三)外国公司必须向分支机构拨付与其所从事的经营活动相适应的资金

（四）外国公司的分支机构应当在本机构中置备该外国公司章程

二、外国公司分支机构的设立程序

（一）外国公司提出设立分支机构的申请

（二）中国政府主管机关的审批

（三）外国公司分支机构的设立登记

第三节 外国公司分支机构的撤销与清算

一、外国公司分支机构的撤销

外国公司分支机构的撤销，是指已经合法成立的外国公司分支机构因法定事由的出现而归于消灭的情形。

导致外国公司分支机构被撤销的具体事由是各种各样的，主要有以下几种情形：(1)该外国公司出于调整经营策略或调整内部机构的需要而主动撤销其在中国的分支机构。(2)因该外国公司本身解散而导致其分支机构的撤销。(3)外国公司分支机构因违法经营而被撤销。(4)外国公司分支机构因无故歇业而被撤销。

二、外国公司分支机构的清算

外国公司分支机构的清算，是指外国公司分支机构被撤销后，为了终结其现存的各种法律关系、了结分支机构的债权债务而进行的清理行为。

外国公司分支机构的清算程序如下：(1)在解散后的法定期限内成立清算组；(2)通知、公告债权人申报债权；(3)清算组在清理公司财产、编制资产负债表和财产清单后，制订清算方案；(4)依法定顺序清偿分支机构的债务；(5)清算结束后，外国公司分支机构应制作清算报告报有关主管机关确认，并向原登记机关申请注销登记、缴销营业执照，正式注销登记后，公告分支机构的终止。

考核知识点与考核要求

本章重点考核内容是第一节、第三节。

一、外国公司分支机构概述

识记：1.外国公司的定义；2.外国公司分支机构的定义。

领会：1.外国公司的特征；2.外国公司分支机构的特征。

二、外国公司分支机构的设立

领会：1.外国公司分支机构的设立条件；2.外国公司分支机构的设立程序。

三、外国公司分支机构的撤销与清算

领会：1.外国公司分支机构撤销的情形；2.外国公司分支机构的清算程序。

应用：熟悉外国公司分支机构的清算过程。

第十六章 公司集团

学习目的和要求

了解公司集团的定义、法律特征、分类以及公司集团的作用,深刻理解对公司集团进行法律规制的主要内容。

第一节 公司集团概述

一、公司集团的定义

公司集团是具有独立法律地位的受支配企业统一管理的企业联合。公司集团是一个结合概念,它本身不是一个独立的法律主体,而仅仅是表明众多公司之间具有的一种特殊关系。

二、公司集团的法律特征

(一) 公司集团不是独立法人

(二) 公司集团是若干独立公司基于持股或合同形成的联合

三、公司集团的分类

(一) 股权式公司集团与合同式公司集团

股权式公司集团是通过股份持有关系形成的公司集团;合同式公司集团是通过订立合同的途径形成的公司集团。

(二) 纯粹控股型公司集团与混合控股型公司集团

纯粹控股型公司集团是指公司集团的核心企业(母公司)设立的初始目的只是为了掌握子公司的股份或其他有价证券,本身不再从事其他方面业务活动的公司。混合控股型公司集团是指公司集团的核心企业(母公司)除了掌握子公司的股份外,本身也从事经营活动。

四、公司集团的作用

(一) 公司集团的积极作用

1. 有利于打破"条块分割"的旧体制,合理调整产业组织结构

2. 实现规模经济,提高市场竞争力

3. 有助于政府改善宏观调控

(二) 公司集团的消极作用

1. 产生市场势力,形成市场垄断

2. 滥用控制和从属关系

第二节　对公司集团的法律规制

一、对子公司利益的保护

对子公司利益的保护主要可通过以下几种途径实现：(1) 赋予子公司董事诚信义务；(2) 母公司对子公司的补偿和赔偿；(3) 股东代表诉讼制度。

二、对子公司少数股东利益的保护

对少数股东的保护主要有这样几种途径：第一，赋予控制股东诚信义务。第二，当母公司的行为对少数股东构成不公平损害行为，或少数股东对子公司即将发生的重大变化持有异议时，母公司或子公司必须以经过评估的公正价格购买少数股东持有的子公司股份。第三，赋予少数股东对损害自己利益的行为提起诉讼的权利。

三、对子公司债权人利益的保护

在公司法上，对子公司债权人利益的保护主要有以下几个内容：(1) 母公司承担子公司的债务和责任；(2) 母公司对子公司债权的劣后清偿。

四、对相互投资公司的规制

对相互投资公司的规制涉及以下两个问题：(1) 子公司能否取得母公司的股份；(2) 子公司所持母公司股份表决权行使的限制。

五、集团合并财务报表

六、关联交易的特别问题

关联交易，又称为关联方交易，是指关联方之间转移资源、劳务或义务的行为，而不论是否收取价款。

世界各国对关联交易的法律规制主要有以下几方面的内容：(1) 信息披露制度；(2) 独立董事发表意见制度；(3) 股东大会批准制度和股东表决权排除制度；(4) 不当关联交易的责任追究。

考核知识点与考核要求

本章重点考核的内容是第一节中的一、二、三部分，第二节中的一、二、三、四、六部分。

一、公司集团概述

识记：1. 公司集团的定义；2. 纯粹控股型公司集团的定义；3. 混合控股型公司集团的定义。

领会：1. 公司集团的法律特征；2. 公司集团的分类；3. 公司集团的作用及对其进行

法律规制的必要性。

二、对公司集团的法律规制

识记:1. 母公司;2. 子公司;3. 关联交易。

领会:1. 保护子公司利益的主要规定;2. 保护子公司少数股东利益的主要规定;3. 保护子公司债权人利益的主要规定;4. 对相互投资公司的规制;5. 关联交易的特别问题。

应用:1. 学会联系实际分析公司集团内部的法律关系;2. 正确认识关联交易的影响,理解防范不公平关联交易的法律措施。

Ⅳ 关于大纲的说明与考核实施要求

一、课程自学考试大纲的目的和作用

《公司法自学考试大纲》根据法律专业自学考试计划的要求，结合自学考试的特点而确定，其目的是对个人自学、社会助学和公司法课程考试命题进行指导和规定。

《公司法自学考试大纲》明确了公司法课程学习的内容及深度，规定了公司法课程自学考试的范围和标准。因此，它是编写《公司法》自学考试教材和辅导书的依据，是社会助学组织进行自学辅导的依据，是自学者学习《公司法》教材、掌握公司法课程内容知识范围和程度的依据，也是进行公司法自学考试命题的依据。

二、课程自学考试大纲与教材的关系

《公司法自学考试大纲》是进行学习和考核的依据，《公司法》教材是学习掌握课程知识的基本内容与范围，《公司法》教材的内容是对大纲所规定的课程知识和内容的扩展与发挥。公司法课程内容在教材中可以体现一定的深度或难度，但大纲对考核的要求一定要适当。

《公司法自学考试大纲》与教材所体现的课程内容应基本一致；大纲里面的课程内容和考核知识点，教材里一般也要有。反过来教材里有的内容，大纲里就不一定体现。

三、关于自学教材

《公司法》，全国高等教育自学考试指导委员会组编，顾功耘主编，胡改蓉副主编，北京大学出版社2020年版。

四、关于自学要求和自学方法的指导

《公司法自学考试大纲》是依据法律专业考试计划和法律专业培养目标而确定的，明确了课程考试的基本内容，以及对基本内容掌握的程度。考核要求中的知识点构成了课程内容的主体部分。

为有效地指导个人自学和社会助学，《公司法自学考试大纲》在章节的考核知识点与考核要求中一般也指明了章节内容的重点。

公司法课程共4学分。在自学过程中应重点注意以下四个方面的问题：

第一，在全面系统学习的基础上掌握公司法学的基本知识、基本理论、基本方法和基本规定。本课程是一门理论性和实践性都很强的法律专业课，其涉及面很广。自学应考

者要全面系统地学习各章,应当熟记识记的内容,深入理解和领会基本理论,并在全面学习的基础上掌握重点,有目的地深入学习重点章节,切忌在没有全面学习教材的情况下孤立地学习重点内容。

第二,学习本课程,必须高度重视对公司法相关规定的理解和掌握。自学应考者必须全面掌握《中华人民共和国公司法》《中华人民共和国民法总则》中关于营利性法人的规定、《最高人民法院关于适用〈中华人民共和国公司法〉若干问题的规定(一)》至《最高人民法院关于适用〈中华人民共和国公司法〉若干问题的规定(五)》等相关法律法规和司法解释;了解《中华人民共和国企业破产法》以及《最高人民法院关于适用〈中华人民共和国企业破产法〉若干问题的规定(一)》至《最高人民法院关于适用〈中华人民共和国企业破产法〉若干问题的规定(三)》等相关法律法规和司法解释。

第三,重视理论联系实际,训练并逐渐提高运用所学理论与知识分析和解决实际问题的能力。自学应考者应当注意在全面系统学习教材的基础上,尽可能多地了解和分析公司法典型案例,以便更深刻领会教材内容,提高分析和解决实际问题的能力。

五、对社会助学的要求

(一)建议本课程的基本学时为36小时,在讲授的时候应当重点突出。

(二)社会助学者应根据本大纲规定的考试内容和考核目标,认真钻研指定教材,明确本课程的特点和学习要求,对自学应考者进行切实有效的辅导,帮助他们端正学习态度,改进自学方法,掌握教材内容,提高分析问题、解决问题和应考的能力。

(三)要正确处理重点和一般的关系。课程内容有重点和一般之分,但考试内容是全面的,而且重点与一般是相互联系的,不是截然分开的。因此,社会助学者应指导自学应考者全面系统地学习教材,了解每章的学习目的和要求,掌握全部考试内容和考核知识点,在此基础上再突出重点。要把教材中的重点、难点、疑点讲深讲透,要帮助自学应考者把学习重点章节同兼顾一般章节结合起来,避免产生猜题、押题的不良倾向。

(四)对新颁布或者修改的公司法律的辅导。辅导内容应注意包括本教材出版后,考试日6个月以前新颁布或者修改的公司法律的内容,以适应本课程考试命题范围的要求。

六、对考核内容的说明

本课程要求考生学习和掌握的知识点内容都作为考核的内容。课程中各章的内容均由若干知识点组成,在自学考试中成为考核知识点。因此,课程自学考试大纲中所规定的考试内容是以分解为考核知识点的方式给出的。由于各知识点在课程中的地位、作用以及知识自身的特点不同,自学考试将对各知识点分别按不同认知(或叫能力)层次确定其考核要求。

在考试之日起6个月前,由全国人民代表大会和国务院颁布或修订的法律、法规都将列入相应课程的考试范围。凡大纲、教材内容与现行法律、法规不符的,应以现行法律法规为准。另外,法律专业自学考试的命题也会对我国经济建设和科技文化发展的重大方针政策的变化予以体现。个人自学者、社会助学组织在学习过程中应予以关注。

七、关于考试命题的若干规定

（一）本课程为闭卷笔试，考试时间为 150 分钟，满分 100 分。

（二）本大纲各章所规定的知识点及知识点下的知识细目，都属于考核的内容。考试命题既要覆盖到章，又要避免面面俱到。要注意突出课程的重点、章节重点，加大重点内容的覆盖度。

（三）命题不应有超出大纲中考核知识点范围的题，考核目标不得高于大纲中所规定的相应的最高能力层次要求。命题应着重考核自学者对基本概念、基本知识和基本理论是否了解或掌握，对基本方法是否会用或熟练。不应出与基本要求不符的偏题或怪题。

（四）本课程在试卷中对不同能力层次要求的分数比例大致为：识记占 40％，领会占 35％，应用占 25％。

（五）要合理安排试题的难易程度，试题的难度可分为：易、较易、较难和难四个等级。每份试卷中不同难度试题的分数比例一般为 2∶3∶3∶2。

必须注意试题的难易程度与能力层次有一定的联系，但二者不是等同的概念。在各个能力层次中对于不同的考生都存在着不同的难度，考生应当在全面掌握基本知识的基础上突出重点、难点。

（六）本课程考试命题的主要题型一般有：单项选择题、多项选择题、名词解释题、简答题、论述题、案例分析题等题型。请参见题型举例。在命题工作中必须按照本课程大纲中所规定的题型命制，考试试卷使用的题型可以略少，但不能超出本课程对题型的规定。

附录　题型举例

一、单项选择题： 在每小题列出的备选项中只有一项是最符合题目要求的，请将其选出。

1. 关于公司的经营范围，下列说法中错误的是
   A. 公司经营范围由公司章程规定
   B. 公司的经营范围应依法登记
   C. 公司改变经营范围由董事会决定
   D. 公司应当在登记的经营范围内从事活动

2. 《中华人民共和国公司法》规定，税后利润中，公司法定公积金的提取比例是
   A. 5%　　　　B. 10%　　　　C. 5%—10%　　　　D. 15%

二、多项选择题： 在每小题列出的备选项中至少有两项是符合题目要求的，请将其选出，错选、多选或少选均无分。

1. 公司自愿解散的原因包括
   A. 公司章程规定的营业期限届满　　　B. 股东会决议解散
   C. 公司因合并、分立而需要解散　　　D. 法院判决公司解散

2. 关于股东派生诉讼，下列说法中不正确的有
   A. 董事损害股东利益时，股东即可提起派生诉讼
   B. 股份有限公司股东提起派生诉讼，应当持股 5% 以上
   C. 股东应首先请求股东大会起诉，被拒绝后方可自行起诉
   D. 股东应当以自己的名义提起诉讼

三、名词解释题

1. 募集设立
2. 股东代表诉讼

四、简答题

1. 简述发起人的责任。
2. 简述董事、监事、高管的忠实义务。

五、论述题

1. 论公司法中的自治原则。
2. 论《中华人民共和国公司法》对一人公司的法律规制。

六、案例分析题

甲、乙、丙、丁共同组建一个有限责任公司 A，注册资本 200 万元。其中，甲现金出资 50 万，乙以劳务作价 50 万元出资，丙以一项专利技术经评估 50 万元出资，丁以土地使用

权作价 50 万元出资,四人各持有公司 25% 的股权。公司不设董事会,由甲任执行董事;不设监事会,由丙担任公司的监事。公司经营两年后,股东丁未通知甲乙丙,将其所持有的 25% 的股份转让给戊公司。

请问:

(1) 股东的出资是否符合法律规定?为什么?

(2) A 有限责任公司的组织机构是否符合法律规定?为什么?

(3) 股东丁的股权转让行为是否有效,为什么?

大纲后记

经全国高等教育自学考试指导委员会同意,由法学类专业委员会负责高等教育自学考试法学类自学考试大纲的审定工作。

《公司法自学考试大纲》由华东政法大学顾功耘教授任主编、胡改蓉教授任副主编,由华东政法大学的顾功耘教授、陈岱松教授、张缨副教授、胡改蓉教授、杨勤法副教授、伍坚教授撰写。

参加本大纲审定工作的有:中国人民大学刘俊海教授、北京大学刘凯湘教授和清华大学梁上上教授。

对于编审人员付出的辛勤劳动,在此一并表示感谢!

全国高等教育自学考试指导委员会
法学类专业委员会
2020 年 1 月

全国高等教育自学考试指定教材
法律专业(本科段)

公　司　法

全国高等教育自学考试指导委员会　组编

第一章 公司法概述

第一节 公司的定义与法律特征

一、公司的定义

按一般定义,西方国家的公司是指依法定程序设立的,以营利为目的的社团法人。这一定义可分解成三层意思:(1) 公司是法人,即公司是依法定条件和法定程序成立的具有权利能力和行为能力的民事组织;(2) 公司是社团法人,即公司是两个或两个以上股东共同出资经营的法人组织;(3) 公司是营利社团法人,即公司股东出资办公司的目的在于以最少的投资获取最大限度的利润。

作为从事商品生产与经营的一种组织形式,我国的公司与西方国家的公司有许多共同之处。但下定义的角度和定义强调的重点有所不同,公司运行遵循的原则和要达成的社会目标也有所不同。

《中华人民共和国公司法》(以下简称《公司法》)第 2 条规定:"本法所称公司是指依照本法在中国境内设立的有限责任公司和股份有限公司。"第 3 条规定:"公司是企业法人,有独立的法人财产,享有法人财产权。公司以其全部财产对公司的债务承担责任。有限责任公司的股东以其认缴的出资额为限对公司承担责任;股份有限公司的股东以其认购的股份为限对公司承担责任。"同时,第 5 条第 1 款又规定:"公司从事经营活动,必须遵守法律、行政法规,遵守社会公德、商业道德,诚实守信,接受政府和社会公众的监督,承担社会责任。"根据《公司法》的上述规定,在我国,可以将公司定义为:依照公司法律规定组织、成立和从事活动的,以营利为目的且兼顾社会利益的,具有法人资格的企业。

二、公司的法律特征

由上述定义分析,公司应具有以下三个重要的法律特征:

(一) 合法性

公司必须依照公司法律规定的条件并依照法律规定的程序设立,在公司成立以后,公司也必须严格依照有关法律规定进行管理从事经营活动。

设立公司,需要符合法定条件。没有这些条件,公司的生产经营活动就不能开展。由于公司规模、所经营的事业不同,各种公司所需的条件又千差万别。从法律上分析,其中有些条件是任何公司都必不可少的,我们称之为公司构成的基本要素。这些基本要素包括资本、章程和组织机构。

1. 资本

公司的资本是投资者即股东投入公司作为经营基础的资金。公司章程上必须明确记载全部股东出资构成的财产总额。股东投入公司的资金属于公司法人财产,股东在投资范围内承担有限责任,而公司则以此财产作为对外经营的担保。确定和维持公司一定数额的资本,并公之于众,使社会了解公司的信用状况,对于保护债权人的利益和社会交易的安全是十分必要的。

2. 章程

公司的章程是记载公司组织及行动的基本规则的文件。它向社会公众公开申明公司的宗旨、资本数额、权利以及一系列为公众了解公司所必需的内容。这种内容从根本上决定了公司组织的基本原则、业务活动的范围和方式以及公司发展的方向,因此它是公司极其重要的文件。设立公司,必须依照法律制定公司章程。

3. 组织机构

公司需要具有自己独立的组织机构。公司不能像自然人那样用自己的大脑进行思维,以自己的行为表达意志,而是依靠自然人组成的机构来实现自己的意志。公司的组织机构一般由三部分组成:一是意思机关,即公司的最高决策机关,有关公司的一切重大事项都由其决定;二是执行机关,即对内处理公司日常事务,对外代表公司从事各种活动的机构;三是监督机关,其职责在于监督公司董事、经理等高级管理人员的行为,促使其恪尽职守为公司服务。

上述三要素不仅是公司设立的三要件,也是公司开展合法经营活动的基础。没有足够的资本、完备的章程、健全的组织机构,公司的正常经营是不可能的。

(二) 营利性

公司作为一种企业,应当通过自己的生产、经营、服务等活动取得实际的经济利益,并将这种利益依法分配给公司的投资者。公司在国家宏观调控下,按照市场需求自主组织生产经营,以达到提高经济效益、劳动生产率和实现资产保值增值的目的。

强调公司以营利为目的,但并不否定公司的社会责任。公司在追求经济目标的同时,也要考虑社会整体利益,提高社会效益,不能把追求营利与社会利益对立起来。尤其是随着公司社会责任理论的发展,公司营利性以及股东利益最大化的目标逐渐受到了挑战。现代公司法要求公司在经营活动中,除了考虑股东利益外,还要兼顾债权人、职工、消费者、社区甚至国家等其他"利益相关者"的权益。我国《公司法》在第5条第1款也规定:"公司从事经营活动,必须遵守法律、行政法规,遵守社会公德、商业道德,诚实守信,接受政府和社会公众的监督,承担社会责任。"

(三) 独立性

公司是具有法人资格的企业。也就是说,法律赋予公司完全独立的人格,公司就像自然人一样,享有权利,承担义务和责任。公司不仅独立于其他社会经济组织,而且还独立于自己的投资者——股东。我国《公司法》第3条第1款载明:"公司是企业法人,有独立的法人财产,享有法人财产权。公司以其全部财产对公司的债务承担责任。"可见,公司作为具有法人资格的企业,有自己的独立财产,并运用这些财产独立自主地开展经营活动,最终独立地对外承担法律责任。

《中华人民共和国民法总则》(以下简称《民法总则》)第57条规定:"法人是具有民事权利能力和民事行为能力,依法独立享有民事权利和承担民事义务的组织。"公司取得法人资格,即具有权利能力和行为能力。

1. 权利能力

权利能力是具有充任民事法律关系主体、享有民事权利、承担民事义务的资格。公司的权利能力与自然人有所不同。一些专属于自然人的权利,公司不能享有,如生命权、健康权、自由权、亲属权等。公司不能享有继承权,但可享有受遗赠的权利。公司能够享有的权利,有一些与自然人相类似,例如,自然人有姓名权,公司有名称权、名誉权。

公司的权利能力在特定情形下,应当受到一定的限制:

(1) 经营范围的限制。公司的经营范围由公司章程规定,并依法登记。公司经营范围中属于法律、行政法规限制的项目,应当依法经过批准。公司应当在登记的经营范围内从事经营活动。如果确实需要增加或变更经营项目,应首先依法修改章程,并经公司登记机关作出变更登记。

(2) 转投资的限制。转投资是指公司以出资或认股的方式对其他企业进行投资,成为其他企业的投资人。我国《公司法》规定,公司可以向其他企业投资,但除法律另有规定外,不得成为对所投资企业的债务承担连带责任的出资人。换言之,公司可以转投资于其他有限责任公司、股份有限公司,但不得作为其他合伙企业的普通合伙人。随着修订后的《中华人民共和国合伙企业法》在2007年施行,目前公司原则上也可以作为普通合伙人进行投资,但国有独资公司、国有企业、上市公司除外。总体而言,现行法律对公司对外投资的限制较少,主要是由公司自主决定,但实际上有必要对该行为作出一定的限制。限制的原因主要是两点:一是公司经营本身需要必要的资本;二是出于控制公司经营风险的考虑。

(3) 担任保证人的限制。为避免公司财产遭受无法预料的损失,公司充作保证人应当非常审慎。我国《公司法》对此没有作出强制性规定。现实经济生活中,公司互相担保的情况比较普遍。公司为其他公司担保,该项担保已经属于公司的或有负债,这对交易安全具有重大的负面影响。它放大了经营风险,是内部控制应该关注的重点。

2. 行为能力

行为能力是主体独立享有权利、承担义务的能力。公司的行为能力与自然人的行为能力不同,公司没有限制行为能力和无行为能力的问题。公司的行为能力与权利能力一般情况下同时发生,同时终止。

公司作为法人,其行为能力须由代表机关代表进行。公司负责人在其权限范围内代表公司所实施的法律行为,就被认为是公司的行为。这种行为所产生的后果,一般均由公司负责。

3. 侵权行为能力

公司既然有行为能力，也就有侵权行为能力。由于公司负责人的行为被认作公司的行为，他们所实施的侵权行为，也就被认作是公司的侵权行为。构成公司侵权行为应具有以下几个条件：第一，这种行为须是公司负责人所为，而非未经授权的公司职工所为；第二，负责人的行为须是执行职务时实施的，而非基于其个人资格实施的；第三，这种负责人的行为，须具备民法上侵权行为的要件，如应有故意或过失、不法加害行为、损害结果、行为与损害结果之间有因果关系等。

公司发生侵权行为，由公司承担法律责任，但这并非意味着公司负责人就不承担法律责任。公司赔偿了他人后，即对实施侵权行为的负责人产生了求偿权。我国《公司法》第149条规定："董事、监事、高级管理人员执行公司职务时违反法律、行政法规或者公司章程的规定，给公司造成损失的，应当承担赔偿责任。"

从上述分析的公司权利能力和行为能力可知，既然法律已经赋予公司独立性的特征，任何公司以外的国家机关、法人团体均不应干预公司的活动，除非公司违反了法律规定和社会的公共利益。

（四）自治性

公司自治是私法自治理念在公司法领域的体现和延伸，意指公司事务由公司作为独立主体依其意思自主决定，国家一般不加干预。公司自治精神的核心是尊重公司的自主决策，尊重股东、董事依法作出的商业判断。

近年来，我国公司法在发展过程中，逐渐重视公司自治精神，公司自治的范围也在不断扩大。尤其是在有限责任公司中，通过章程，赋予了公司对股东表决权、优先购买权、优先认股权、股权继承等方面的自主安排。而章程本身就是公司股东的团体意思体现，也是意思自治的载体和手段，是公司自治的核心内容。此外，在公司资本制度方面，也体现出了明显的自治精神，将注册资本实缴制改为认缴制、取消最低注册资本的限制、丰富出资方式、删除货币出资最低比例的限制，等等。

当然，公司自治也并非绝对，当自治影响到国家利益、集体利益、他人利益时，应当受到限制。易言之，公司自治应当在法律规定的限度内行使，不得违反相关法律法规的强制性规范，不得损害国家、集体或他人利益。

三、公司与其他企业的区别

企业形态存在许多种，但大致说来，除公司企业外，还有个人独资企业、合伙企业和集团企业。

（一）个人独资企业

个人独资企业是由一个自然人投资设立，财产为投资人个人所有，投资人以其个人财产对企业承担无限责任的经济实体。这种企业是历史上最早出现的企业形态，它与现代社会的独资公司很类似，但独资公司具有法人资格，个人独资企业没有法人资格；独资公司的股东承担有限责任，而个人独资企业的出资人则要承担无限责任。

公司与个人独资企业的区别是：

(1) 对出资人的规定不同。按照我国现行《公司法》的规定，除一人有限公司和国有独资公司外，公司出资人通常有两人以上，出资人既可以是自然人，也可以是法人。作为公司的发起人，法律要求其应具备完全行为能力，而对于股东，则没有这种强制性要求；但对个人独资企业而言，其出资人仅限于一个自然人，且该自然人必须具有完全行为能力。

(2) 法律地位不同。公司是独立法人，拥有独立于股东的公司财产，并独自对自身的行为承担全部责任；而个人独资企业在法律上没有独立的法人资格，投资人需要对个人独资企业的债务承担无限责任。这也是公司与个人独资企业最根本的区别之一。

(3) 出资人享有的权利不同。公司股东作为公司的出资人，享有的仅仅是股权。其作为出资的财产一旦投入公司，就不能由股东直接支配和使用，只能通过股权的持有来控制或影响公司；个人独资企业的企业主对其出资的财产不仅拥有所有权，而且在投入企业后仍然可以直接支配，自主决定如何使用。

(4) 出资人承担的风险不同。公司股东仅以其认缴的出资额或以其认购的股份为限对公司经营风险承担有限责任；而个人独资企业的企业主则需对企业经营中产生的一切风险承担无限责任。

(二) 合伙企业

合伙企业是二人或二人以上，以营利为目的，依照相互约定共同从事某一营业活动的经营性组织。合伙企业不是法人，其经营活动的依据是合伙人共同签订的协议。合伙企业与合伙人唇齿相依，权利义务相连。合伙企业分为普通合伙与有限合伙。在普通合伙企业中，所有合伙人均需对合伙企业的债务承担无限连带责任；而在有限合伙企业中，普通合伙人对企业债务承担无限责任，有限合伙人对企业债务则仅承担有限责任。

公司与合伙企业的区别是：

(1) 成立基础不同。公司成立的基础是公司章程；合伙企业成立的基础则是合伙人之间签订的合伙协议。公司章程对股东的约束力，不仅及于公司成立时的股东，还及于公司成立后新加入公司的股东，而不管其是否参与了公司章程的制定，股东的加入行为本身即代表承认公司章程。但合伙协议需要每一个合伙人签字认可，即使新加入合伙企业的合伙人也需要在修订后的合伙协议上签字，确认协议。此外，相对于公司章程，法律给予合伙协议更多的自治空间。

(2) 法律地位不同。公司是法人型企业，具有法人资格；而合伙是非法人型企业，没有法人资格。

(3) 法律性质不同。公司是资本的联合，各股东的平等是在出资额或股份基础上的平等，股东依其出资数或持股数分享对公司的资产收益权、经营管理权和选择管理者权等；而合伙企业则强调人的联合，普通合伙中的全体合伙人、有限合伙中的普通合伙人一般都可以代表企业对外发生业务关系，而且在合伙协议没有特殊规定的情况下，合伙人对企业的管理享有平等的参与权。

(4) 出资人承担的风险不同。公司股东仅以其认缴的出资额或认购的股份数额为限对公司债务承担有限责任;而合伙企业,当自身的财产不足以清偿企业债务时,普通合伙中的全体合伙人,有限合伙中的普通合伙人(有限合伙人除外)应以自己的个人财产去清偿企业债务,负无限连带责任。

(三) 集团企业

集团企业是多企业的一种联合,是集团性的企业,也称为"企业集团"。依照国家工商行政管理局1998年颁布的《企业集团登记管理暂行规定》,企业集团是指以资本为主要联结纽带的母子公司为主体,以集团章程为共同行为规范的母公司、子公司、参股公司及其他成员企业或机构共同组成的具有一定规模的企业法人联合体,企业集团本身不具有企业法人资格。

企业集团由母公司、子公司、参股公司以及其他成员单位组建而成。其中,母公司应当是依法登记注册,取得企业法人资格的控股企业;子公司应当是母公司对其拥有全部股权或者控股权的企业法人;企业集团的其他成员应当是母公司对其参股或者与母子公司形成一定生产经营、协作联系的其他企业法人。

依照《企业集团登记管理暂行规定》的规定,设立企业集团应当具备下列条件:(1) 企业集团的母公司注册资本在5000万元人民币以上,并至少拥有5家子公司;(2) 母公司和其子公司的注册资本总和在1亿元人民币以上;(3) 集团成员单位均具有法人资格。国家试点企业集团还应符合国务院确定的试点企业集团条件。

公司与集团企业相较而言,公司是单个企业,功能通常较为单一;而集团企业是多法人的联合体,功能相对强大且多元化。随着市场经济的不断发展,公司间的资本联合和并购行为日益增多,企业集团的数量也与日俱增,发挥着越来越重要的作用。

第二节 公司的分类

一、现行法律上的分类

公司依不同的标准可分为不同种类。从我国现行《公司法》来看,主要有以下几种分类:

(一) 按公司资本的不同表现形式以及公司股东人数的不同,可将公司分为有限责任公司和股份有限公司

1. 有限责任公司

有限责任公司中,注册资本并不进行等额划分,股东是以其认缴的出资额为限对公司承担责任,公司以其全部资产对公司的债务承担责任;同时,股东人数没有下限要求,一人亦可,但有上限规定,即不得超过50人。我国现行《公司法》允许国家单独出资设立"国有独资公司",由国务院或者地方人民政府授权本级人民政府国有资产监督管理机构履行出资人职责;同时,《公司法》还规定,一个自然人或者一个法人也可以单独投资设立"一人有限责任公司"。

2. 股份有限公司

在股份有限公司中,注册资本被划分为等额份额,股东以其认购的股份为限对公司承担责任,公司以其全部资产对公司的债务承担责任;同时股东人数只有下限要求,即不少于2人,但无上限限制。

(二) 按公司与公司之间的控制依附关系,可将公司分为母公司和子公司

1. 母公司

母公司有时也称"控股公司"。它拥有另一公司半数以上的股权或虽不足半数以上的股权但实际控制了另一公司半数以上的投票权。如果一公司拥有另一公司不足半数以上的股权,事实上也未能控制其半数以上的投票权,这样的公司通常被称为"参股公司",而不称为"母公司"。

2. 子公司

子公司是母公司的对称概念,有时也称"附属公司",是指公司股份的一定比例被其他公司持有而为其他公司控制的公司。我国《公司法》第14条第2款规定:"公司可以设立子公司,子公司具有法人资格,依法独立承担民事责任。"

需要强调的是,子公司与实践中常见的分公司不同。分公司是公司的组成部分,不具有企业法人资格,其民事责任由总公司承担,《公司法》第14条第1款规定:"公司可以设立分公司。设立分公司,应当向公司登记机关申请登记,领取营业执照。分公司不具有法人资格,其民事责任由公司承担。"

严格说来,分公司并不是一种独立的公司形态,分公司不是公司,属于非法人经济组织。与公司相比,分公司一般具有以下特征:(1)不具有独立的民事主体资格;(2)可以以自己的名义开展营业活动,法律后果由总公司承受;(3)分公司并无董事会等公司机构,只设分公司经理,其地位相当于业务部门负责人;(4)分公司无自己独立的财产,其占有的财产归总公司所有,列入总公司的资产负债表;(5)分公司的经营收益纳入总公司的收益中,由总公司缴纳企业所得税;(6)分公司的债务由总公司负责清偿。

分公司与子公司两者的区别主要在于:(1)分公司不具有法人资格,无独立的财产、名称和章程,不能独立对外承担责任;而子公司则完全相反。(2)分公司与子公司虽然都具有诉讼主体的资格,但由于分公司不具有对外独立承担责任的能力,在分公司财产不足以承担民事责任的时候,应以总公司的财产来承担责任;而以子公司为被告的诉讼案件,除非涉及公司人格否认,一般不得要求母公司承担民事责任。

要区分一个公司是分公司还是子公司,最简单、最直观的方法是看该公司的营业执照。若是"企业法人营业执照",则该公司为子公司;若为"营业执照",则该公司为分公司。

(三) 按公司除受《公司法》调整外是否还受其他特别法调整,可将公司分为一般法上的公司与特别法上的公司

一般法上的公司仅受《公司法》调整;特别法上的公司,既受《公司法》调整,又受其他特别法的管辖,如商业银行、证券公司、保险公司等。根据法律的一般原理,相关特别法有规定的,适用其规定;特别法没有规定的,则适用公司法的一般规定。

(四)按公司股票的流通性不同,可将公司分为上市公司、非上市公众公司和非上市公司

上市公司是指,经批准,股票可以在证券交易所公开交易的公司;非上市公众公司是指,经批准,股票可以在全国中小企业股份转让系统进行交易的公司;非上市公司则是指,已发行股票的股份有限公司,其股票未获准在证券交易所上市交易或在全国中小企业股份转让系统交易,因而流通性受限的公司。非上市公司泛指上市公司、非上市公众公司以外的所有公司。

上市公司因其股票可以在证券交易所上市交易,因而股票具有较强的流通性及变现能力,这不仅使投资者能够通过买卖股票自由进入或退出资本市场,以达到获取资本利得或及时转移投资风险的目的,也可以在一定程度上促使公司改善经营管理、接受公众及政府的监督。非上市公众公司的股票未在证券交易所上市交易,因而流通性比上市公司弱,但其可以在全国中小企业股份转让系统公开转让,故而,也具有明显的流通性。非上市公司因其股票不得在证券交易所或全国中小企业股份转让系统挂牌交易,缺少稳定、畅通的流通渠道,使得其股票流通性及变现能力受到明显影响。

(五)按公司的国籍,可将公司分为本国公司和外国公司

1. 本国公司

本国公司是指具有本国国籍的公司。各国认定国籍的标准不完全相同。凡在我国批准登记设立的公司,不论外国资本占多大比例,均为中国国籍。中外合资经营企业、具有法人资格的中外合作经营企业和外资企业,应认定具有中国国籍,属于我国公司。

2. 外国公司

外国公司是指具有外国国籍的公司。根据我国现行《公司法》的规定,外国公司可在我国设立分支机构,从事生产经营活动。

二、理论上的分类

不同的专家会对公司作出理论上的不同分类。除了被立法所采纳的分类,主要还有以下几种分类:

(一)无限公司、两合公司、股份有限公司、股份两合公司、有限责任公司

这种分类是以股东对公司的责任形式为标准进行的划分。

无限公司是无限责任公司的简称,是由两名以上股东组成、全体股东对公司债务负无限连带责任的公司。这类公司成立的基础是股东个人信用,具有很强的人合性,股东出资的转让也往往受到严格限制,因而该类公司成员具有较强的稳定性。但因股东承担无限连带责任,风险很大,因而难以得到很好的发展,多为中小企业所采用。

两合公司是继无限公司后产生的一种公司形态,是由无限责任股东与有限责任股东共同出资组成,无限责任股东对公司债务负无限连带责任,有限责任股东对公司债务仅以其出资为限承担有限责任的公司。在该类公司中,无限责任股东负责公司经营管理,而有限责任股东只提供资本,分享利润。这种公司形态能够适应不同的需求,实现资本与管理的结合,但同时也有不足,尤其是有限责任股东虽责任较轻,但无权参与公司管理,出资转让亦受到较大限制。

股份有限公司是欧洲殖民地国家商业活动,特别是进出口贸易不断发展的结果,其中最著名的有英国东印度公司和荷兰东印度公司。在该类公司中,公司的全部资本被划分为等额股份,股东以其所认购的股份对公司承担有限责任,公司则以其全部资产对其债务承担责任。

股份两合公司是在股份有限公司出现后,于18世纪末产生的一种公司形式。它的出现是为了吸收两合公司和股份有限公司的优点,以便使其处于更有利的竞争地位。它与一般两合公司的不同在于,公司股东是以认购股份即购买公司股票的形式进行出资。这使其在吸收社会投资上比一般两合公司更为容易,但后来该类公司也未得到良好发展,目前已基本消失。

有限责任公司是公司形态中出现最晚的一种。在上述的几种公司中,无限公司虽有着组织简易、股东努力经营的优点,但风险责任重大,且经营规模有限;股份有限公司尽管适合集中大量资本进行规模经营,但股东人数众多、股票又可以自由转让,因而股东间人合性较差,且经营程序严格而复杂,不适应于中小企业的要求,为此,19世纪末的德国,率先产生了有限责任公司。在该类公司中,股东人数往往有上线限制,股东以其认缴的出资额为限对公司债务承担有限责任,而公司是以其全部资产为限对其债务承担责任。

(二) 公开公司与封闭公司

这种分类是以公司股东构成和股份的转让方式作为划分标准的。英美法系国家的学者及立法通常采用这种分类。公开公司是指以法定程序公开招股,股东人数无法定限制,股份可以在公开市场进行自由转让的公司。

封闭公司是指股份全部由设立时的所有股东持有,且其股份不能在公开的市场上自由转让的公司。这种公司通常是指有限公司,其股东人数有一定的限制,股份的转让也有较严格的限制。

(三) 人合公司、资合公司与股份合作制公司

这种分类是以公司的信用基础作为划分标准的。大陆法系国家的学者通常采用这种分类。人合公司是指公司的设立和经营活动是以股东个人的信用而非资本为基础的公司。这样的公司,股东个人的信用状况和社会影响是主要的,企业资本则处于次要的地位。交易者与公司打交道,不是由于其资本实力雄厚,主要是基于对股东个人(往往又是公司的直接经营管理者)的信赖。无限公司是典型的人合公司。

资合公司是指公司的设立和经营活动是以资本而非股东个人的信用为基础的公司。这样的公司,资本信用程度、规模的大小是主要的,股东个人的信用状况可以忽略不计。因为,相对人与公司交易往来,跟公司的股东并无直接关系。股份有限公司是典型的资合公司。有限责任公司在本质上属于资合性公司,但其具有一定的人合性色彩。人合公司与资合公司特点兼备的,是两合公司。

股份合作制公司是指以合作制为基础,由企业职工共同出资入股,吸收一定比例的社

会资产投资组建,实行自主经营,自负盈亏,共同劳动,民主管理,按劳分配与按股分红相结合的一种经济组织。纯粹的劳合组织是合作社,资合加劳合则被称为股份合作制公司。

第三节 公司法的定义、性质和精髓

一、公司法的定义

所谓公司法,是规定各种公司的设立、组织活动和解散以及其他与公司组织有关的对内对外关系的法律规范的总称。公司法有形式意义上的公司法和实质意义上的公司法之分。

形式意义上的公司法仅指冠以"公司法"之名的一部法律。我国现行《公司法》是2018年10月26日第十三届全国人民代表大会常务委员会第六次会议审议修正的《公司法》,共13章218条。

实质意义上的公司法包括一切有关公司的法律、行政法规、规章以及最高司法机关的司法解释等。除了《公司法》外,有关《公司法》的配套法律、法规,如《中华人民共和国公司登记管理条例》(以下简称《公司登记管理条例》)等;有关调整外商投资企业的法律、法规,如2019年3月发布的《中华人民共和国外商投资法》(以下简称《外商投资法》)等;有关调整特种公司的法律、法规,如《中华人民共和国商业银行法》《中华人民共和国证券法》(以下简称《证券法》)、《中华人民共和国保险法》等;还有其他相关法律中有关公司的法律规定,如《中华人民共和国反垄断法》中有关公司的内容。

公司法理论研究的对象通常是实质意义上的公司法。

二、公司法的性质

公司法的性质可以从以下几方面认识:

(一)公司法兼具组织法和行为法的双重性质,以组织法为主

公司法调整的对象是公司内外部的组织关系。公司是参与市场经济活动的组织体,公司法确立公司的独立法律地位。公司法作为组织法,具体包括公司的设立、变更和清算,公司的章程、权利能力和行为能力,公司的组织机构、股东权利和义务等内容。公司是财产组织形式,公司法还就公司财产的构成、股东参与公司利益的分配等作出规定。

公司是以营利为目的的经营组织体,它要从事各种管理活动、交易活动。公司法须对公司组织机构的管理活动进行规范,同时须对股票债券的发行、转让等行为进行规范。当然,公司法并不调整公司所有的对内、对外关系。与公司组织特点无关的业务,如一般商品的交易,不属于公司法调整的范围,而由其他法律、法规调整。

(二)公司法兼具实体法和程序法的双重性质,以实体法为主

公司法调整公司组织活动,就必须对参与公司活动的各种主体作出规定,规定这些主体的资格条件、权利义务以及法律责任等。这些主体不仅包括公司发起人、股东、董事、监

事、高级管理人员等,还包括由股东、董事、监事组成的各种机构。法律规定他们应当怎么行为,不应当怎么行为,这些都是实体法的内容。如果这些主体的权利受到侵犯,或者他们不能履行义务,就需要明确法律上的责任和救济措施。公司法除规定实体法内容,还规定程序法内容,即规定保障权利实现、追究法律责任的程序。

(三) 公司法兼具强制法和任意法的双重性质,以强制法为主

公司法中的规定,既有强制性的,也有非强制性的,但强制性的规范占大多数。公司法是商法的重要组成部分,属于私法的范畴。然而,私法活动的主体必须遵守共同的行为规范,且这种行为规范具有法律上的强制性效力。公司法还体现了国家干预的原则,因为公司设立不纯粹是个人的私事,而是与整个社会相联系的。在现代社会,公司已在商品经济活动中占主导地位,它影响着社会生活的各个方面。国家通过立法干预公司,是为了保障社会交易的安全,促进经济秩序的稳定。如果公司可以任意设立,又任意解散,任意发行股票债券,任意从事经营,就势必会造成社会经济秩序的混乱。

当然,公司法也体现了经济民主原则,对公司不是一味强制。在不违反法律精神、社会利益的情形下,公司仍有许多自主性权利。公司法中有许多"可以"条款,对这些条款,公司可以选择适用,也可以放弃适用。公司是选择适用还是放弃适用,可以由公司章程作出具体规定。随着市场经济体制的完善以及相关法律制度的完善,公司法中的任意性条款,尤其是有限责任公司以及非公众性的股份有限公司中自治性规则将会逐渐增加。

(四) 公司法兼具国内法和国际法的双重性质,以国内法为主

公司法是国内法,它是一国促进经济发展的重要法律之一。公司法要为维护国家利益服务,要为保护各种市场主体的权利和利益服务,但公司法又是国际经济贸易交往中涉及的重要法律之一。随着我国对外开放的步伐加快,公司要加入国际市场竞争的行列,就需要采纳国际商业长期交往中逐步发展起来的各国都遵守的惯例和规则。我国要吸引外国资本,要允许外国资本到国内设立公司,或与国内资本合营。我国还需为外国公司直接进入国内市场创造条件。这一切,公司法均应作出相应的规定,这就使公司法具有一定的国际性。

三、公司法的精髓

公司法具有非常丰富的内容,其中最具有价值也是最核心的内容是:

(一) 确认股东财产和公司财产分离,使公司具有独立的财产权利

根据公司法的规则,公司股东向公司出资后,不再对其所投入的财产享有直接控制权,而只享有股东权(股权),即公司股东作为出资者按投入公司的资本额享有所有者的资产受益、重大决策和选择管理者等权利。在强调出资人出资后仅享有股权的同时,公司法强调公司享有由股东投资形成的法人财产权,这就实现了股东财产和公司财产的分离。公司享有独立的财产权利,即公司可依法对其拥有的财产行使占有、使用、收益和处分的权利。

（二）确认股东承担有限责任

在有限责任公司，股东以其认缴的出资额为限对公司承担责任；在股份有限公司，全部资本分为等额股份，股东以其认购的股份为限对公司承担责任。在这两种公司中，公司都是以其全部资产对公司的债务承担责任。这样，公司法就确立了股东有限责任原则。其含义是：股东仅对公司负责、股东仅以认缴的出资额或认购的股份为限负责、股东不对公司的债权人直接承担责任。有限责任原则的出现激发了投资者的投资热情，在国外曾引起一场轰动。有位美国学者曾这样评述："有限责任原则是当代最伟大的发明，其产生的意义甚至超过了蒸汽机和电的发明。"应该肯定地说，有限责任原则适用于有限责任公司和股份有限公司的所有股东，包括国家股股东、法人股股东和自然人股东。由此，它调动了所有投资者的积极性。需要特别强调的是，有限责任仅是针对出资人而言的，它不是针对公司自身的，公司应以其全部资产对公司的债务承担责任。

（三）确认公司具有法律上的独立人格

有限责任公司和股份有限公司均为法人，具有权利能力和行为能力，能以自己的名义独立享有权利、承担义务，能独立承担法律责任。这种独立的人格表现为，公司以其全部法人财产依法自主经营，自负盈亏。公司人格的独立性还表现为既独立于自己的股东和其他人（包括自然人和法人），也独立于政府。公司独立于政府，并不意味着它可以不服从政府的管理，而是说，它不是政府的附庸。

人格的独立性和股东（出资人）的有限责任的结合，是公司作为现代企业的重要标志。公司只有具备了这样的特征，才能成为富有活力的市场经营主体。但是，公司的独立人格和股东的有限责任，又都是以股东和公司的财产相互分离为前提的。公司因其具有独立财产才具有独立人格；股东因其投资并放弃对公司财产具体的、直接的支配权，才享有股东权并享有承担有限责任的待遇。相反，如果股东与公司的财产不能实现分离或不能实现完全的分离，股东承担有限责任和公司的独立人格也就有可能被否定。我国《公司法》第20条第3款规定："公司股东滥用公司法人独立地位和股东有限责任，逃避债务，严重损害公司债权人利益的，应当对公司债务承担连带责任。"

第四节　公司法的基本原则

公司法的基本原则，是贯穿现行公司法律规范中的最一般准则，归纳起来主要有六项：

一、鼓励投资原则

公司设立的目的是为了营利，公司是股东投资并获取收益的组织形式。投资设立公司不仅对于股东自身，而且对于国家税收、就业、经济发展都有着直接影响。因此，鼓励投资是公司法的重要原则之一。鼓励更多的民事主体参与投资创业，一方面能够促进资本市场上的资金融通，另一方面公司体量的增加能够提供更多的就业岗位。另外，在税收政策不变的情况下,一国的税收也将随着国内公司营利的增加而增加。因此,公司法鼓励投资能够促进一国经济的繁荣发展。

放眼全球,国家之间的经济竞争不再局限于单一的产品及市场间的竞争,制度要素在国与国竞争中的重要性日益凸显。优越的制度规则能够为企业的成长提供更好的环境和发展空间。公司法中的制度可以规定国内设立公司的门槛以及公司运营的各种成本,基于鼓励投资原则设置公司法上的各项制度,有利于降低投资门槛,吸引民间资本、外商资本,能够促进一国经济发展从而提升国际竞争力。我国不断修订的《公司法》在这方面有着明显进步,例如,取消最低注册资本要求、允许资本分期缴纳、放宽股东出资形式、取消股份有限公司设立审批,等等,为企业设立和发展提供了宽松的制度环境,对鼓励股东投资起到了积极作用。

二、公司自治原则

公司是独立的企业法人组织,它具有独立的财产和独立的组织机构。为实现公司设立的目的,公司要依据自己的意志,作出一系列的选择,利用自己所掌握的资源,为一定的行为和不为一定的行为。在实践中,除非公司行为涉及国家利益或社会公共利益,否则应当允许公司自主经营。这是公司法作为私法的基本体现。在我国2005年《公司法》修订之前,法律对公司的干预较多,具有"强国家干预主义"色彩。在修订后,《公司法》加大了公司自治的力度,尤其是对有限责任公司。立法者逐渐认识到,有限责任公司更多的是契约性组织,封闭性较强,涉及不特定公共利益比股份有限公司大为减少,因而,应更多地体现投资者意愿。如,优先受让权问题、股权继承问题、股利分配问题等,都应当允许投资者通过章程进行自由决定。在立法技术上,为了放松对市场主体的管制,鼓励公司实现自我管理和自我约束,《公司法》增加了较多的选择性条款,在表述上有较多的"可以""章程另有规定的除外"等。总的精神是授权公司自主决策,给予公司更多的市场经营自由。

当然,公司作为参与市场活动的主体,是市场的一员,对自己的行为应当有一定的约束。公司独立并不意味着公司可以为所欲为。作为一个自然人,有自己的权利和自由,但自己在行使权利和享有自由的时候不能以影响和牺牲他人权利和自由为代价。允许一个自然人可以不受任何约束地实施任何行为,那么我们所有的自然人就再也没有自己的权利和自由了。同理,如果一个公司(企业法人)可以随心所欲,那么其他公司(企业法人)就再也不可能有什么权利和自由了,市场秩序就会彻底受到破坏。总之,在强调公司自治的同时,公司行为也应当受到必要的约束:一是外部约束,这就是国家的法律法规和一整套管理制度和监管机制。任何公司在参与市场活动的时候,在参与市场活动的每一个环节中,都要严格执行国家的法律法规。违反国家的法律法规,未履行相关的法定义务,侵犯他人的权利和自由,都要依据有关的法律法规承担相关的法律责任。二是内部约束,这就是以公司章程和规章制度为核心的运作机制。

三、股权保护原则

公司是股东出资创办的,股东当然享有法律上的权利。依照我国《公司法》第 4 条规定:"公司股东依法享有资产收益、参与重大决策和选择管理者等权利。"

具体来说,股权至少有五个方面的体现:

(1) 投票权。股东享有投票选举董事、监事的权利。股东按照拥有股权的多少来投票,股东有权投票表决公司的重大问题。股东通过股东会或股东大会来决定公司的重大事项。

(2) 分红权。股东出资的目的就是要获得公司的投资回报。股东享有分红权,按照拥有股权的多少来分红。

(3) 转让股份的权利。股东购买股票是自愿的。股东投资之后,一般不能退股,但是可以转让股权。转让的方式要根据每个公司的情况而定。如果是有限责任公司,股权的转让要经过其他股东过半数同意;如果是上市公司,股票的转让就要到证券交易市场按照法律规定的程序来进行。

(4) 优先认股权。股东拥有优先认股权。股东出资组成了一个公司,公司就成为一个法人,公司这个法人可以再发行新股票。所谓优先认股权是指在其发行新股票的时候,原来的股东拥有优先认购的权利。这样做是考虑在吸收一批新的股东进来时,防止公司法人牺牲原来股东的利益。优先认股权是为了使原有股东的权益不受侵害。

(5) 知情权。所谓知情权就是股东有权知道公司的一切情况,其中主要包括公司的资产负债情况、经营情况以及盈亏状况等。知情权也可以叫信息权。公司必须向股东全面、及时、准确地披露信息,不得对股东隐瞒。

有人认为,既然股权平等,每一个股东就应享有同样的权利。但实际上,股东投资有多有少,入股时间有长有短,所持有的股份性质也会有差异,因而,每一个股东实际享有的权利是不可能相同的。股权平等应当理解为:股东所持的每一个股份在法律上所享有的权利是平等的。概括地说,就是同股同权同利。如果要说股东的平等,那就是无论股东大小、身份如何,他们的权利均受到法律的平等保护。

股权平等的基本条件是同股。同股不仅是形式上的要求,而且是实质内容上的要求。如果各股份所包含的资产价值与数额在设计时不一致,即使同是一股,也不能享有相同的权利。在我国企业改制初期,一些"国家股""国有法人股"与"个人股"没有实行同股同价,一段时间"国家股""国有法人股"不能流通。在这样的情况下,讲股权平等是没有基础的。所以,后期我国花了很大工夫进行股权分置改革,力求补偿中小股东的利益损失,以实现上市公司股份的全流通。

持有一个股份,就享有一个股份的权利,这在多数情况下是正确的、合理的。但是,这一原则不是绝对的,股东完全按持有股份的多少享有权利,有时又会造成另一种不平等,小股东往往处于不利地位。例如,一个股份有限公司,70%以上的股份被某一个大股东所持有,其余股份分散由很多小股东持有。按一股一票表决权决定公司的事务,一个大股东就可独揽大权,其余股东几乎不能起任何作用。"一股独大"正是从这种意义上讲的。因而,要做到真正平等,法律还需作出进一步规定。借鉴国外公司立法的经验,这些规定主要有两方面:(1)注意对小股东加以特别保护,如规定知情权、司法解散请求权、异议股份回购请求权等。(2)对大股东的权利进行限制。这种限制可以是法律上的,也可以是授权章程规定,如限制大股东的最大持股量、投票表决权等。对此,需要我们进一步探索。

四、治理科学原则

公司治理结构是公司制度的核心。公司治理结构具体表现为公司的组织制度和管理制度。组织制度包括股东(大)会、董事会、监事会和经理层各自的分工与职责,建立各负其责、协调运转、有效制衡的运行机制。管理制度包括公司基本管理制度和具体规章,是保证公司法人财产始终处于高效有序运营状态的主要手段,也是保证公司各机构协调运转、有效制衡的基础。

英美法系国家的公司通常不设监事会,但仍然设有执行监督职能的机构或个人,如独立董事,或会计监察,或审计师等,有的国家还规定设置临时调查机构对特别事件进行调查。大陆法系国家的公司体制形式上有许多不同,但细致分析,决策、执行、监督的职能都是存在的,且严格分开。

我国《公司法》是按决策、执行、监督三种职能分别设置三种不同机构,即股东会、董事会和监事会。股东会进行决策,董事会负责业务执行和经营管理决策,监事会从事监督。三种机构,明确分工,职责分明,互相制约。这种企业治理机制可以保障公司决策的准确性、执行的统一性和监督的有效性。权力混淆,或两权、三权集中于一个机构,均会带来组织系统的运行障碍,这是为实践所广泛证明了的。

公司在进行具体的机构设计时,可以根据自身的性质和规模选择治理模式。如小公司股东人数少,就可不设董事会,执行权由一名执行董事行使;也可不设监事会,只设一名监事。

五、利益平衡原则

公司的设立和运作离不开诸多人士的努力和贡献。公司经营的成败对股东、债权人、职工、消费者等"利益相关者"有着密切影响。尤其是在现代社会,随着公司规模日益扩大,其对利益相关者的影响也越来越强。在这些利益主体中,股东、债权人、职工无疑是最为主要的。

关于股东利益保护,上述已经具体阐述,此处不赘述。实际上,公司法除了要保护股东利益外,还应当平衡保护其他利益相关者的合法权益,其中,债权人的利益和职工的利益特别需要关注。

关于债权人的利益保护。有限责任原则是公司法的基石,但该原则作为一种风险分配机制,在很大程度上,是将股东的投资和经营风险转移给了债权人。因此,对债权人利益提供有效保护也应是公司法的重要目标之一。这同时也是保证商事交易安全的基本诉求。为此,我国《公司法》规定了一系列制度来保护债权人的合法权益,如公司资本制度,公司减资、合并及分立时对债权人的特别保护制度,发行债券的条件限制,法人格否认制度,等等。另外,《公司法》还要求公司积极提供与交易有关的信息,并保证信息的准确性,以确保交易能在交易相对人充分享有信息权的情况下进行。例如,设立公司必须到登记机关如实地登记注册资金、公司章程。特别是资金,它是公司的"血液",也是公司从事活动的物质基础和承担责任的前提。根据我国《公司法》的规定,公司必须确定注册资本,在存续中必须维持一定数额的公司资本,并将其公之于众,这便于与公司发生经济往来的相对人了解和掌握公司的资本状况。此外,《公司法》还规定了严格的资本制度,以保护债权人利益。例如,公司亏损必先弥补,无利润不得分配股利,股东个人债务不得与公司债权相抵,发起人相互应负出资的连带填补责任,以确保资本的充实,公司的资本一经确定不得随意改变,如需增减资本须严格依法定程序进行,等等。实践中,不少公司存在着注册资本不实的现象,无本经营或很少资本经营的情况屡见不鲜,这是影响债权人利益的最危险因素之一。有不少国家将资本不实作为犯罪处理,我国《公司法》及《中华人民共和国刑法》(以下简称《刑法》)也有类似规定。在《公司法》施行过程中,社会各界理应对此给予高度重视。

此外,影响债权人利益的另一个危险因素是企业负债过高。对企业而言,适当负债是经营本身的要求,可以降低风险,提高股东的收益率。但是,过高的负债则威胁债权人的利益,威胁交易的安全性。公司的资产负债比例应严格执行有关规定。有一些企业负债率达到100%,甚至更多。应当承认,这类企业在创办初期是有资本金的,但经营若干年,原先的资本已经全部亏损。按理这类企业应当申请破产,然而由于各种复杂的原因没有办理破产申请。这种该破产而不破产的企业继续存在,严重影响市场秩序和交易安全。因而,设法重整或走破产道路成为这类企业必然的选择。

关于职工合法权益的保护。公司的生存和发展离不开职工的辛勤劳动,职工也是公司组织体中重要的利益相关者。因此,对职工利益的保护也同样需要公司法予以关注。同时,由于职工相对于股东、债权人等处于劣势地位,因而,从实质公平的角度看,就更需要公司法提供强制性的规则予以保护。我国《公司法》对职工利益的保护有诸多体现,例如工会制度、职工董事制度、职工监事制度、公司清算时对职工工资和社保基金优先清偿制度,等等。

六、社会责任原则

公司在现代社会的影响力不断扩大和渗透,已深入社会生活的各个领域。因此,公司担负与其社会地位相称的社会责任,已经成为现代社会的一项基本共识。公司社会责任是指公司不能仅仅以最大限度地为股东们赚钱作为自己存在的唯一目的,同时也应当最大限度地关心和提高股东利益之外的其他社会主体的利益,包括消费者的利益、职工的利益、债权人的利益、中小竞争者的利益、当地社区居民的利益、环境的利益、社会弱者的利益,乃至整个社会的公共利益等。一般认为公司社会责任具有道德责任和法律责任的双重性质,兼具伦理意义和法律意义。

公司社会责任原则的理论基础是利益相关者理论。利益相关者理论肇始于西方经济学,是对股东至上理论进行的修正,其认为公司的组成人员不限于股东,还包括债权人、雇员、消费者、供应商以及公司所在的社区等所有提供专用化资产的个人与团体。所以,股东利益最大化并非公司的唯一目标,公司的决策不仅要考虑股东的利益,还需考虑其他利益主体的利益,管理者应对所有的利益相关者而非仅仅对股东负责。因此,公司社会责任原则要求公司在谋取自身利益、实现股东利益最大化的同时,也要尽可能地兼顾其他利害相关人的权益,不能通过损害后者合法权益的方式为股东谋取利益。对此,我国《公司法》第 5 条明确规定,公司从事经营活动应当承担社会责任;《民法总则》第 86 条也再次强调,营利法人从事经营活动应承担社会责任。

第五节　公司法与相关法律的关系

在公司法与相关法律的关系中,要重点关注公司法与民法、商法、企业法、证券法、破产法的关系的认识与处理。

一、公司法与民法

民法是商品经济活动的基本法。我国《民法总则》中规定了营利法人的相关制度。由于我国没有商法典,而目前正在制定的民法典,又是以民商合一为基本指导思想,因而,公司法实际上成为民法的特别法。民法的一般原则对于公司具有适用性。当然,相较于民法,公司法具有更多的国家干预色彩,这点又与民法有所区别。因此,在法律适用过程中,公司法有特殊规定时,应适用公司法,没有特殊规定时,适用民法的一般性规则。

二、公司法与商法

商法是调整商事关系的法律规范。商事关系由商事主体和商事行为两部分构成,因此,通常将商法分为商事主体法和商事行为法,或称商业组织法和商业活动法。商事主体分为商自然人、商合伙和商法人,其中,商自然人即个体商人,商法人则主要是各种商事公司。公司法即成为商法中商事主体法或商业组织法的重要组成部分。

三、公司法与企业法

要正确处理公司法与企业法的关系,首先有两个概念必须区分:一个是"理论上的企业法",一个是"现实中的企业法"。理论上的企业法与公司法的关系是种属关系。企业包括个人独资企业、合伙企业、公司企业。公司企业仅是企业的一种。可以说公司法仅是企业法的一种,但它是最重要的一种,其他种类的企业由其他专门法律进行规范。

现实中的企业法,由于受传统体制及观念的影响,形成了"部门林立"错综复杂的局面。既有按企业资产组织形式划分的公司、合伙企业和独资企业;也有按照所有制形式划分的国有企业、集体企业和私营企业;还有按照有无涉外因素划分的内资企业和外商投资企业等。我国现行企业法对上述不同类型的企业都有所调整。

为了处理好有关企业法与公司法的关系,现提出如下几点参考意见:(1)凡过去已经设立的国有企业法人在改制前,仍以过去的全民所有制企业法为依据;实行公司改制后,应以我国《公司法》为依据。(2)凡已经设立的集体所有制企业,如国家未明确公司改制政策的,应以已颁布的有关企业法为活动依据;如已经改制的,应适用《公司法》。(3)对于外商投资企业,随着我国《外商投资法》的颁布,今后,该类企业在治理机制上应当与内资企业趋同,适用《公司法》。(4)对于特别种类的公司,如金融类公司,应以《公司法》为一般要求,当然特别法有规定的,应优先适用特别法的规定。

四、公司法与证券法

证券法是关于资本证券的募集、发行、交易、服务及对证券市场进行监督管理的法律规范的总和。资本证券发行的主体除政府外主要是公司企业。证券法有关证券发行的规范与公司法有关股票、债券的发行规范形成交叉关系。表面看来,有重复之处,但两者规范的原则和重点不同。证券法是从规范证券(客体)活动着手,其任务是引导社会资金合理配置,保障证券市场参与者各方的权益,促进证券市场繁荣和经济发展。公司法是从规范公司(主体)行为着手,任务是引导公司依法独立经营,保障公司、股东和债权人的合法权益,维护社会经济秩序,促进市场经济的发展。

公司法与证券法是姊妹法,性质有许多相似之处。无论是立法还是执法,都应适当分工,注意协调。即使同样涉及股票、债券的内容,公司法的重心是市场要素的界定和规范,证券法的重心则是市场交易的关系调整。

五、公司法与破产法

破产法是调整基于破产事件而发生的债权、债务关系的法律规范的总称。我国破产法适用的对象主要是企业法人。就这个意义上说,破产法所规范的主体与公司法基本一致。前些年,我国的破产法一直处于分散和凌乱的局面。经过努力,在2006年正式颁布了《中华人民共和国企业破产法》(以下简称《企业破产法》),基本实现了破产法制的统一。在域外,有的国家将公司破产纳入公司法的调整范围,如英国。我国的公司立法与破产立法则是分开进行的。

第六节 我国公司法的发展史

一、中华人民共和国成立前的公司立法

1903年,清朝政府颁布了《奖励公司章程》,鼓励集股创办公司,《奖励公司章程》于

1907 年又进行了修订。1903 年 12 月 25 日,清朝政府正式颁布实施《公司律》,中国第一部公司法就此产生。[①] 1904 年 1 月 21 日,《大清商律》正式颁布实施,包含了先前颁布的《公司律》以及新增的《商人通例》。[②] 该法规定公司分为四种:合资公司、合资有限公司、股份公司和股份有限公司。公司内部组织机构有股东会议、董事局、查账人、总办等。

宣统二年(1910 年),清农工商部奏改订大清商律总则、公司两编并案请旨交议折,议折名为《修订大清商律草案》,其中公司律 334 条,未及议决,清朝灭亡。[③]

辛亥革命后,北洋政府只对清《商律草案》的公司律略加修订,定名为《公司条例》,计 6 章 251 条。《公司条例》对公司的法人地位作了明确的规定。"凡公司均认为法人。"同时规定公司分为:无限公司、两合公司、股份有限公司和股份两合公司四种,于 1914 年 9 月 1 日施行。同年还颁布了《公司注册规则》。1929 年,南京国民政府公布《公司法》,计 6 章 233 条,仍保持了《公司条例》规定的四种公司形式,于 1931 年 7 月 1 日施行。1946 年,南京国民政府对原《公司法》作了比较大的修改,修订后的《公司法》全文计 10 章 361 条,分为定义、通则、无限公司、两合公司、有限公司、股份有限公司、股份两合公司、外国公司、公司之登记及许可和附则等章,增列了有限公司、外国公司等形式。

二、改革开放前中国的公司立法

中华人民共和国成立之初,私营企业比重很大,政务院于 1950 年 12 月 30 日公布了《私营企业暂行条例》,规定了私营企业的三种组织方式,即独资、合伙和公司,同时规定了公司的五种具体组织方式,即无限公司、有限公司、两合公司、股份有限公司和股份两合公司。1951 年 3 月 30 日政务院财经委员会公布了《私营企业暂行条例施行办法》,其中对各类公司的组织作了具体、明确的规定。公私合营过程开始后,政务院于 1954 年 9 月 5 日公布了《公私合营工业企业暂行条例》,对公私合营工业企业的股份、经营管理、盈余分配、董事会和股东会议、领导关系等都作了具体规定。这一时期的公私合营工业企业采取的实际上是股份有限公司的形式。之后,中国的经济关系出现了比较大的变化,没有比较规范的公司立法。

三、改革开放后中国的公司立法

"文化大革命"结束后,中国经济逐步恢复,专业化协作和经济联合有了发展,公司也多了起来。1979 年 7 月 8 日公布的《中华人民共和国中外合资经营企业法》是我国对外

---

① 参见张铭新、王玉洁:《略论清末〈公司律〉的产生及特点》,载《法学评论》2003 年第 3 期。
② 参见魏淑君:《论晚清〈公司律〉出台的历史动因》,载《山东社会科学》2009 年第 10 期。
③ 转引自史洪智:《议案博弈:资政院常年会与〈改订大清商律草案〉》,载《河南大学学报(社会科学版)》2015 年第 1 期。参见《农工商部奏改订大清商律总则、公司两编并案请旨交议折》(宣统二年十一月初二日),原件藏中国第一历史档案馆,军机处录副奏折档。

开放的第一个正式法律文件,也是我国公司企业制度走向法制化的新起点。[①] 1985年8月25日,经国务院批准,国家工商行政管理局发布《公司登记管理暂行规定》,对公司开办、申请登记、合并、分立、修改章程、歇业以及其他有关事项作了规定。1986年和1988年又出台了《中华人民共和国外资企业法》《中华人民共和国中外合作经营企业法》。以上这些法律为外资进入中国创设了国际普遍接受的公司组织形式。1988年6月3日又颁布了《中华人民共和国企业法人登记管理条例》,同时《公司登记管理暂行规定》废止。以后,为配合公司清理整顿和企业转换经营机制,1992年5月15日国家经济体制改革委员会发布《股份有限公司规范意见》和《有限责任公司规范意见》。这些规范性文件系统地规定了股份有限公司及有限责任公司的设立、组织机构、财务会计、合并与分立、终止与清算等各方面的问题。但是在事实上,十多年来,我国公司的发展很不规范,公司甚至成为随意使用的企业名称,这都与一直没有一部统一的公司法有极大的关系。

1993年年底《公司法》颁布,1994年7月1日开始实施。《公司法》颁布实施后,两个规范意见以及有关股份试点企业以及股份有限公司境外上市的一系列行政规章随之失去法律效力。国家重新颁布了《公司法》的配套法规、规章,主要包括:《公司登记管理条例》《关于股份有限公司境外募集股份及上市的特别规定》《到境外上市公司章程必备条款》《上市公司办理配股申请和信息披露的具体规定》《关于设立外商投资股份有限公司若干问题的暂行规定》《关于股份有限公司境内上市外资股的规定》《股份有限公司境内上市外资股的实施细则》等。1993年的《公司法》为经济体制改革和市场经济的发展作出了重大贡献,但是也有许多不完善之处。

1999年第九届全国人民代表大会常务委员会第十三次会议审议了国务院关于《中华人民共和国公司法修正案(草案)》的议案,决定对《公司法》作如下修改:第一,将原来的第67条修改为:"国有独资公司监事会主要由国务院或者国务院授权的机构、部门委派的人员组成,并有公司职工代表参加。监事会的成员不得少于3人。监事会行使本法第54条第1款第(一)、(二)项规定的职权和国务院规定的其他职权。"监事列席董事会会议。"董事、经理及财务负责人不得兼任监事。"第二,在原来的第229条中增加一款作为该条的第2款:"属于高新技术的股份有限公司,发起人以工业产权和非专利技术作价出资的金额占公司注册资本的比例,公司发行新股、申请股票上市的条件,由国务院另行规定。"《公司法》的这次修改是为加强和完善对国有独资公司的监督机制、支持高新技术股份有限公司进入资本市场筹集资金提供法律依据。这些修改有着重要的现实意义,但却并未对《公司法》进行全面修改,《公司法》的不足还是随处可见。

2004年8月28日,第十届全国人民代表大会常务委员会第十一次会议审议了国务院关于《中华人民共和国公司法修正案(草案)》的议案,决定对《公司法》作如下修改:删除第131条第2款(以超过票面金额为股票发行价格的,须经国务院证券管理部门批准)。

[①] 参见江平、虞政平:《中美有限责任公司比较研究》,载梁治平编:《法治在中国:制度、话语与实践》,中国政法大学出版社2002年版,第239页。

2005年10月27日,《公司法》由第十届全国人民代表大会常务委员会第十八次会议修订通过,2006年1月1日起施行。这次修订充分反映了市场经济的要求,吸收了国外公司法的先进理念和成熟制度。新修订的内容包括:放松对公司的管制,赋予股东更大的自治权;加强对中小股东的保护,完善公司法人治理结构;降低设立公司的条件,如允许设立一人公司、将公司注册资本降到3万元等;吸收国外的成熟公司制度,如累积投票制、股东派生诉讼、公司法人人格否认等;体现了司法对公司治理的谨慎介入,包括介入股东大会、公司解散等;加大董事、监事和高级管理人员的责任,并设专章予以规定。

2013年12月28日,《公司法》由第十二届全国人民代表大会常务委员会第六次会议修正通过,2014年3月1日起施行。这次修改的主要内容是,放宽了注册资本的要求,尤其是取消了法定最低资本的限制、允许公司章程规定实缴期限;简化了登记事项和对登记文件的要求。通过此次修订,进一步降低了公司设立的门槛,减轻了投资者的负担,便利了公司准入。

2018年10月26日,《公司法》由第十三届全国人民代表大会常务委员会第六次会议修正通过,对《公司法》第142条有关公司股份回购的规定进行了专项修改,规定了股份回购的情形与程序,赋予公司更多自主权,进一步夯实和完善了资本市场基础性制度,为促进资本市场稳定发展提供了有力的法律支持。

第二章 公司设立

第一节 公司设立的概述

一、公司设立的定义与性质

公司设立,是指为使公司成立、取得公司法人资格而依据法定程序进行的一系列法律行为的总称。企业的设立有多种形式,各国都提倡建立现代企业制度,而公司是现代企业制度中的主要表现形式,因此多数企业采用公司制。公司法应运而生,用以调整公司的设立、组织活动和解散以及其他的对内对外关系。在现代公司法中,公司设立制度占有重要的地位。因为公司在社会经济生活中发挥作用是以公司有效存在为前提的。没有公司的设立,就没有公司组织的有效运行,同样也就没有今日商事事业的发展和繁荣。

公司设立包括公司发起、筹建到成立的整个过程。公司设立行为的内容因公司种类的不同而有所区别。相对而言,有限责任公司的设立比较简单,而股份有限公司则要复杂一些。当然,所有公司的设立都是以取得法人资格、使设立的公司形成法律上的独立人格为宗旨的。

关于公司设立的性质,学界认识不一,大致存在三种学说:合伙契约说、单独行为说和共同行为说。

(1) 合伙契约说。有学者认为公司设立是出于各股东的合意,其决议和章程对合意各方都具有约束力,因此公司设立行为是一种合伙契约行为。这一主张将公司与合伙混为一谈,没有真正揭示公司设立的属性。

(2) 单独行为说。有学者认为公司的设立是各股东之间以组织公司为目的的个别单独行为的联合。但这种观点忽视了公司是由各股东在创立会议上通过共同决定而成立的,是一种一致行为,因此,将设立行为视为个别的、单独的行为不符合事实。

(3) 共同行为说。多数学者主张公司的设立是两人以上为了共同目的所进行的一致行为或共同行为。这一主张揭示了公司设立行为的实质,在公司设立过程中,发起人的行为代表的是全体发起人共同一致的意思,而不是单独的意思。公司章程的订立,创立大会决议成立公司,都反映了这种一致意思下的共同行为。设立行为的基础是多数人一致的意思表示,行为的效果是行为人取得同质的股东权,它有别于互为给付的契约行为,也不同于导致单一责任的单独行为。设立行为具有共同行为性质较前两种观点更为确切,因此,目前多数学者持此观点。

二、公司设立的原则

(一) 公司设立的原则

在不同的历史时期,法律对公司设立所采取的原则是不同的,总的趋势是设立的限制条件越来越少,公司设立从禁止、限制主义走向自由主义。一般认为公司的设立原则有以下几种:

(1) 自由设立主义,也称放任主义,即公司的设立完全听凭当事人的自由,国家不加任何干预或限制。这一原则在欧洲中世纪末商事公司刚刚兴起时盛行,由于它极易造成公司的任意滥设,有害于社会秩序的稳定,因此该原则在现代公司设立制度中已经消失。当然,也有学者认为,将放任主义看作公司的设立原则是错误的,并论证欧洲中世纪存在的商事组织形式仅仅是合伙组织,不是真正意义上的公司。

(2) 特许主义,是指公司的设立需要王室或议会通过颁发专门的法令予以特别许可。这一原则带有浓厚的政治色彩和垄断效果,曾在17—19世纪被英国、荷兰等国家采用。但是,由于通过特许方式设立公司的程序太慢、代价高昂,且特许使公司成立成为一种特权,不利于大规模发展公司,不符合商事社会的要求,因此逐渐为各国立法所舍弃。

(3) 核准主义,也称许可主义或审批主义,指公司设立除具备法定之一般要件外,还须经政府行政主管机关审查批准。核准主义最初为法、德等国所采用。在这一原则下,公司的设立能够得到有效控制,但由于其设立程序较为严格,有碍于公司的普遍发展,因此,采用此种设立原则的国家也不多,而且主要限于一些特殊类型的公司。

(4) 准则主义,又称登记主义,是指公司法事先规定公司设立的要件并将这些要件作为设立公司的指导原则,任何人只要符合此种原则要求,具备公司法所规定的最低条件即可设立公司。这种设立制度使得成立公司变得更为灵活、简便,有利于公司的发展,也适应经济发展的需要。但是,这种原则同样也容易造成公司的滥设,因此,这一原则经历了由单纯准则主义到严格准则主义两个阶段。严格准则主义,是指在公司设立时,除了具备法律规定的要件外,还在法律中规定了严格的限制性条款,设立公司虽无须经过行政主管机关批准,但要符合法律规定的限制性条款,否则即应承担相应的法律责任。目前,世界各国设立公司普遍采用严格准则主义原则。

(二) 我国公司设立采用的原则

我国公司制度实行的设立原则经历了一个发展的过程。《公司法》颁布之前实行的是严格的核准主义原则,设立公司都是按照程序由政府审批。这种制度是计划经济的产物,已不能适应社会主义市场经济发展的需要。因此,《公司法》颁布以后,我国抛弃了单一的核准主义原则,实行的是准则主义和核准主义相结合的原则。

现行《公司法》第6条第1款规定:"设立公司,应当依法向公司登记机关申请设立登记。符合本法规定的设立条件的,由公司登记机关分别登记为有限责任公司或者股份有限公司;不符合本法规定的设立条件的,不得登记为有限责任公司或者股份有限公司。"因此,设立普通公司,适用准则主义,只要符合法定的条件和程序,直接向登记机关申请设立登记,无须事前审批程序。

同时,《公司法》第6条第2款规定:"法律、行政法规规定设立公司必须报经批准的,应当在公司登记前依法办理批准手续。"实践中,法律、行政法规与国务院决定的特殊行业,适用核准主义,申请人申请公司登记前需要取得主管机关的行政审批手续,也即行业准入的事前审批制度。目前,特殊行业基本集中在商业银行、证券、保险和信托等金融行业以及部分外商投资企业。根据《外商投资法》第4条的规定,国家对外商投资实行准入前国民待遇加负面清单管理制度。所称负面清单,是指国家规定在特定领域对外商投资实施的准入特别管理措施。依此,外商投资准入负面清单规定的禁止投资领域,外国投资者不得投资设立公司;外商投资准入负面清单规定的限制投资领域,外国投资者进行投资应当符合负面清单规定的条件,经批准方可进行该行业经营。

三、公司设立的方式

公司设立的方式可以分为以下两种:

(1) 发起设立,也称单纯设立,是指发起人认购公司应发行的全部资本而设立公司的方式。这种方式各种类型的公司都可采用。而无限公司、两合公司、有限责任公司由于均具有相当程度的封闭性,因而只能采取这种方式设立公司。我国《公司法》规定的公司是有限责任公司和股份有限公司,它们主要是采取这种方式设立的。

(2) 募集设立,又称募股设立,是指由发起人认购公司应发行股份的一部分,其余股份向社会公开募集或者向特定对象募集而设立公司的行为。募集设立的主要特征:一是向社会公开募集或者向特定对象募集股份;二是募股的顺序是先由发起人认购部分股份,然后余下部分由社会公众或者特定对象认购;三是与发起设立相比,募集设立直接影响社会公众利益,法律对此规定的程序更加严格和复杂。我国《公司法》对于股份有限公司的设立规定了募集设立。《公司法》第77条第1款规定股份有限公司的设立,可以采取发起设立或者募集设立的方式。

四、公司设立与成立的区别

公司设立与公司成立的含义并不完全相同。公司设立是指发起人创建公司的一系列活动,是一种过程。而公司成立则标志着公司取得法人资格,取得了依法进行生产经营活动的权利能力和行为能力。可以说,公司设立是公司成立的前提,公司成立是公司设立的结果。

公司设立和公司成立主要有以下几个方面的区别:

(1) 行为性质不同。公司设立是指发起人依照法定条件和程序所进行的创立行为,其性质属于民事行为。公司成立主要是由发起人的设立行为引发政府主管机关核准的行政行为,公司成立是设立行为追求的目标和结果。

(2) 行为效力不同。公司设立是公司成立的前提,但公司设立并不必然导致公司成立。公司虽然完成全部设立行为,但在未取得政府许可,发给营业执照前公司仍然不能成立,不能享有权利能力和行为能力,不能以自己的名义对外交易。公司一旦成立,即取得独立的民事主体地位。

(3) 行为主体不同。公司设立行为的实质是民事行为,其行为主体是发起人。公司成立是发起人行为和行政行为共同作用的结果,因此,成立行为的主体包括政府主管机关和发起人。

五、公司设立中的责任承担

公司从设立到成立的过程是一个创设公司法律人格的过程。设立中的公司是指公司设立登记完毕以前,尚无法人资格的创建中的公司。由于设立中的公司尚未取得法人资格,没有权利能力和行为能力,因而也无法独立承担责任。但是,由于设立中的公司实质上是成立后的公司的前身,二者是实质上的同一体,因此,发起人对外代表设立中的公司执行设立活动,当公司成立后,设立阶段的法律关系即成为公司的法律关系,设立中所产生的权利义务由公司继受。对此,《最高人民法院关于适用〈中华人民共和国公司法〉若干问题的规定(三)》[以下简称《〈公司法〉司法解释(三)》]做了详细规定。

总体而言,公司设立过程中产生的债务或损失,可分两种情况:一是公司成立,由公司继受,如果发起人有过错,公司可追索发起人的责任;二是公司不能成立,其责任由全部发起人共同承担,发起人之间承担无限连带责任。具体责任如下:

1. 公司成立,且发起人为设立公司以自己名义对外签订合同

发起人为设立公司以自己名义对外签订合同的,发起人承担合同责任。公司成立后对合同予以确认,或者已经实际享有合同权利或者履行合同义务的,相对人也可主张公司承担合同责任。

2. 公司成立,且发起人以设立中公司名义对外签订合同

发起人以设立中公司名义对外签订合同,公司成立后公司承担合同责任。公司成立后有证据证明发起人利用设立中公司的名义为自己的利益与相对人签订合同,公司可主张不承担合同责任,但相对人为善意的除外。

3. 公司因故未成立

公司因故未成立,全体发起人对设立公司行为所产生的费用和债务承担连带清偿责任。因部分发起人的过错导致公司未成立,应根据过错情况,确定过错一方的责任范围,承担设立行为所产生的费用和债务。

在设立公司的过程中,若发起人因履行公司设立职责造成他人损害,可分两种情况承担责任:一是公司成立,公司承担侵权赔偿责任;二是公司未成立,全体发起人承担连带赔偿责任。前述两种情况下,公司或者无过错的发起人承担赔偿责任后,都可以向有过错的发起人追偿。

第二节　公司设立的条件和程序

一、有限责任公司设立的条件和程序

（一）设立条件

有限责任公司是指依照公司法的规定设立，由符合法定人数的股东共同出资，股东以其出资额为限对公司承担责任，公司以其全部资产对公司的债务承担责任的企业法人。根据《公司法》第23—26条的规定，设立有限责任公司应符合下列条件：

（1）股东符合法定人数。公司应由50个以下股东共同出资。"股东"可以是自然人，也可以是法人，还可以是既有自然人又有法人。

（2）有符合公司章程规定的全体股东认缴的出资额。现行《公司法》规定有限责任公司的注册资本应符合公司章程规定，且注册资本由全体股东认缴，即以认缴登记制为一般原则。但法律、行政法规以及国务院决定对有限责任公司注册资本实缴、注册资本最低限额另有规定的，从其规定。

（3）股东共同制定公司章程。章程是记载公司组织规范及其行动准则的书面文件，必须由全体股东共同订立和签署。我国《公司法》规定，有限责任公司章程应当载明下列事项：① 公司名称和住所；② 公司经营范围；③ 公司注册资本；④ 股东的姓名或者名称；⑤ 股东的出资方式、出资额和出资时间；⑥ 公司的机构及其产生办法、职权、议事规则；⑦ 公司法定代表人；⑧ 股东会会议认为需要规定的其他事项。

（4）有公司名称，建立符合有限责任公司要求的组织机构。公司名称是公司独立人格的标志。公司名称通常由以下部分依次组成：所在地省（包括自治区、直辖市）或者市（包括州）或者县（包括市辖区）行政区划名称、字号、行业或者经营特点、组织形式。

（5）有公司住所。公司住所即公司的主要办事机构所在地，它对于确定公司登记机关和公司在民事诉讼中的地域管辖和法律适用有重要作用，是公司设立的条件之一。

（二）设立程序

1. 确定股东

公司筹备成立时，在经过充分的了解和协商后，确定公司股东。关键在于两个方面：一是股东的背景，即除了资金之外对公司的技术、业务等是否有一定的帮助；二是股东之间彼此信任，有限责任公司的"人合"性质较为浓厚，股东之间相互的熟悉与信任便于进行决策，有利于公司的发展。股东确定之后，各方股东召开会议并形成相应的协议，授权特定的人选办理相关的设立事务。

2. 确定公司规模

除法律、行政法规以及国务院决定对有限责任公司注册资本实缴、注册资本最低限额另有规定的以外，有限责任公司的注册资本由公司章程自行规定。当然，公司规模应当契合公司运营时的实际需要。公司规模及注册资本的设置，需要评估业务发展需要、自身出

资能力,以满足公司开展业务的需求,符合公司的实际运营能力、履约能力,不能一概而论。

3. 制定公司章程

制定公司章程是公司设立中较为重要的步骤。除了法律要求在公司登记时应当提供章程外,章程更多的作用是确定公司的经营范围、各方的权利义务等,是公司运作的行动指南,也是公司的"宪法"。起草章程必须严格按照法律法规的要求。章程应由全体股东或其委托的代表亲笔签字(股东委托的代表签字应提交授权委托书);法人股东要加盖公章、法定代表人(或被委托人)亲笔签字;出资人为自然人的由其本人(或被委托人)亲笔签字。

4. 出资

股东可以用货币出资,也可以用实物、知识产权、土地使用权等可以用货币估价并可以依法转让的非货币财产作价出资;但是,法律、行政法规规定不得作为出资的财产除外。对作为出资的非货币财产应当评估作价,核实财产,不得高估或者低估作价。法律、行政法规对评估作价有规定的,从其规定。

股东应当依公司章程的规定,如期足额缴纳各自所认缴的出资额。股东以货币出资的,应当将货币出资足额存入有限责任公司在银行开设的账户;以非货币财产出资的,应当依法办理财产权的转移手续。

5. 公司设立登记(内容详见本章第五节)

二、股份有限公司设立的条件和程序

股份有限公司是指全部资本分为等额股份,股东以其所持股份为限对公司承担责任,公司以其全部资产对公司的债务承担责任的企业法人。股份有限公司是典型的资合公司,公司对股东个人的身份、地位并不计较,只要认可公司章程,认购公司股份,都可以成为公司的股东。成立股份有限公司,会具备相当的规模,对公司的业务发展会提供更多的机遇。因此,对于具有一定实力的股东,在条件具备的情况下,直接发起设立股份有限公司往往可以节省企业的时间成本,拓宽企业的融资渠道。

(一) 设立条件

根据我国《公司法》第 76 条的规定,股份有限公司的设立条件应当包括:

1. 发起人符合法定人数

发起人是指依法参与制定公司章程,认购公司股份,并承担公司筹办事务的法人或自然人。设立股份有限公司,应当有 2 人以上 200 人以下为发起人,其中须有半数以上的发起人在中国境内有住所。

2. 有符合公司章程规定的全体发起人认购的股本总额或者募集的实收股本总额

根据我国现行《公司法》的规定,除非法律、行政法规以及国务院决定对股份有限公司注册资本实缴、注册资本最低限额另有规定的以外,股份有限公司的注册资本分两种情况确定:一是采取发起设立方式的,注册资本为公司章程规定的全体发起人认购的股本总额;二是采取募集设立方式的,注册资本为实收股本总额,换言之,募集设立采取的仍是实缴制而非认缴制。

3. 股份发行、筹办事项符合法律规定

主要是指在股份有限公司的筹建过程中,必须符合法律规定的实体和程序等多方面的条件。

4. 发起人制定公司章程,采用募集方式设立的经创立大会通过

股份有限公司章程应当载明下列事项:公司名称和住所;公司经营范围;公司设立方式;公司股份总数、每股金额和注册资本;发起人的姓名或者名称、认购的股份数、出资方式和出资时间;董事会的组成、职权和议事规则;公司法定代表人;监事会的组成、职权和议事规则;公司利润分配办法;公司的解散事由与清算办法;公司的通知和公告办法;股东大会会议认为需要规定的其他事项。

5. 有公司名称,建立符合股份有限公司要求的组织机构

由于股份有限公司的规模往往较大,且有可能对外公开发行股份,影响不特定的社会公众利益,公司法对股份有限公司的组织机构要求比有限责任公司更为严格。与有限责任公司机构设置的灵活性不同,现行《公司法》规定,股份有限公司必须设置股东大会、董事会、监事会和经理。

6. 有公司住所

公司住所即公司的主要办事机构所在地。

(二)设立程序

1. 确定发起人并签署发起人协议

股份有限公司的设立主要由发起人的行为来实现。发起人对外代表设立中的公司,对内办理设立的各项事务。公司成立后,发起人即成为公司股东。公司的设立及其发起行为所产生的一切权利和义务,在公司成立后,由公司承担,但如果公司不能成立,发起行为的后果则由发起人全部承担。发起人确定之后,签订发起人协议,明确建立公司的意图,并规定发起人的权利义务。

发起人协议一般包括如下内容:(1)发起人各方简介。(2)公司设立的依据和方式。(3)各方的出资方式、持股比例。(4)注册资本、股份总数。(5)公司经营范围。(6)发起人的权利和义务,其中权利一般包括:共同决定公司筹建期间的筹建事项;当本协议约定的条件发生变化时,有权获得通知并发表意见;当其他发起人违约或造成损失时,有权获得补偿或赔偿;在公司依法设立后,根据法律和公司章程,享有发起人和股东应当享有的其他权利。而义务主要包括:按照国家有关法律法规的规定从事公司设立活动,任何发起人不得以发起设立公司为名从事非法活动;按规定的时间和方式认购股份;不能按约定期限履行出资义务时,对守约方进行补偿或赔偿;应及时提供为办理公司设立申请及登记注册所需要的全部文件、证明,为公司的设立提供各种服务和便利条件。(7)违约责任。(8)协议修改、变更与终止。(9)协议的生效。

2. 发起人认购股份和缴纳股款

与有限责任公司的设立一样,根据《公司法》规定,发起人可以用货币出资,也可以用

实物、知识产权、土地使用权等可以用货币估价并可以依法转让的非货币财产作价出资；但是，法律、行政法规规定不得作为出资的财产除外。对作为出资的非货币财产应当评估作价，核实财产，不得高估或者低估作价。

以发起设立方式设立股份有限公司的，发起人应当书面认足公司章程规定其认购的股份，并按照公司章程规定的期限和方式缴纳出资；以募集设立方式设立股份有限公司的，发起人认购的股份不得少于公司股份总数的35%，但是法律、行政法规另有规定的，从其规定。发起人在认购后，应及时缴纳。

3. 公开募集股份的申请与审批

公开募集股份需要向国务院证券监督管理机构提出募股申请，并报送相关文件，主要包括：(1) 批准设立公司的文件；(2) 公司章程；(3) 经营估算书；(4) 发起人姓名或者名称、发起人认购股份数、出资种类及验资证明；(5) 招股说明书；(6) 代收股款银行的名称及地址；(7) 承销机构名称及有关的协议。除上述文件外，还应当提交国务院证券监督管理机构规定的有关文件。

国务院证券监督管理机构应当自受理股份发行申请之日起3个月内作出决定，不予核准的应当作出说明。未经国务院证券监督管理机构核准，任何人不得自行对外公开募集股份。

4. 募集股份

公开募集股份的申请经核准后，发起人应当依照法律、行政法规的规定，在股份公开募集前，公告公开募集文件，并将该文件置备于指定场所供公众查阅。对已经作出的公开募集的核准，发现不符合法律、行政法规规定的，应当予以撤销；尚未募集股份的，停止募集；已经募集的，认股人可以按照所缴股款并加算银行同期存款利息，要求发起人返还。

5. 召开创立大会

当股份有限公司采取募集设立的方式时，发起人应自股款缴足之日起30日内主持召开创立大会。创立大会也就是股份有限公司的首次股东大会。发起人应当在创立大会召开15日前将会议日期通知各认股人或者予以公告。创立大会应有代表股份总数过半数的发起人、认股人出席，方可举行。创立大会行使下列职权：(1) 审议发起人关于公司筹办情况的报告；(2) 通过公司章程；(3) 选举董事会成员；(4) 选举监事会成员；(5) 对公司的设立费用进行审核；(6) 对发起人用于抵作股款的财产的作价进行审核；(7) 发生不可抗力或者经营条件发生重大变化直接影响公司设立的，可以作出不设立公司的决议。创立大会对上述所列事项作出决议，必须经出席会议的认股人所持表决权的过半数通过。

6. 公司设立登记（内容详见本章第五节）

第三节　公司发起人

一、发起人的定义

发起人，是指向公司出资或认购公司股份，并策划、承担公司筹办事务的公司创始人。

设立任何公司都需要公司的发起人。各国法律对发起人的资格范围、人数、权利义务一般都有规定。确认发起人，一般需要具备以下要件：

（1）发起人必须有出资行为，即向公司出资或认购公司股份。这是发起人必须负有的义务之一，发起人也因而在公司成立之后成为公司的原始股东。

（2）发起人必须实施设立行为，即承担公司筹办事务。一个公司尤其是股份有限公司的设立工作较为复杂，从发起到成立需要完成许多具体的设立事务，如制定公司章程、确立公司组织机构、召开创立大会等。参加公司筹建的人员可能很多，可能包括律师、会计师、评估师等中介机构的专业人士。因此，应注意将发起人与参与公司筹建的工作人员区分开。只有发起人才能实施具有法律意义的设立行为，如认缴出资或认购股份，在公司章程上签名、盖章等。

（3）发起人必须在公司章程上列名并签字盖章。公司章程是公司设立的重要法律文件，也是公司运作的依据。公司章程应该对所有发起人有一定的介绍，并且经全体发起人签字盖章。因此，是否在公司章程上列名并签字盖章也是确认发起人的重要标志。

二、发起人的资格

（一）一般规定

从各国公司法规定来看，对发起人资格的规定一般包括以下几个方面内容：

（1）关于发起人行为能力的要求。一般认为，发起人必须具有完全行为能力，无行为能力人和限制行为能力人都不能作为公司的发起人。由于发起人要承担筹办公司事务，同时必须对自己的行为负责，没有完全行为能力无法为之。当然必须说明的是，无行为能力人和限制行为能力人虽然不能作为公司的发起人，但还是可以成为公司的股东，例如，通过接受股份赠与、股权继承等成为公司的股东。

（2）关于发起人的国籍或住所地的要求。各国公司法一般没有对发起人国籍进行限制，不论本国人还是外国人，都可以作为发起人设立公司，但也有的国家规定了外国发起人占有股份的限额。有的国家的公司法则对发起人的住所或居住年限进行限制，如挪威的法律规定，股份有限公司发起人必须有一半以上在挪威居住两年以上。

（3）关于法律的特殊要求，即受法律禁止的人员不得作为发起人。如法国《商事公司法》第74条规定，丧失管理或经营公司权利的人或被禁止行使管理或经营公司职责的人，不得作为发起人。

（4）关于发起人人数的要求。发起人的人数一般都有限制。如果不认可一人公司的，则往往要求最少2人以上。此外，有限责任公司基于封闭性考虑，往往对发起人人数还有最高限制。

（二）我国的规定

我国《公司法》对发起人的规定主要有：

（1）必须具有完全行为能力。由于发起人需要承担公司筹办事务和发起责任，因此，自然人充当发起人必须具有完全的民事行为能力，法人充当发起人必须依法成立且不受法律限制。

(2) 国家有关法律、法规禁止的单位或人员,如党政机关、公务员、法官、检察官等人员,不得充当发起人。

(3) 人数限制。设立有限责任公司,发起人可以为1人,但不得超过50人;设立股份有限公司,发起人应当为2人以上200人以下,其中须有半数以上的发起人在中国境内有住所,这是为了便于有关部门对发起人进行管理,防止发起人利用设立股份有限公司来损害社会公众利益。

三、发起人的权利和责任

(一) 发起人的权利

发起人从事发起设立公司的工作,并且承担严格的发起责任,根据权利与义务相一致的原则,应该获得相应的权利。我国《公司法》对发起人的权利没有作出明文规定,但并不排除在公司章程中载明或在公司创立大会上确认发起人的具体权利。从各国公司法的规定以及实践中的做法来看,发起人的权利主要有以下几方面:

(1) 取得报酬,即获得一定数额的酬劳。

(2) 获得特别利益,如取得盈余分配方面的优先股份,优先取得新股认股权,公司终止时优先分配剩余财产等。

(3) 可以用货币出资,也可以用实物、知识产权、土地使用权等可以用货币估价并可以依法转让的非货币财产作价出资;但是,法律、行政法规规定不得作为出资的财产除外。

(4) 可以入选首届董事会和监事会。发起设立的公司,公司的董事和监事是由发起人选举产生;募集设立的公司,由于发起人往往占有公司较大比例的股份,因此也常能派出相应数量的董事和监事。

(二) 发起人的责任

为防止发起人借发起设立公司的机会谋求不正当利益并因此损害将来所设立公司的利益以及公众认股人的利益或者公司债权人的利益,各国公司法都对公司发起人在公司设立时必须就其发起行为承担相应的义务和责任进行了规定。主要包括出资连带填补的责任、公司不能成立时所承担的责任和损害赔偿责任。

(1) 出资连带填补责任。我国《公司法》第30条规定了这种连带责任,即有限责任公司成立后,发现作为设立公司出资的非货币财产的实际价额显著低于公司章程所定价额的,应当由交付该出资的股东补足其差额;公司设立时的其他股东承担连带责任。同时,《公司法》第93条也规定,股份有限公司成立后,发起人未按照公司章程的规定缴足出资的,应当补缴;其他发起人承担连带责任。股份有限公司成立后,发现作为设立公司出资的非货币财产的实际价额显著低于公司章程所定价额的,应当由交付该出资的发起人补足其差额;其他发起人承担连带责任。这种责任有以下几个特点:其一,该责任是法定责任,不以当事人的约定为必要,也不得以公司章程或股东(大)会决议来免除;其二,该责任的承担者并非所有股东,而仅限于公司发起人;其三,发起人承担该责任不以主观过错为前提,只要存在资本不足的事实即可构成;其四,该责任具有连带性,公司全体发起人中的任何一人对资本不足的事实均负全部充实责任,先行承担资本充实责任的公司发起人,可向违反出资义务的股东求偿,也可以要求其他发起人分担。该制度对于完善公司资本制度,推动公司的顺利设立,具有重要意义。

(2) 公司不能成立时所承担的责任。当公司由于创立大会决议不设立公司或因其他原因导致公司不能成立,发起人应对公司设立行为承担法律责任。这种责任包括:① 连带承担公司设立行为所产生的一切费用和债务;② 就认股人的损害承担法律责任。我国《公司法》第94条第2项规定,公司不能成立时,发起人对认股人已缴纳的股款,负返还股款并加算银行同期存款利息的连带责任。

(3) 损害赔偿责任。在公司设立过程中,由于发起人的过失致使公司利益受到损害的,在公司成立后,发起人应当对公司承担赔偿责任。

第四节 公 司 章 程

一、公司章程的概念和意义

公司章程是公司组织与活动的基本准则,具体是指对公司的组织、运营、管理、解散以及公司与股东之间、股东与股东之间权利义务关系作出明确规定的自治性法律文件。公司章程乃公司之基本规范,应由发起人全体同意订立之。章程订立属于一种要式行为,也就是说,章程的制作和记载事项必须按照法律规定的方式进行。当然发起人所订立的章程,在公司成立之前并不能成为公司章程,只有在公司成立之后,方才成为公司章程。

公司章程是公司最重要的法律文件,其意义主要有二:其一,公司章程是公司内部的契约,是公司与其股东、董事或监事之间权利、义务和责任的法律依据。各国公司法均对公司股东、股东会等内部机构的权利和义务作出明确的规定。公司、股东、董事及监事形成相互依赖和监督的关系,也就是所谓的公司治理结构的问题。其二,公司章程是公司事务公开性的手段,作为有限责任制度的抵销条件,各国公司法均将公司事务的公开性作为公司法的基本原则。公司章程的强制性注册登记和强制性维持是此种原则的最重要体现。

二、公司章程的内容

在现代公司法中,法律根据公司章程所规定内容的重要性的不同和是否法律的强制性规定将公司章程的记载事项分为:绝对必要记载事项、相对必要记载事项和任意记载事项。

(一) 绝对必要记载事项

绝对必要记载事项是每个公司章程必须记载的法定事项,缺少其中任何一项或任何一项记载不合法,整个章程即归无效。绝对必要记载事项一般都是涉及公司存在和活动的基本要素,通常包括公司名称、公司所在地、经营范围、公司股份和每股代表的金额、公司股东姓名或名称及住址、订立章程的时间等。

(二)相对必要记载事项

相对必要记载事项是法律列举的,由章程制定人自行决定是否予以记载的事项。这类事项如予记载即具有法律效力;如记载不合法,则所涉条款无效;记载不合法或不予记载都不影响整个章程的效力。这类事项一般包括:本公司设置的股份种类、各种特别股的权利和义务的规定、特别股股东或受益人的姓名和名称及住所、有关实物出资的事项、设立费用及其支付方法、盈余分配方法、公司解散事由及清算办法等。

(三)任意记载事项

任意记载事项是指法律没有列举也不强制记载,发起人可根据实际需要记入章程的事项。凡是法律未列举的,与公司运作相关的都属于此类范围。任意记载事项主要是由发起人根据需要设定,但是如予记载,则该事项与其他记载事项具有同等效力。当然,任意记载事项不能违反强行法规和社会公共利益,否则将归于无效。

三、公司章程的效力

公司章程的效力范围主要包括两方面内容:一是公司章程的时间效力,二是公司章程的对人效力。

(一)公司章程的时间效力

公司章程的时间效力是指公司章程的生效时间和失效时间。

1. 公司章程的生效

关于公司章程的生效时间,理论界存在较大争议。有观点认为,章程自发起人签字盖章时开始生效;另有观点认为,章程自公司登记时开始生效,因为章程是公司的自治性规则,只有公司成立,章程才能有效。对此,应当将章程分为初始章程和修改章程进行分别讨论。

对于初始章程,即公司成立时所制定的章程,应当依据章程内容不同进行分别对待。对于章程中调整发起人之间关系的内容,相当于公司设立中的发起人协议,可以适用合同法的一般规则,自签字、盖章时生效,发起人自在章程签字、盖章时受其约束;章程中调整尚未成立的公司,尚未产生的董事、监事、经理以及未来可能加入公司的其他股东的规定,则自公司成立时生效。

对于修改章程,若需要经过政府主管部门批准,自审批后生效;无须审批的,自股东会经法定多数通过后生效。当然,如果章程的修改涉及登记事项,则应自依法办理变更登记时产生对抗第三人的效力。

2. 公司章程的失效

公司成立后,因为某种原因而终止的,其章程也将自然失去效力。因此,章程在公司终止时失效。值得注意的是,我国《公司法》第81条规定,公司章程中应当载明"公司的解散事由与清算办法"。因此,在公司清算过程中,仍然应当根据章程规定的清算办法组织清算组进行清算。可见,章程在公司清算阶段依然有效,直至公司注销。

(二) 公司章程的对人效力

公司章程的对人效力,分为对外效力和对内效力。各国公司法对此规定不尽相同。我国《公司法》第11条规定:"设立公司必须依法制定公司章程。公司章程对公司、股东、董事、监事、高级管理人员具有约束力。"这表明,公司章程不仅仅是公司的组织规则,也不仅仅是股东之间的合意,而且也是董事、监事和高级管理人员的行为准则。据此规定,公司章程的效力对象范围具有公司内部的限定性特征。既然公司章程具有此特征,也就是说,公司章程不能对抗善意第三人,但这又与公司章程的公开性特征产生矛盾。因而,公司章程是否对第三人有效力是一个值得深入研究的命题。

1. 对公司的效力

公司成立后,章程即对其产生约束力。一方面,章程规范着公司内部组织和管理活动。例如,公司章程的规定可以影响公司决议的效力。《公司法》第22条第2款规定:"股东会或者股东大会、董事会的会议召集程序、表决方式违反法律、行政法规或者公司章程,或者决议内容违反公司章程的,股东可以自决议作出之日起60日内,请求人民法院撤销。"因此,若公司决议行为违反公司章程,可以构成可撤销的行为。另一方面,章程影响着公司的权利能力和行为能力,尤其是公司的经营范围。公司应当在章程所规定的经营范围内开展经营活动。我国《公司法》第12条第1款规定:"公司的经营范围由公司章程规定,并依法登记。公司可以修改公司章程,改变经营范围,但是应当办理变更登记。"

2. 对股东的效力

一般而言,公司章程对股东的约束力,不仅及于公司成立时的股东,还及于公司成立后新加入公司的股东,而不管其是否参与了公司章程的制定。这是因为公司章程作为公司的自治规则,加入股东取得股东身份需以承认公司章程为前提,其加入行为本身即代表着承认章程。只是在章程的生效时间上,公司章程对后加入股东的效力始于其加入公司之时。

3. 对董事、监事和高级管理人员的效力

董事、监事和高级管理人员是公司机关的成员,负责公司经营决策、公司事务的执行和监督,在公司的组织和经营活动中具有重要作用。因此,我国《公司法》第147条第1款规定:"董事、监事、高级管理人员应当遵守法律、行政法规和公司章程,对公司负有忠实义务和勤勉义务。"

在公司章程中,有关公司组织机构及其产生办法、职权、议事规则的规定,是董事、监事、高级管理人员职权的重要来源。例如,《公司法》第49条第2款和第113条第2款分别规定,有限责任公司和股份有限公司中经理的职权可由章程另行规定。此外,公司章程还是追究董事、监事、高级管理人员等民事责任的依据。例如,《公司法》第149条规定:"董事、监事、高级管理人员执行公司职务时违反法律、行政法规或者公司章程的规定,给公司造成损失的,应当承担赔偿责任。"

四、公司章程的修改

公司章程的修改,是指公司章程生效之后,增加、删减或变更公司章程记载的内容。因为公司章程是静态的,而公司的经营环境和自身情况往往不断变化,有时就需要对公司章程予以一定修改。由于公司章程是公司内部的"宪法",因此,各国公司法对公司章程修改一般都规定了严格的程序。

首先,公司章程的修改权一般由公司权力机构行使。大陆法系国家,例如,德国、法国、日本、意大利等,普遍规定章程修改权属于公司股东会。我国《公司法》第 37 条和第 99 条也规定,公司章程的修改权属于公司股东会或股东大会。这是因为公司章程的修改涉及公司经营、权力等重大事项的调整,属于公司的重大事项,应由公司的权力机构来决定。这里需要强调的是,我国《公司法》对公司章程的修改事由未作限制。从理论上讲,在不违反法律、行政法规强行性规范的前提下,公司可以基于自己的需求对章程进行变更。但是修改公司章程不得损害股东利益,尤其是中小股东利益;同时,修改公司章程也不得损害债权人和其他第三人的合法权益。

其次,公司章程修改是公司权力机关的特别决议事项,适用绝对多数决规则。根据《公司法》第 43 条第 2 款的规定,有限责任公司股东会会议作出修改公司章程的决议,必须经代表 2/3 以上表决权的股东通过;第 103 条第 2 款规定,股份有限公司股东大会作出修改公司章程的决议,必须经出席会议的股东所持表决权的 2/3 以上通过。

最后,公司章程修改须办理变更登记时,应及时登记,否则不得对抗第三人。公司章程的修改在修改决议通过后即生效力,除非修改内容涉及法定的批准事项。章程修改后涉及登记事项变更的,应当进行变更登记。章程修改后的变更登记不是生效要件,而是对抗要件。依照《公司登记管理条例》第 36 条,公司章程修改如未涉及登记事项的,不必变更登记,但应当将修改后的章程或修正案送原登记机关备案。

第五节 公司设立登记

一、有限责任公司的设立登记申请

根据我国《公司登记管理条例》的规定,设立有限责任公司,应当由全体股东指定的代表或者委托的代理人向公司登记机关申请设立登记,并且应提交:(1) 公司法定代表人签署的设立登记申请书;(2) 全体股东指定代表或共同委托代理人的证明;(3) 公司章程;(4) 股东的主体资格证明或者自然人身份证明;(5) 载明公司董事、监事、经理的姓名、住所的文件以及有关委派、选举或者聘用的证明;(6) 公司法定代表人任职文件和身份证明;(7) 公司住所证明;(8) 国家工商行政管理总局规定要求提交的其他文件。法律、行政法规或者国务院决定规定设立有限责任公司必须报经批准的,还应当提交有关批准文件。

二、股份有限公司的设立登记申请

根据我国《公司登记管理条例》的规定,设立股份有限公司,应当由董事会向公司登记机关申请设立登记。以募集方式设立股份有限公司的,应当于创立大会结束后30日内向公司登记机关申请设立登记。

申请设立股份有限公司,应当向公司登记机关提交下列文件:(1)公司法定代表人签署的设立登记申请书;(2)董事会指定代表或者共同委托代理人的证明;(3)公司章程;(4)发起人的主体资格证明或者自然人身份证明;(5)载明公司董事、监事、经理姓名、住所的文件以及有关委派、选举或者聘用的证明;(6)公司法定代表人任职文件和身份证明;(7)公司住所证明;(8)国家工商行政管理总局规定要求提交的其他文件。

以募集方式设立股份有限公司的,还应当提交创立大会的会议记录以及依法设立的验资机构出具的验资证明;以募集方式设立股份有限公司公开发行股票的,还应当提交国务院证券监督管理机构的核准文件。

三、设立登记的核准

根据我国《公司登记管理条例》的规定,对于申请文件、材料齐全,符合法定形式的,公司登记机关应当决定予以受理,一般应当出具《受理通知书》。决定予以受理的登记申请,应当分别情况在规定的期限内作出是否准予登记的决定。作出准予公司设立登记决定的,应当出具《准予设立登记通知书》,告知申请人自决定之日起10日内,领取营业执照。营业执照签发之日,公司成立,即取得企业法人资格。

第三章 公司资本

第一节 公司资本制度概述

一、公司资本的概念及意义

（一）公司资本及相关概念辨析

"公司资本"在公司法上有其特定的含义[1]，有学者认为，它"是公司成立时章程规定的，由股东出资构成的财产总额"[2]。有学者指出，在公司法上，"资本的概念通常是指注册资本，即股东投资于公司、用来承担法律责任的财产"[3]。还有学者提出，"在严格的法律意义上说，公司资本仅指'股权资本'而言……因其需要登记注册，所以又称之为注册资本"[4]。上述表述尽管有所差异，但本质相似。本书结合我国《公司法》，对"公司资本"作如下定义：公司资本，是注册资本的简称，又称股本，是指由公司章程确定的全体股东认缴或实缴的出资总额。其基本特征是：

（1）公司资本仅指来源于全体股东出资构成的那部分公司资产，具体表现为法律允许的货币、实物、知识产权、土地使用权等若干种形式。

（2）公司资本数额是由公司章程规定并经注册登记后确定的。

（3）公司资本所有权归属于公司法人而非公司股东。除非公司法人解散，否则公司可以无限期地拥有并使用、处分这些资产。

（4）公司资本"为一定不变之计算上数额"[5]，若欲变动其数额，须履行严格的法定增资或减资程序。

在实行授权资本制的国家，注册资本常被称为核准资本及名义资本。这是因为，在授权资本制下，公司注册资本并不需要全部认足，发起人或股东只需认购公司注册资本中的一部分，公司即可成立。其余部分可以待公司成立后再发行。所以，注册资本只不过是政府允许公司发行资本的最高限额或公司预计将要发行（或筹足）的自有资本总额。"核准资本"的概念由此而生。另外，只要注册资本没有发行完毕，章程中所记载的公司注册资本就是个名义上的资本数，而不是公司真实拥有的资本数，只有当公司注册资本全部发行并募集完毕后，公司资本与公司注册资本在数量上才相等。这就是为什么注册资本又被称作"名义资本"的理由。

---

[1] 参见石少侠主编：《公司法教程》（2002年修订版），中国政法大学出版社2002年版，第67页。
[2] 参见赵旭东主编：《公司法学》（第四版），高等教育出版社2015年版，第158页。
[3] 参见王欣新：《公司法》（第三版），中国人民大学出版社2016年版，第68页。
[4] 参见施天涛：《公司法论》（第三版），法律出版社2014年版，第166页。
[5] 参见柯芳枝：《公司法论》，中国政法大学出版社2004年版，第127页。

与公司资本密切相关的一个概念是公司资产。但两者内涵有很大区别。

公司资产,既包括由股东出资构成的公司自有财产——公司资本,也包括由公司对外发行债券、向银行贷款等以负债形式形成的公司财产。其具体形态包括固定资产、流动资产、货币资产、实物资产、不动产,甚至无形资产等。

公司资本与公司资产不仅内涵不同,法律对它们的规制方法也不同。对公司资本而言,它是公司成立和存在的必不可少的条件。它不会因公司经营状况的好坏和公司实有资产的增减而变动。相反,只要公司权力机构股东会决定不增加或减少公司资本,则公司资本会持续地保持原有数额。而公司资产总量的增加或减少,很大程度上不取决于人为的主观意愿,而是与决策的正确与否、管理的方式方法、政策的调整、市场的变化等因素密切相关。客观上讲,与相对恒定的公司资本不同,公司资产始终处于一种不断的变化之中。法律对公司资产的规定,也仅限于对公司一段时间内的大宗资产的购买、出售或运作行为。如《公司法》第121条规定:"上市公司在1年内购买、出售重大资产或者担保金额超过公司资产总额30%的,应当由股东大会作出决议,并经出席会议的股东所持表决权的2/3以上通过。"

一般而言,公司实有资产的数额应该大于公司资本数额。但如果公司经营不善,亏损严重时,则有可能出现公司资产小于公司资本的情况。所以,公司资本与公司资产是既有联系又有区别的两个概念,不可将它们混为一谈。

与公司资本及公司资产相关的另一个概念是公司净资产。

公司净资产是指公司资产总额减去公司负债总额后的余额。与公司注册资本数及资产总额相比,净资产数才是判断公司真实实力的依据。一般来说,在公司刚成立且无任何外债的情况下,当公司资本未发行完,或发行资本未缴足时,公司的净资产额小于其注册资本数;在公司资本发行完毕且所有发行资本都缴足的情况下,公司净资产额等于公司注册资本数[①];而当公司开始营业后,随着盈亏的发生和变化,公司净资产总额也会随之增减。因此,公司的净资产额既可能大于、等于也可能小于其注册资本数。当公司资产总额等于负债总额时,其净资产额等于零,而当公司资产总额小于其负债总额时,公司的净资产将为负值。与此同时,只要公司未履行法定减资手续,则其注册资本仍为设立登记时注册登记的数额。

公司资本与公司发行资本的概念亦有区别。公司发行资本,是指公司依法律或公司章程的规定,在注册资本额度内已经发行的、由股东认购的资本总额。由于注册资本限定了公司发行资本的数额,公司发行资本总额不可能超过注册资本总额。在公司资本没有全部发行完毕之前,公司发行资本总是小于注册资本的,而当公司资本全部发行完时,公司发行资本数就等于注册资本额了。

公司资本与实缴或实收资本也不相同。不少国家的公司法不仅允许公司资本分次发

[①] 我国不允许折价发行股份。所以,只要全部股份都发行完毕,且所有已发行的股份都已缴足,公司的净资产额应该等于其注册资本额。但若在一些允许折价发行股份的国家,即使股份全发行完,且所有已发行股份都已缴足时,亦可能出现净资产额小于注册资本数的现象。

行,而且允许已发行的资本,分期缴纳股款。所以,实缴(收)资本,就是指全体股东实际缴纳的或者公司实际收到的资本总额。除非发行资本一次缴清,否则,在发行资本缴纳完毕之前,实缴(收)资本总是小于发行资本。当发行资本全部缴清时,实缴(收)资本就等于发行资本。因此,实缴(收)资本不会大于发行资本。溢价发行股份时的溢价部分收入,由公司依法列入资本公积金。

公司资本与催缴资本的差异较明显。催缴资本又称未收资本,是指股东已经认购但尚未缴纳股款,而公司可依法向股东催缴的那部分资本。所以,催缴资本总是等于发行资本减去实缴(收)资本后的余额。

(二) 公司资本的意义

公司资本是公司得以成立并运营的物质基础。不少国家的公司法都规定,设立公司须有一定数量的自有资本,否则公司不能成立,也无法获得合法的经营主体资格。作为营利为目的的经济组织,若没有一定数量的资本,公司也无法开展正常的生产经营活动,而无法正常运营,也就失去了其存续的理由。

公司资本还是公司承担其债务责任的基础。我国《公司法》第3条第1款明确规定:"……公司以其全部财产对公司的债务承担责任。"由于公司资本是构成公司财产的基础,因而公司资本也是公司承担其债务责任的基础。没有公司资本,公司债权人的利益就毫无保障。

二、公司资本制度的类型

(一) 法定资本制

法定资本制,又称确定资本制,是大陆法系国家首创的一种资本制度,曾对欧亚各国公司资本制度的确立产生过重要影响。法定资本制的核心内容是资本三原则,即:资本确定原则、资本维持原则及资本不变原则。

资本确定原则是指:发起人在设立公司时,必须在公司章程中对公司资本总额作出明确的规定,而且,由章程规定的资本总额必须在公司设立时一次性发行完毕,否则,公司不能成立。该原则的目的是:确保公司成立后资本的真实可靠,防止公司设立中的欺诈和投机行为。

资本维持原则是指:公司在存续过程中,应经常注意保持与其注册资本额相当的财产。其目的,一方面是为了保证公司有足够的偿债能力,以达到保护公司债权人利益、维护公司信用基础的目的;另一方面,也是为了防止股东对盈余分配的过高要求而可能导致公司资本的实质性减少。

资本不变原则是指:公司资本一经确定,非依法定程序变更章程,不得改变。所以,资本不变原则强调的不是资本的绝对不变,而是不能随意变。究其本意,一是为了防止公司因随意减资而危及债权人的利益,二是为了避免出现因资本过剩而带给股东的低投资回报率。

综上所述,以资本三原则为核心内容的法定资本制,其最大特点是强调公司资本的真实与可靠,因而能较有效地保障债权人的利益及社会交易的安全。但随着时代演进与制度变迁,市场经济日趋发达,公司法律制度的传统理论基础受到冲击,效益价值逐渐压过交易安全成为首要的商事制度价值,商事法律制度的设计开始倾向于为市场主体创造愈加宽松和高效的发展环境。在 2013 年我国公司资本制度改革后,资本三原则原本具有的保证公司资本确定、维持和不变的功能不断被削弱,保障债权人利益、维护市场秩序的价值导向逐渐变迁。由此,资本三原则的价值定位需重新作出适时的调整,以适应市场环境的复杂变化与商事立法的价值追求。[1]

(二) 授权资本制

授权资本制是英美法系国家创设并采用的一种公司资本制度。其含义是:设立公司时,虽然应该在公司章程中载明资本总额,但不必全部发行,只需发行其中的一部分,公司就可成立,其余未发行部分资本,授权公司董事会在公司成立后决定是否发行。

与法定资本制相比,授权资本制因其并不强求发起人在公司成立前,一次性全部认足公司的所有资本或股份,从而使得公司的成立较为容易,并可避免因全部资本都发行及募集完毕而可能出现的资金闲置的状况;同时,因成立时尚未认足的那部分资本已记载在公司章程资本总额之内,故再次发行时,无须变更章程,亦不必履行增资程序,其便利性是显而易见的。但实行授权资本制,在公司成立之初,极有可能因其发行及实有资本与注册的账面资本不一致而给债权人带来一定的风险;再则,将发行新股的权利完全赋予董事会,对股东权益的保护也会带来一定的影响。

(三) 折中资本制

关于折中资本制,其实并没有一个准确的定义,它实际上是各国在法定资本制和授权资本制基础上所作的一种趋利避害性选择的结果。学界谓之以"折中资本制"是因为:它既吸收了法定资本制的合理内容,又与它不完全相同;既有授权资本制的特点,又与其不完全一致;"它是介于法定资本制和授权资本制之间的一种公司资本制度,是两种制度的有机结合"[2]。至于各国公司法对法定资本制和授权资本制的具体取舍则各不相同。有的是对授权数额作了规定[3],有的则是对被授权限的使用期限作了规定[4]。总体而言,区别取决于立法者的立法意图及各国不同的法律制度。

三、我国公司资本制度的改革

我国 1993 年《公司法》所确定的公司资本制度,要求公司在设立时,所有的注册资本必须一次发行、一次认购、一次缴纳完毕,属于严格的法定资本制。这一规定的出台,主要是因为当时的公司正处于发展初期,出现了大量不规范经营、资本虚空的"皮包公司",严重影响了商事交易的安全。但随着对公司资本制度认识的不断深化,立法者意识到公司

---

[1] 参见赵万一:《资本三原则的功能更新与价值定位》,载《法学评论》2017 年第 1 期。
[2] 参见石少侠主编:《公司法教程》(2002 年修订版),中国政法大学出版社 2002 年版,第 74 页。
[3] 参见《日本公司法》第 37 条。
[4] 参见《德国股份公司法》第 202 条。

资本是公司设立时的初始资产,公司一旦成立,随着经营活动的开展,对公司债权人提供担保的责任财产并非是公司的注册资本而是公司的资产,尤其是净资产,因而,2005 年我国进行了《公司法》修订,其中对资本制度进行了较大力度的改革,不仅大幅度降低了注册资本的最低限额,同时将我国注册资本由一次性足额实缴制改为法定的分期缴纳制,从而使公司资本制度更适合我国市场经济体制的需要。

2005 年《公司法》较之于 1993 年《公司法》对公司资本制度的规定取得了较大进步,但实践证明,依然存在不足:其一,尽管大幅度降低了最低注册资本限额,但公司设立仍需满足最低注册资本要求;其二,虽然规定了分期缴纳制,但仍对首期出资以及分期缴纳期限进行了法定限制;其三,公司设立登记仍然需要履行烦琐的验资程序并提交验资证明等,公司的设立成本依然较高,公司自主权仍然受到很大约束。

有鉴于此,2013 年我国再次修正《公司法》,对公司资本制度又一次进行了深度改革。此次资本制度的主要修改内容包括:第一,彻底废除了最低法定注册资本限额要求。但需注意的是,这仅是针对普通的商事公司,并不包括法律、行政法规或国务院决定的从事特殊业务的公司,如金融业务,此类公司的注册资本仍然设有最低限额。第二,将注册资本改为完全认缴制。2013 年《公司法》放弃了对资本缴纳的法律管制,不再要求首次缴纳比例以及分期缴纳期限,而是授权公司通过章程自行规定,股东或者发起人只需按照公司章程的规定按期进行出资缴纳即可。但需注意的是,上述认缴制仅适用于发起设立的有限责任公司和股份有限公司,不适用于募集设立的股份有限公司。此外,如果法律、行政法规或者国务院决定对于特殊公司实行实缴制的,公司的注册资本仍然体现为公司登记机关登记的实收资本。第三,废除强制验资制度。无论是 1993 年《公司法》还是 2005 年《公司法》,均要求股东缴纳出资或者发起人缴纳股款后须经依法设立的验资机构进行验资。2013 年《公司法》则取消了这一规定。当然,对于实行实缴制的公司仍需履行验资程序。

在前述修改公司资本制度的基础上,我国公司登记制度亦进行了相应改革,不再要求将股东的出资额作为登记事项,对于公司营业执照中载明的"实收资本"也予以了删除。

2013 年《公司法》关于公司资本制度的改革解决了长期以来我国一直存在的公司设立难的困境,从法律制度上为投资者创办公司提供了便利,有利于刺激投资者投资的积极性,降低企业融资成本并提高企业资金使用效率。①

2018 年,立法者再次对《公司法》中有关股份回购制度进行了修改,明确了股份回购的六种情形,对实施回购的相关程序作出规定,从而赋予公司更多的自主权,有利于促进公司治理的完善,推动资本市场的稳定健康发展。

我国公司资本制度随着《公司法》的修改而不断完善。但总体上看,我国关于公司资本制度的重大变革依然是在资本制度基本原理指导下的局部制度变迁,而非对资本制度基本原理的整体否定。② 我国的公司资本制度仍属法定资本制,授权资本制依然未被确

---

① 参见施天涛:《公司资本制度改革:解读与辨析》,载《清华法学》2014 年第 5 期。
② 参见赵旭东:《资本制度变革下的资本法律责任——公司法修改的理性解读》,载《法学研究》2014 年第 5 期。

立。这可从现行《公司法》第 26 条、第 28 条、第 80 条、第 83 条的有关规定看出。现行《公司法》第 26 条第 1 款规定:"有限责任公司的注册资本为在公司登记机关登记的全体股东认缴的出资额。"第 28 条第 1 款规定:"股东应当按期足额缴纳公司章程中规定的各自所认缴的出资额。……"第 80 条第 1 款、第 2 款规定:"股份有限公司采取发起设立方式设立的,注册资本为在公司登记机关登记的全体发起人认购的股本总额。……股份有限公司采取募集方式设立的,注册资本为在公司登记机关登记的实收股本总额。"第 83 条第 1 款规定:"以发起设立方式设立股份有限公司的,发起人应当书面认足公司章程规定其认购的股份,并按照公司章程规定缴纳出资。……"由此观之,现行资本制并未否定资本三原则,而是实行以认缴制为基础的、由公司章程自主决定缴纳期限及数额的较为宽松的法定资本制。当然,需要特别强调的是,废除法定最低资本制度,实行认缴制,并不意味着公司不再需要注册资本,其只是将设立公司的资本需求付诸投资者自行决定。[①] 股东仍然应按照章程的约定确定地缴纳出资,章程中约定的注册资本仍需登记于管理机关,公司经营过程中股东仍需尽力维持公司的资本总量,不得任意抽回出资。

四、我国公司资本认缴制下的特殊问题

(一) 一元公司的风险与防范

2013 年修改的《公司法》取消了对公司最低注册资本额的限制。这一制度改革对优化营商环境、降低企业设立门槛、鼓励创业投资具有积极意义。但在该制度下,实践中又出现了仅以一元钱注册公司(即"一元公司")的现象。

从法律规定的角度看,一元公司依照法律规定、遵守法定程序而注册成立,不存在法律障碍。但这种注册资本数额过小的现象必然蕴含着较大的交易风险。一方面,一元公司意味着公司股东仅以一元为限承担有限责任,债权人利益和交易安全无法得到保障;另一方面,从公司运营的角度看,交易过程中,理性的市场主体会认为一元公司信用度极低,这就会限制其参与市场竞争的能力,不符合公司设立的营利性目的。虽然公司注册资本极低的情况不会成为普遍现象,但在降低公司准入口槛的同时,应积极防范相关风险。

首先,一元公司的注册资本数额极小,其资产极有可能不足以承担交易风险,股东以一元出资额为限承担法律责任虽然符合法律规定,但是,根据《公司法》第 20 条第 3 款的规定,若存在一元公司的股东滥用公司法人独立地位和股东有限责任,逃避债务,严重损害公司债权人利益的,应当对公司债务承担连带责任,即一元公司股东极易因为公司注册资本数额与公司经营中的潜在负债相比明显不足,而被要求与公司一起对债权人负责,即适用公司法人格否认制度。其次,市场交易的风险很大程度上来自于信息不对称,为保障交易安全、构建诚信的交易环境,应通过加强企业信用的监管和公示,充分保障公司债权人和交易相对人的知情权,以维护交易安全。

[①] 参见赵万一:《资本三原则的功能更新与价值定位》,载《法学评论》2017 年第 1 期。

(二) 股东出资加速到期制度

当前,我国公司资本制度已由实缴制改为认缴制,在此背景下衍生的一个新问题是,当公司不能清偿到期债务,认缴出资的股东在其出资期限尚未届满时,是否应当对该债务承担责任(即"股东出资加速到期"的问题)。现行《公司法》对此没有作出规定,理论与实务界对此也有不同认识。

在公司出现破产或解散清算的情况下,根据《企业破产法》第 35 条的规定,债务人的出资人尚未完全履行出资义务的,管理人应当要求该出资人缴纳所认缴的出资,而不受出资期限的限制。同时,《最高人民法院关于适用〈中华人民共和国公司法〉若干问题的规定(二)》[以下简称《〈公司法〉司法解释(二)》] 第 22 条规定,公司解散时,股东到期应缴未缴的出资以及分期缴纳尚未届满缴纳期限的出资都属于"股东尚未缴纳的出资",均应作为公司清算财产。换言之,在公司破产或解散清算时,应当否认尚未履行出资义务的股东的期限利益,此时,出资未到期的股东应当提前履行出资义务。

但是,在公司还未清算或破产的情况下,在公司不能清偿到期债务已经损及债权人利益时,股东出资是否应当加速到期,当前法律没有明确规定。该问题的实质在于,合理确定股东的期限利益与债权人的债权利益的保护边界。认缴制下股东的期限利益,是指股东享有的依据股东间协议的约定以及公司章程的规定,在一定期限内缴纳一定的出资份额即可享有公司股东权利、参与公司经营管理的权利。在出资期限届满前,非依法定事由,公司、其他股东及债权人均不得要求股东提前出资。可以说,在不损害公司债权人合法权益的前提之下,股东在何种期限内以何种比例出资,均为公司和股东的内部事务,应充分尊重。因此,在注册资本认缴制下,股东依法享有期限利益,一般情况下不加速到期。

但是,在特殊情况下,为了保护公司债权人的合法权益,虽然公司未破产或清算,但是未届出资期限的股东还是应负出资的加速到期义务:(1) 公司已经具备破产原因,但是未被申请破产。在公司作为被执行人的案件中,法院穷尽执行措施仍无财产可供执行,此时公司已经实质性地符合公司破产要件,应当要求股东出资加速到期。(2) 在公司债务产生之后,公司股东(大)会通过决议或者其他方式延长股东出资期限的。这种情况下,股东随意改变出资期限,会给债权人的利益带来严重损害,此时认定股东不再享有出资期限利益具有正当性。

第二节 公司资本的具体形式

公司资本虽然应以一定的货币金额来表示,但就其具体构成而言,并不以货币为限。各国公司法除了允许资合公司的股东以货币(现金)、实物、知识产权、土地使用权等形式出资外,还允许人合公司的股东以信用和劳务等形式出资。可见,公司资本的具体构成形式是多种多样的。之所以这样,主要是因为:

一方面,公司的设立目的各不相同,从而使维持公司正常运作所需要的具体条件也各不相同。如果立法无视这一客观现实而强求所有公司股东必须一律以现金形式出资的话,那么在公司成立后,为了开展及维持正常的生产经营活动,公司必须用其现金资本中的一部分去购买各种必要的其他形式的财产或实物,这样不仅耗时费力,增加经营成本,还可能错失良机,造成公司及股东利益的受损。

另一方面,因经济发展不平衡及其他原因而导致的公众投资者实际拥有或控制的社会财富数量及形式的巨大差异,决定了其投资能力及形式的不同。如果立法无视这一客观现实而强求所有公司股东必须一律以现金形式出资的话,会限制相当部分公众投资者投资愿望的实现,也不利于最大程度地利用社会资源发展经济。正因为如此,在公司资本的构成形式问题上,各国立法大都采取原则性与灵活性相结合的原则,允许股东以多种形式向公司出资。

我国现行《公司法》对公司资本的构成形式问题,采取的是例举式与概括式相结合的方式。一方面,《公司法》第 27 条例举了股东可以选择的出资形式,即:货币、实物、知识产权、土地使用权等,另一方面,该条又用了"可以用货币估价并可以依法转让的非货币财产"这一概括式术语,指明了股东还可以选择的其他出资形式。因此,我国公司资本的具体形式,也就是法定的股东可以选择的出资形式有:

一、货币

货币,是公司资本中最常见也是最基本的一种构成形式,几乎所有不同类型的公司都离不开货币资本。这是因为货币具有其他形式的资本所不具有的一些优点。正因为此,我国及域外的公司法都允许股东以货币形式出资。

为保证公司资本中有足够的货币资本来满足公司的经营需要,许多国家的公司法还对货币资本占公司资本的法定比例作了明确规定。如奥地利《股份有限公司法》第 28 条规定:"在公司成立或资本增加时,每一股份(如有溢价,再加上其溢价)面值的 25% 的股款,必须以现金形式缴付。"①法国、德国、意大利等国的公司法也有类似规定。我国 2005 年《公司法》第 27 条也规定,股东可以用货币出资,全体股东的货币出资金额不得低于有限责任公司注册资本的 30%。但为了尊重股东对股权投资形式的自由选择,在 2013 年《公司法》修改中,该法定比例被删去。

二、实物

实物,主要是指建筑物、厂房和机器设备等有形资产。股东的实物形态出资是公司资本中不可或缺的重要组成部分。包括我国在内的各国公司法都普遍规定股东可以实物出资。因为实物出资不仅方便了股东,也在一定程度上为公司减少了市场购置的成本,可谓是一举两得。虽然我国《公司法》没有直接规定哪些实物可以作为股东的出资,但从学理上讲,股东用作出资的实物应具备经济上的有益性及法律权属上的无争议性两个要件。

---

① 参见〔英〕梅因哈特:《欧洲十二国公司法》,李功国、周林彬、陈志刚等编译,兰州大学出版社 1988 年版,第 21 页。

所谓经济上的有益性是指：该实物是公司所需要的，是可以直接投入到生产经营活动中去使用的。如果某类实物虽有价值，但对公司来讲并不需要的话，则该类实物就不能作为该公司股东的出资。

所谓法律权属上的无争议性是指：被用作出资的实物应该是出资人所有并可依法处置的财产。因此，共有财产在未行分割或未征得共有人同意之前、权属不明或权属有争议的财产、已经设定了抵押权的财产等，是不能作为股东对公司的出资的。否则，极易在其他权利人与出资人之间造成纠纷，并进而导致公司权益受损。对于股东以不具有处分权的财产进行出资的法律效力，《〈公司法〉司法解释（三）》第7条第1款规定："出资人以不享有处分权的财产出资，当事人之间对于出资行为效力产生争议的，人民法院可以参照物权法第106条的规定予以认定。"根据此条规定，出资人以不享有处分权的财产出资，其效力认定及处理涉及《中华人民共和国物权法》第106条的适用，即是否构成善意取得。如果公司取得财产构成善意取得，则公司合法取得该出资财产的相应权利；否则，视为出资人未履行出资义务，并应承担未履行出资义务的相应法律责任。

三、知识产权

知识产权是我国《公司法》明文规定的一类资本构成形式。从国际上看，对规范知识产权领域的立法、执法和一般民事行为影响重大的《建立世界知识产权组织公约》及世界贸易组织《与贸易有关的知识产权协议》本身并未给知识产权下概括性的定义，而只是列举了知识产权应当包括的范围和权利种类。按照《建立世界知识产权组织公约》第2条第8款的规定来看，知识产权包括下列权利：（1）与文学、艺术及科学作品有关的权利，即版权或著作权。（2）与表演艺术家的演出、录音及广播有关的权利，即邻接权。（3）与人们努力在一切领域的发明有关的权利，即专利权（包括发明专利、实用新型和非专利发明的权利）。（4）与科学发现有关的权利。（5）与工业品式样有关的权利。（6）与商品商标、服务商标、厂商名称和标记有关的权利。（7）与制止不正当竞争有关的权利。（8）工业、科学、文学或艺术领域里一切其他来自知识活动的权利。《与贸易有关的知识产权协议》中所谓的知识产权是指：（1）版权及相关权利；（2）商标权；（3）地理标志权；（4）工业品外观设计权；（5）专利权；（6）集成电路的外观设计权；（7）未泄露过的信息权。

在我国，《民法总则》第123条第2款对知识产权予以了界定，并列举了权利客体的主要类型，即"知识产权是权利人依法就下列客体享有的专有的权利：（一）作品；（二）发明、实用新型、外观设计；（三）商标；（四）地理标志；（五）商业秘密；（六）集成电路布图设计；（七）植物新品种；（八）法律规定的其他客体。"

四、土地使用权

依我国《宪法》的规定，土地所有权属于国家或集体，各类社会经济组织不能获得土地所有权而只能获得土地使用权。公司取得土地使用权的方式有两种：一种是以公司作为受让方或承租方，通过与出让方或出租方签订土地使用权出让合同或土地使用权租赁合同,并缴纳土地使用权出让金或租金后获得土地使用权,此种方式不是本书讨论的重点,暂且不论。第二种是股东以土地使用权作价后,向公司出资而使公司获得土地使用权。作为公司资本构成部分的土地使用权仅指第二种情况。

以土地使用权出资的,股东或者发起人应当拥有合法的土地使用权,并经有资格的评估机构评估作价,否则,不得作为其对公司的出资。以土地使用权作为出资的股东或发起人,可以是国有性质的投资机构或部门,也可以是一般的企业。股东以土地使用权作价入股后,应由公司持有关文件,按国家有关法律规定和《土地登记规则》的要求,向县级以上人民政府土地管理部门申请变更土地登记。

需要说明的是,股东如果是以划拨方式取得的土地使用权出资或以设定权利负担的土地使用权出资,根据《〈公司法〉司法解释(三)》第8条的规定,公司、其他股东或者公司债权人如果主张出资人未履行出资义务的,当事人应在指定的合理期间内办理土地变更手续或者解除权利负担;逾期未办理或者未解除的,公司、其他股东或者公司债权人可以主张出资人未履行出资义务并要求其承担未履行出资义务的相应法律责任。

五、股权

股权出资是股东或发起人以对其他企业投资所获得的其他企业股权进行的出资。股权投资作为一项长期资产,由投资人拥有并且预计会给投资者带来经济利益。股权作为一项资产既然可以单独转让,也就可以作为一种出资方式。从实务角度看,股权出资方式常常存在。为规范股权出资行为,《〈公司法〉司法解释(三)》要求:(1)出资的股权由出资人合法持有并依法可以转让;(2)出资的股权无权利瑕疵或者权利负担;(3)出资人已履行关于股权转让的法定手续;(4)出资的股权已依法进行了价值评估。从股权出资的实质来看,其本质上是一种股权转让,因而在满足关于股东出资要求的基础上,亦需要满足《公司法》关于股权转让的相关规则。

六、其他出资形式

从我国《公司法》第27条的规定来看,除以上列举的出资形式外,股东还可以根据自身及公司的实际情况,选择其他"可以用货币估价并可以依法转让的非货币财产作价出资"。因此,判断某种非货币财产能否作为股东对公司的出资,标准应当有两条:一是能否用货币估价;二是能否转让财产权。无法用货币估价的财产或者是虽然可以用货币估价但无法转让财产权的非货币财产,都不能作为股东对公司的出资。当然,法律、行政法规明确规定不得作为出资的财产即使符合上述两个条件,也不得用做出资。

此外,股东除货币以外的其他形式出资的,除必须依法进行资产的评估作价外,还应及时办理财产所有权的转移手续,否则,可能被追究虚假出资或出资不到位的法律责任。

第三节　股东瑕疵出资的法律责任

从应然层面来看,公司股东应遵循公司法的相关规定,严格履行自己的出资义务。但纷繁复杂的实践情况往往与此相悖,股东未履行或未全面履行出资义务的情况屡见不鲜。为此,我国现行《公司法》及相关司法解释对股东出资瑕疵的法律责任作出了较为详细的规定。

一、股东虚假出资的法律责任

(一) 民事责任

就有限责任公司而言,我国现行《公司法》第 28 条规定,股东应当按期足额缴纳公司章程中规定的各自所认缴的出资额。若股东不按照规定缴纳出资,除应当向公司足额缴纳外,还应当向已按期足额缴纳出资的股东承担违约责任。由此条规定可知,股东未按规定缴纳出资的,构成义务的不履行或不完全履行。于此情形,股东首先应承担对公司的出资补缴责任。与此同时,未履行出资义务的股东亦承担着对其他股东的违约责任。

对于股份有限公司发起人未按规定履行出资义务的法律责任承担,根据我国现行《公司法》第 83 条第 1 款、第 2 款的规定:"以发起设立方式设立股份有限公司的,发起人应当书面认足公司章程规定其认购的股份,并按照公司章程规定缴纳出资。……发起人不依照前款规定缴纳出资的,应当按照发起人协议承担违约责任。"第 93 条第 1 款规定:"……发起人未按照公司章程的规定缴足出资的,应当补缴;其他发起人承担连带责任。"由此观之,首先,未履行出资义务的发起人应承担对其他发起人的违约责任;其次,对公司而言,其他发起人承担连带责任。但需注意的是,《公司法》第 83 条的规定仅适用于以发起设立方式设立的股份有限公司。

对于股份有限公司认股人即股东未按期缴纳股款的问题,根据《〈公司法〉司法解释(三)》第 6 条的规定,股份有限公司的认股人未按期缴纳所认股份的股款,经公司发起人催缴后在合理期间内仍未缴纳,公司发起人对该股份另行募集的,该募集行为有效。认股人延期缴纳股款给公司造成损失,认股人应当对公司承担损害赔偿责任。

此处,需要特别说明的是,当股东对公司的出资存在瑕疵时,其仍旧可以取得相应股权,就该部分股权,出资瑕疵的股东有权利进行转让。但是,这种转让并不免除其对公司、对债权人,甚至对受让人的法律责任。根据《〈公司法〉司法解释(三)》的规定,有限责任公司的股东未履行或者未全面履行出资义务即转让股权,受让人对此知道或者应当知道,公司可以请求该股东履行出资义务、受让人对此承担连带责任;公司债权人也有权向该股东提起诉讼,请求该股东在未出资本息范围内对公司债务不能清偿的部分承担补充赔偿责任,同时,有权请求前述受让人对此承担连带责任。受让人根据上述规定承担责任后,有权向该未履行或者未全面履行出资义务的股东追偿。但是,双方当事人另有约定的除外。

(二) 行政责任与刑事责任

公司股东虚假出资,未交付或者未按期交付作为出资的货币或者非货币财产的,根据《公司法》第199条规定,将由公司登记机关责令改正,处以虚假出资金额5%以上15%以下的罚款。

如果情节严重的话,有可能涉嫌虚假出资刑事犯罪,一经定罪,数额巨大、后果严重或者有其他严重情节的,将根据《刑法》第159条,对违法股东处5年以下有期徒刑或者拘役,并处或者单处虚假出资金额2%以上10%以下罚金。单位犯罪的,对单位判处罚金,并对其直接负责的主管人员和其他直接责任人员,处5年以下有期徒刑或者拘役。

二、股东抽逃出资的法律责任

股东一旦向公司履行了出资义务,便丧失了对所出资财产的所有权,进而取得对公司的相应股权,所出资财产成为公司的自有资产,除非公司解散清算后还有剩余财产,否则,股东投入到公司的资产不得随意抽回。我国现行《公司法》第35条规定,公司成立后,股东不得抽逃出资。第91条规定,发起人、认购人缴纳股款或者交付抵作股款的出资后,除未按期募足股份、发起人未按期召开创立大会或者创立大会决议不设立公司的情形外,不得抽回其股本。尽管2013年公司资本制度进行了重大改革,实践中的虚假出资、抽逃出资现象可能减少,但从制度上来说,对虚假出资和抽逃出资的规制依然必要。《〈公司法〉司法解释(三)》将实践中的抽逃出资现象总结为以下几种情形:(1)制作虚假财务会计报表虚增利润进行分配;(2)通过虚构债权债务关系将其出资转出;(3)利用关联交易将出资转出;(4)其他未经法定程序将出资抽回的行为。

如果股东非法抽逃出资,将承担相应的法律责任,包括民事责任、行政责任,甚至刑事责任。

就民事法律责任而言,主要是两方面:一是,对于抽逃出资的股东,公司或其他股东可以请求其向公司返还出资本息。对于协助抽逃出资的其他股东、董事、高级管理人员或者实际控制人,应对前述股东抽逃出资的行为承担连带责任。二是,公司债权人可以请求抽逃出资的股东在抽逃出资本息范围内对公司债务不能清偿的部分承担补充赔偿责任。换言之,公司债权人对抽逃出资的股东也享有请求权,但抽逃出资股东的责任范围仅限于"抽逃出资本息范围内",责任性质上是补充赔偿责任。

就行政责任而言,公司股东在公司成立后,如果抽逃其出资,根据我国《公司法》第200条规定,将由公司登记机关责令改正,并处以所抽逃出资金额5%以上15%以下的罚款。

就刑事责任而言,我国《刑法》第159条规定了抽逃出资罪,即股东违反《公司法》的规定在公司成立后又将其资本抽回,数额巨大、后果严重或者有其他严重情节的,处5年以下有期徒刑或者拘役,并处或者单处虚假出资金额或者抽逃出资金额2%以上10%以下罚金。单位犯该罪的,对单位判处罚金,并对其直接负责的主管人员和其他直接责任人员,处5年以下有期徒刑或者拘役。

第四节　公司资本的增减

一、公司增资

公司增资是指公司依法增加注册资本的行为。公司成立后,为了扩大经营规模、拓展市场,往往需要通过追加资本来提高公司的资本信用及经济实力。各国立法一般都允许公司依法增加资本,我国亦如此。由于公司种类及规模的差异,公司增资的方式也是各不相同。就增资本身而言,既可以不打破原有的股权比例、仅在现有股东间完成,亦可通过公开发行新股或接纳新出资人的方式实现。上市公司一般是通过公开发行新股的方式增资,而有限责任公司和不上市的股份有限公司则可以通过原股东追加投资或接纳新出资人的方式完成增资。

理论上讲,各种公司的增资主要涉及的都是增资条件和增资程序两大问题。但我国法律并未遵循这样一种思路来作统一的规定。而是分别就有限责任公司及股份有限公司的增资问题作了不同的规定。

按我国《公司法》的规定,公司增加注册资本时,须遵循下列规定:

(1) 增资决定应由股东(大)会作出,而且股东(大)会作出增加资本的决议,必须经代表 2/3 以上表决权的股东通过;国有独资公司增加注册资本的,必须由国有资产监督管理机构决定。

(2) 公司增加注册资本时,股东认缴新增资本的出资,依照《公司法》关于设立有限责任公司或股份有限公司时缴纳出资的有关规定执行。

(3) 公司增加注册资本的,应当依法向公司登记机关办理变更登记。

上市公司增加资本时,除应遵循上述《公司法》中对公司增资的一般规定外,还应遵照《证券法》中的相关规定完成增资行为。按我国《证券法》第 12 条的规定,公司首次公开发行新股,应当符合下列条件:(1) 具备健全且运行良好的组织机构;(2) 具有持续经营能力;(3) 最近 3 年财务会计报告被出具无保留意见审计报告;(4) 发行人及其控股股东、实际控制人最近 3 年不存在贪污、贿赂、侵占资产、挪用财产或者破坏社会主义市场经济秩序的刑事犯罪;(5) 经国务院批准的国务院证券监督管理机构规定的其他条件。上市公司发行新股,应当符合经国务院批准的国务院证券监督管理机构规定的条件。

二、公司减资

公司减资,是指公司依法减少注册资本的行为。公司成立后,或因原定资本过高而形成资本闲置、或因经营不善而严重亏损时,都可通过减资解决问题。从学理上看,公司减资可因其具体原因的不同而分为实质上的减资和名义上的减资两类。

实质上的减资,是因为公司原定资本过高而形成大量的过剩资本时,为避免资本的闲置而由公司将多余的资本返还给股东的行为。

名义上的减资,一般是由于公司经营不佳、亏损过多、造成公司实有资产大大低于注册资本总额时,公司以减少注册资本总额的方法来弥补亏损的行为;在实行授权资本制的国家,减资还可能是因为已发行资本已足够,在核准资本范围内的尚未发行部分不再需要发行而导致的。所以,名义上的减资,并不会出现公司实有资产返还给股东的情况,也不会造成减资时公司实有资产的减少,而只是从名义上减少了公司注册资本的数额。理论上讲,公司可以依情况决定减资方式。但当某种特定条件出现时,公司只能按法定类型减资。如当公司严重亏损时,就不能进行实质性的减资,而只能是名义上的减资。

无论是上述哪一种情况下的减资,按照"资本维持"及"资本不变"原则的要求,都不能随便发生,必须依法定的条件及程序进行。从理论上来说,立法就公司减资的实质性规定,至少应包括下列内容:

1. 公司减资的法定事由

这方面德国、法国、西班牙等国公司法的有关规定很值得我们借鉴。按照《德国股份公司法》第 222 条规定,公司的减资决定不仅应当有代表 3/4 以上表决权的多数来决定,而且,应当明确"为了什么目的削减资本"[1]。《西班牙公司法》规定,当亏损导致公司净资产价值降低至总资产数额的 2/3 以下,而且公司未能在一个财年之内恢复其资产价值时,该公司必须进行减资。[2] 由此可知,以成文法的形式明确规定公司的减资事由,并要求公司在法定减资事由出现时依法减资,是不少欧洲国家公司法的共同特点。

2. 公司减资的法定方式

从各国公司法的有关规定来看,减资不外乎有减少股份总数、减少每股金额或既减少股份总数又减少每股金额等若干种方法。一般来讲,公司可以自由选择具体的减资方式。

3. 公司减资的法定程序及注意事项

公司减资是公司内部的重大事项,各国立法通常要求公司遵循一定的程序。常见的法定程序有:公司股东(大)会的特别决议、专项审计报告、债权人特别保护程序、减资后的变更登记等。

但须注意的是:股东平等原则在减资过程中同样适用。所有股东都享有按同等比例减少股份数或按同等比例减少每股金额的权利,公司不得以股东(大)会决议或公司章程的形式,强制部分股东以高于或低于应有的比例减资。除非股东自愿,任何公司不得通过减资来剥夺某个(或某部分)股东的股东资格。

4. 法律责任

为了规范公司的减资行为,各国立法还就公司减资过程中可能出现的违法行为规定了相应的法律责任。如,按《法国商法典》第 L242-23 条规定,股份有限公司的董事长或董事在减资过程中未遵守股东平等原则、或未将减资决定依法公告的,处 9000 欧元罚金。

我国《公司法》对减资的实质性条件的规定较为简单,但对公司减资应当遵循的程序

---

[1] 参见〔挪威〕马德斯·安登斯、〔英〕弗兰克·伍尔德里奇:《欧洲比较公司法》,汪丽丽等译,法律出版社 2014 年版,第 184 页。

[2] 同上书,第 221 页。

作了明确规定。我国公司减资的法定程序是:(1) 董事会制订公司减资方案;(2) 股东(大)会对公司减少注册资本作出决议,必须经代表 2/3 以上表决权的股东通过;(3) 编制资产负债表及财产清单;(4) 通知或公告债权人,对债权人的合法权益予以保护,即公司应当自作出减少注册资本决议之日起 10 日内通知债权人,并于 30 日内在报纸上公告。债权人自接到通知书之日起 30 日内,未接到通知书的自公告之日起 45 日内,有权要求公司清偿债务或者提供相应的担保。我国《公司法》第 204 条还规定,公司减少注册资本时不依法通知或者公告债权人的,由公司登记机关责令改正,对公司处以 1 万元以上 10 万元以下的罚款。(5) 办理变更登记并公告。按我国《公司法》第 211 条的规定,公司因减少注册资本而导致注册登记事项发生变更的,应当依法办理变更登记手续。公司不依法办理变更登记的,由公司登记机关责令限期登记;逾期不登记的,处以 1 万元以上 10 万元以下的罚款。

上述减资程序的规定,适用不同类型的公司所有的减资场合。其目的是保护公司债权人的利益。但如上所述,因名义上的减资并不会发生公司实有资产返还给股东的情况,也不会造成减资时公司实有资产的减少,因此,不加区别地要求公司在所有的减资场合都适用这一规则,就显得不尽合理。这主要是因为:当名义上的减资并不会造成公司偿债能力的下降的同时,却还要依法履行对债权人的通知、公告程序,这对进行名义减资的公司来讲,无异于雪上加霜;它无疑会增加公司的减资成本并影响公司股东的利益。从上述来看,我国公司减资程序的规则还应该进一步完善。

第四章 股东与股权

第一节 股　　东

一、股东的概念

股东是指通过向公司出资或其他合法途径获得公司股权，并对公司享有权利和承担义务的人，是公司设立、存续过程中不可或缺的基础要素。股东概念具有以下两个基本内涵：

其一，股东是公司的成员。一方面，股东与公司相互依存，股东因公司而存在，没有公司就无所谓股东，而同时，公司的存在也需要股东的支持，股东的出资是公司资本的最初来源，也是公司成立的物质基础；另一方面，公司一旦成立，股东与公司便相互独立，是不同的主体，股东仅仅是公司的成员而已。

其二，股东是股权享有者，依法对公司享有权利、承担义务。股东通过向公司出资或者其他方式取得股权，成为公司的成员，进而对公司享有权利、承担义务。需要说明的是，股权享有者并不等于出资人，因为，除了出资外，通过继承、受赠等合法方式均可取得股权，获得股东资格。

在此，需要特别强调的是"股东"与"发起人"是两个既有联系又有区别的概念。发起人是指订立发起人协议、提出设立公司申请、认购公司出资或股份，并对公司设立承担责任的人。一旦公司合法成立，由于设立时发起人已经认购公司出资或股份，因此其身份会自然转化为公司的股东。但公司的股东并不局限于发起人。除发起人外，在公司设立阶段和公司成立后任何认购或受让公司出资或股份的人都可以成为公司的股东。

二、股东的法律地位

股东的法律地位，既表现在股东与公司间的法律关系中，也表现在股东相互间的法律关系中。因此，股东的法律地位可以从以下两方面来阐释：

（一）股东享有股权

股权，亦称股东权，是股东与公司之间的法律关系以及股东法律地位的集中表现。股权既是股东法律地位的具体化，又是对股东具体权利义务的抽象概括。股东基于自己的出资或持有的股份，对公司承担义务，享有权利，是公司赖以存在的基础，也是与公司利益关系最为密切的利害关系人。虽然，不同类型的股东享有的股权内容并不相同（如普通股股东和特殊股股东），但无论是哪类股东，都正是在行使股权的过程中，表现了其在公司中的法律地位，揭示了其与公司之间的法律关系。

（二）股东地位平等

在公司法中，股东地位平等是维系公司内部股东间关系的主要原则，其具体内涵是指，股东基于其股东资格，按所持有股份的性质和数额享受平等待遇。我国《公司法》第126条规定，股份的发行，实行公平、公正的原则，同种类的每一股份应当具有同等权利。同次发行的同种类股票，每股的发行条件和价格应当相同；任何单位或者个人所认购的股份，每股应当支付相同价额。这一规定是对股东平等原则的经典说明。此外，《公司法》中规定的公司股东（大）会实行"一股一权"的表决原则也是对股东地位平等的一个阐释。

三、股东资格的限制及其取得与丧失

（一）股东资格的限制

从理论上讲，任何人都享有投资自由，享有通过投资获取财富的权利。因此，各国公司立法原则上都不对股东资格做过多的限制性规定。然而，在现实生活中，由于民事主体自身的原因、立法政策的取向，各国又都不得不对股东的资格进行必要的限制。

就我国公司立法而言，对股东资格的限制主要体现在以下几个方面：

1. 对自然人的股东资格限制

（1）限制行为能力人及无行为能力人不得作为发起人。发起人的职责是订立发起人协议、制定公司章程、认购公司出资或股份、申请公司设立，这些均为法律行为，同时，因为投资本身固有的风险，这些行为均可能产生对发起人不利的法律后果。因此，作为发起人的自然人必须具备完全行为能力，限制行为能力人及无行为能力人不得作为发起人。

需要指明的是，限制行为能力人和无行为能力人虽然不能作为发起人，但可以作为股东。因为其通过合法的受赠或继承等方式取得股权，进而获得股东资格，是为法律所允许的。

（2）法律对特定职业的自然人从事营利性活动的禁止。由于公司是以营利为目的的企业组织，从事营利性活动可能会造成与特定人身份的不符，或与特定职业的冲突，因此，法律禁止从事某类职业的人员作为公司的股东。如，我国有关组织法规定，公务员、法官、检察官不得参与营利性活动。需要明确的是，这种限制并非是剥夺了这些人的投资权利，只要他们停止了所从事的特定职业，其投资权利能力自然恢复。

（3）股份有限公司发起人受国籍或住所的限制。我国《公司法》第78条规定，设立股份有限公司，应当有2人以上200人以下为发起人，其中须有半数以上的发起人在中国境内有住所。这种限制的立法初衷是为了利于追究发起人的责任，防止借发起之名，行圈钱之实，是对社会公众的一种保护措施。但是，随着经济一体化的不断加快以及公司立法的不断发展，多数国家已经废除了类似的规定。

2. 对法人的股东资格限制

（1）原则上，公法人不得投资于公司。投资活动是一种私行为，而公法人从事的是公共管理活动，二者性质相悖。如果允许国家权力机关、行政管理机关等投资于公司，可能诱使其利用特殊的地位和权力参与市场经济活动，扰乱公平的市场经济秩序。

然而,禁止国家机关取得股东资格,并不意味着国家不能成为特殊的民商事主体。在特定情况下,国家可以通过特定的组织机构代表国家进行投资行为,取得股东资格,但这种股东资格不应当与国家经济管理职能相联系,而是与一般的自然人、法人处于平等地位。

(2) 公司原则上不得成为自己的股东。公司认购本公司的股份,会导致公司资本的减少,并可能导致上市公司借此操纵公司股票价格,损害公司中小股东的利益;同时,公司自为股东,导致公司同时具备了"公司"与"股东"的双重身份,致使权利义务关系不清。因此,根据我国《公司法》的规定,除了法定情形外,一般情况下禁止公司成为自身股东。

(二) 股东资格的取得

依我国《公司法》规定,凡是基于出资或其他合法原因而持有公司股份的人均可成为公司股东。相应的,公司股东资格的取得方式就主要分为以下两种情形:

1. 原始取得

所谓原始取得是指通过向公司出资或者认购股份而取得股东资格。原始取得又可分为三种情形:

(1) 设立时的原始取得。

基于公司的设立而向公司投资,从而取得股东资格。通过这种方式取得股东资格的人包括有限责任公司和股份有限公司发起设立时的全部发起人,股份有限公司募集设立时的发起人和认股人。

(2) 设立后的原始取得。

在公司成立后,增资时,投资人通过向公司出资或者认购公司股份的方式而取得股东资格。

(3) 善意取得。

善意取得是指股权的受让人,依据公司法所规定的转让方法,善意地从无权利人处取得股份,从而获得股东资格。由于善意取得不用依赖于转让人的意志就可直接取得股权,因此它是一种特殊的原始取得方式。该制度设计的初衷是基于对股票占有的权利推定,保护善意受让人的利益,并以此促进股份的流通。换言之,通过善意取得制度,受让人无须调查让与人有无实质性权利,只需信赖让与人所具有的权利外观形式就可以合法的受让到股份。

一般来讲,股东资格的善意取得需同时满足以下条件:(1) 股份本身有效;(2) 股份具有可处分性,法律所禁止处分的股份不能构成善意取得;(3) 须从无权利人处取得,如果转让人为正当权利人,则无须启动善意取得制度;(4) 取得时主观上善意,无恶意或重大过失,若明知或怠于注意让与人无权利之事实而取得股份,不能取得股权;(5) 依法律规定的转让方法取得股份,记名股份以背书方式取得,无记名股份交付即可。

2. 继受取得

没有向公司投入资本的人也有机会取得股东身份。继受取得,也称为传来取得或派生取得,即通过受让、受赠、继承、公司合并等非股权投资的途径而取得股东资格。

(1) 受让。股东在公司成立后不能擅自抽回自己的投资,这是公司法上的一条基本原则。但是,这并不代表股东不能按照自己的意思处分其股权。因此,股东可以通过转让股权而退出公司。转让包括买卖、互易、赠与等方式,股权一经转让,转让人丧失股东身份,受让人或受赠人同时成为公司的新股东。

(2) 继承。股权作为财产权利,可以被继承。这里的继承包括法定继承、遗嘱继承和遗赠。股份有限公司的股权继承一般不受限制,但有限责任公司的股权继承因涉及有限责任公司的人合性,往往受到限制。根据《公司法》第 75 条的规定:"自然人股东死亡后,其合法继承人可以继承股东资格;但是,公司章程另有规定的除外。"因此有限责任公司章程可以限制其股权继承。

(3) 公司合并。公司合并也可以是特殊的继受取得方式之一。在吸收合并中,被吸收公司的股东往往成为吸收公司的股东;在新设合并中,被合并公司的股东依法取得合并后新设公司的股东身份。

(三) 股东资格的丧失

股东资格的丧失是指股东因法定原因或法定程序而丧失股东身份。从我国目前《公司法》规定来看,主要有以下几种情形:

(1) 公司法人资格消灭,如解散、破产、被合并;
(2) 自然人股东死亡或法人股东终止;
(3) 股东将其所持有的股份转让;
(4) 股份被人民法院强制执行;
(5) 股份被公司依法回购;
(6) 法律规定的其他情形,如赠与、纳税、被善意取得等。

四、股东的权利与义务

在公司与股东的关系中,股东的地位集中体现于其对公司享有的众多权利和承担的必要义务。

(一) 股东权利

股东权利,亦即股权,有广义与狭义之分。狭义的股权,是指股东基于其股东资格而享有的从公司获取经济利益并参与公司经营管理的权利;而广义的股权,则是股东向公司享有权利和承担义务的总称。本书采取的是狭义的股权概念,即股东因其股东地位而对公司享有的一系列权利的综合。

世界各国公司立法对股东权利的规定虽各不相同,但从整体来看主要包括以下几方面:表决权、选举权与被选举权、股份转让权、知情权、利润分配请求权、剩余财产索取权、优先认购权、质询权、提案权、临时股东大会的提议召开权等。该部分具体内容将在下节中详细阐述,此处不赘。

(二) 股东义务

在法律关系中,权利与义务总是对立统一的。股东基于其股东地位而对公司享有权利的同时,必然要承担相应的义务。基于股东地位平等原则,各股东所负之义务亦基本相同。不过,由于控股股东对公司拥有不同于一般股东的控制权,因此,除应遵守基本义务外,各国公司法还规定其应当承担的特别义务。

1. 遵守公司章程

章程是公司的"宪法",调整着公司的内部组织关系和外部经营活动,对全体成员都有约束力。因此,遵守公司章程应是股东最基本的义务。股东应严格依照章程规定行使权利并履行义务。

2. 真实缴纳出资

股东应依其认缴的出资额或认购的股份金额,如期向公司真实缴纳股款。出资义务是股东取得原始股东资格的前提条件。我国现行《公司法》第28条规定,有限责任公司股东应按期足额缴纳公司章程中规定的各自所认缴的出资额。若股东不按照规定缴纳出资,除应当向公司足额缴纳外,还应当向已按期足额缴纳出资的股东承担违约责任。《公司法》第83条也规定,以发起设立方式设立股份有限公司的,发起人应当书面认足公司章程规定其认购的股份,并按公司章程规定缴纳出资。若发起人未按规定缴纳出资的,应当按照发起人协议承担违约责任。第93条第1款规定,股份有限公司成立后,发起人未按照公司章程的规定缴足出资的,应当补缴;其他发起人承担连带责任。此外,当股东违反真实出资义务时,除需承担上述民事责任外,还可能承担行政责任乃至刑事责任。

3. 控股股东的特别义务

所谓控股股东,是指其股权额占有限责任公司资本总额50%以上或者持有的股份占股份有限公司股份总数50%以上的股东;或者虽然股权额或者持有股份的比例不足50%,但依其股权额或者持有的股份所享有的表决权已足以对股东会、股东大会的决议产生重大影响的股东。

控股股东对公司的控制本身并无过错,但是控股股东在行使控制权时,很容易只注重自身利益,而忽视甚至损害公司利益以及中小股东利益。例如,控股股东通过关联交易、违规担保、抽逃资金、阻止少数股东召集股东(大)会临时会议等手段滥用控制权,损害公司和少数股东利益。为此,公司法在建立中小股东保护制度的过程中,逐渐形成了要求控股股东对中小股东承担诚信义务的要求。我国《公司法》第20条就规定,公司股东应当遵守法律、行政法规和公司章程,依法行使股东权利,不得滥用股东权利损害公司或者其他股东的利益,公司股东滥用股东权利给公司或者其他股东造成损失的,应当依法承担赔偿责任。

第二节 股 权

一、股权的种类

股权是任何类型公司中的股东都享有的权利。股东之所以向公司出资,无非是通过

取得股权实现其经济目的。因此,股权是公司法中的核心问题之一。在学理上,基于不同的标准,对股权可以进行以下几种分类:

(一) 自益权与共益权

依股权的行使是为了自己利益还是为了股东共同的利益为标准,股权可以分为自益权和共益权。所谓自益权,是指股东为了自己的利益而单独主张的权利,如请求发给出资证明或股票权、股份转让权、利润分配请求权、剩余财产分配请求权等,体现的主要是财产权,也是股东投资的本来目的所在。所谓共益权,是指股东为了全体股东的共同利益而行使的权利,如表决权、知情权、质询权、临时股东大会的召集权与主持权等,体现的主要是参与公司经营管理权。对于该种权利行使所获得的利益,股东只能间接获得。

(二) 固有股权与非固有股权

依据股东权性质的不同,可将股权分为固有股权和非固有股权。固有股权又称法定股权,是股东依股东权身份而享有的法定权利,不得以章程或股东(大)会决议予以剥夺或限制。凡对此类权利加以限制或剥夺的行为,均为违法,股东可依法主张其无效,并采取相应的救济措施。非固有股权是指依章程或股东(大)会决议可限制或可剥夺的权利。对于如何界定固有股权和非固有股权,学界一直存有争论。一般而言,自益权多属于非固有股权,而共益权多属于固有股权。此类划分的意义在于,让公司发起人和股东明确哪些权利是可依章程或决议予以限制的,哪些权利是不得限制的,从而增强其权利意识。

(三) 单独股东权与少数股东权

依据权利行使的方法,可将股权分为单独股东权和少数股东权。所谓单独股东权,是指不问股东的持股数额多少,单个股东即可行使的权利。易言之,此种权利只要股东持有一股即可享有,每一股东都可依自己的意志单独行使。而少数股东权,是指只有持股数额达到一定比例才能行使的权利。行使少数股东权的股东既可以为持股数额之和达到一定比例的数个股东,也可为持股达到一定比例的单个股东。一般情况下,自益权从性质上讲,均属于单独股东权;而共益权,则有的为单独股东权(如表决权),有的为少数股东权[如提案权、临时股东(大)会召集与主持权]。

(四) 普通股股权与特别股股权

依权利主体和权利内容的不同,可以将股权分为普通股股权和特别股股权。普通股股权是指一般股东所享有的权利;而特别股股权是指特别股(如优先股和劣后股)股东所享有的权利。有关特别股股东享有的权利范围、行使程序、数额、优惠待遇以及限制等一般都会在公司章程中加以规定。

二、股权的法律性质

股权究竟属于何种性质的权利,学术界众说纷纭。其中较有代表性的观点主要有以下几种:

(一) 所有权说

该说认为股权具有所有权的性质。股东缴纳出资,非但没有丧失对投资财产的所有权,反而是为了更好地行使和实现所有权。公司是股东投资设立的,因此,股东对公司财产理应享有所有权,而所有权的行使途径就是股东(大)会。这种观点并不否认公司财产所有权的存在,而是认为股东所有权与公司财产所有权可以并存,进而形成公司中的双重所有权,其中股东所有权表现为收益权与处分权,是终极意义上的所有权。同时,除一人公司外,由于公司由全体股东投资设立,因此,公司财产应属于全体股东按份共有,各股东按照自己的份额对公司财产享有最终所有权。

这一观点虽然看到了股东投资与公司财产之间的密切联系,却没有认清出资行为的实质,也违反了物权法上的"一物一权"原则,造成理解上的混乱。

(二) 债权说

该观点认为,自公司取得法人资格时起,股东投资的财产已为公司所有,公司才是财产所有权的主体,可以按照自己的意志占有、使用、收益和处分公司的财产;而股东对公司的唯一权利仅仅是收益,即领取股息和红利,因此,股权是一种请求权,从性质上说应属于民法中的债权。

在公司的实际控制权已逐渐由股东向董事会、经理层转移的背景下,认为股权实际上就是一种附条件的债权,具有一定的现实性。但该学说面临的主要问题是,债权是纯粹的财产权;而股权则除了财产权外,还包括管理权,虽然股东的管理权日益向董事、经理转移,但这只是一种趋势,而且无论如何,公司最终的命运仍然控制在股东手中,所以,股东对公司拥有管理权仍是不争的事实。因此,股权与债权并不相同。

(三) 社员权说

该说认为股权是民事权利中社员权的一种。所谓社员权,又称成员权,是指某个团体中的成员依据法律规定和团体的章程约定而对团体享有的各种权利的总称。这种权利是一种综合性的权利,包括人格权、财产权、管理权等。依此,股权是股东基于其在营利性社团中的社员身份而享有的权利,主要体现在财产权和管理参与权上。该学说的支持者虽较多,但该说从股东在公司的地位出发论证其享有的权利,忽视了股权具有的资本性和流通性及其与公益社团法人社员权的区别。

(四) 独立民事权利说

该说认为股权是一种自成一体的独立权利类型,它体现了财产的价值形态和实物形态在运动过程中的分离,所包含的内容较之物权、债权乃至社员权更为丰富和复杂。当公司终止存续时,经过法定的清算程序,公司的剩余财产通常归属股东,而且股东有权决定公司剩余财产如何分配,因此,股东对于公司财产享有最终处置和所有权。在这个意义上,股权中的确包含着物权的因素。在公司存续期间,公司作为具有独立人格的法人对于其资产享有法人财产权,股东不能越过公司直接行使对公司资产的处置权,因此,股东在公司存续期间对于公司最重要的财产权利就是公司经营收益分配的请求权,这正是债权品格的反映。另外,依法律规定,公司在存续期间,股东有权参与公司经营管理活动,这又体现了一定的人身权内容。因此,在公司的不同阶段,股权综合了物权、债权及人身权的内涵,很难将其归入其中任何一种权利。

究竟如何认定股权的性质,前三种学说虽都有一定的合理因素,但却都存在着不能自圆其说的理论缺陷,影响其对股权本质的反映。从股权的具体权能来看,它以财产权为基本内容(但又不同于债权和物权),同时又包括了公司内部事务管理权等非财产权。因此,一方面,股权作为股东向公司让渡出资财产所有权所换取的对价,体现了股东与公司之间的法律关系,另一方面,股权作为股东基于出资取得的公司成员资格的标志,体现了股东相互之间的法律关系。因此,股权应当是一种独立的民事权利。我国《民法总则》第125条明确规定"民事主体依法享有股权和其他投资性权利",表明了其独立的权利属性。

三、股权的内容

我国《公司法》虽未对股东权利作集中的列举式规定,仅仅在第4条有一概括性阐述:"公司股东依法享有资产收益、参与重大决策和选择管理者等权利。"但在《公司法》的各章中,其实都有关于股东权利的具体规定。归纳起来,主要有以下几个方面:

(一) 财产权

1. 利润分配请求权

利润分配请求权是股东基于其资格和地位,享有请求公司向其分配利润的权利。股东投资公司的根本目的是为了获取收益,因此,利润分配请求权是股权的核心权能之一。当然,股东享有利润分配请求权的前提条件是公司在弥补亏损、依法提取公积金、缴纳税收后仍有盈余。我国《公司法》第166条第4款规定:"公司弥补亏损和提取公积金后所余税后利润,有限责任公司依照本法第34条的规定分配;股份有限公司按照股东持有的股份比例分配,但股份有限公司章程规定不按持股比例分配的除外。"

由于公司与中小股东、控股股东与中小股东在对公司的长远发展与个人的短期利益上有着不同的价值取向,而在资本多数决原则下,利润分配权又牢牢掌握在控股股东手中,因此,公司虽然盈利但不分红或虽然分红,但数额太少的情况屡见不鲜。针对这种有盈余而不分配的现象,为保护中小股东利益,《公司法》第74条规定,公司连续5年不向股东分配利润,而公司该5年连续盈利,并且符合《公司法》规定的分配利润条件的,对公司股东会决议不分红的议案投反对票的股东,可以请求公司按照合理的价格收购其股权。

近年来,为进一步保护中小股东的利益分配请求权,《最高人民法院关于适用〈中华人民共和国公司法〉若干问题的规定(四)》[以下简称《〈公司法〉司法解释(四)》]以及《最高人民法院关于适用〈中华人民共和国公司法〉若干问题的规定(五)[以下简称《〈公司法〉司法解释(五)》]专门又进行了详细规定,以切实保护股东的利润分配请求权得以实现。具体包括:(1)股东如果提交了载明具体分配方案的股东会或者股东大会的有效决议,请求公司分配利润,公司拒绝分配且其关于无法执行决议的抗辩理由不成立的,人民法院应当判决公司按照决议载明的具体分配方案向股东分配利润。当然,如果股东未能提交载明具体分配方案的股东会或者股东大会决议,进而请求公司分配利润的,人民法院会驳回其诉讼请求,除非大股东违反法律规定,滥用股东权利导致公司不分配利润,给其他股东造成损失的。(2)分配利润的股东会或者股东大会决议作出后,公司应当在决议载明的时间内完成利润分配。决议没有载明时间的,以公司章程规定的为准。如果决议、章程中均未规定时间或者时间超过1年的,公司应当自决议作出之日起1年内完成利润分配。如果决议中载明的利润分配完成时间超过公司章程规定时间的,股东可以请求人民法院撤销决议关于时间的规定。

2. 股份转让权

股东一旦投资于公司,不得抽逃出资,但股东可以通过转让出资或股份的方式及时变现投资价值,实现其财产权益,同时转移投资风险。因此,股份或出资的转让权是股东一项重要的权利。由于有限责任公司是具有人合性的资合公司,而股份有限公司属于纯粹的资合性公司,因此,在转让程序上会有所区别,即有限责任公司股权的转让程序要比股份有限公司复杂。我国《公司法》第71条规定,有限责任公司的股东向股东以外的人转让股权,应当经其他股东过半数同意。但在第137条对股份有限公司的股份转让却规定得非常宽松,几乎没有限制,即"股东持有的股份可以依法转让。"

这里需要对瑕疵出资的股权转让问题进行特别说明。当股东对公司的出资存在瑕疵时,其仍旧可以取得相应股权,就该部分股权,出资瑕疵的股东同样有权进行转让。但是,这种转让并不免除其对公司、对债权人,甚至对受让人的法律责任。根据《〈公司法〉司法解释(三)》的规定,有限责任公司的股东未履行或者未全面履行出资义务即转让股权,受让人对此知道或者应当知道,公司可以请求该股东履行出资义务、受让人对此承担连带责任;公司债权人也有权向该股东提起诉讼,请求该股东在未出资本息范围内对公司债务不能清偿的部分承担补充赔偿责任,同时,有权请求前述受让人对此承担连带责任。受让人根据上述规定承担责任后,有权向该未履行或者未全面履行出资义务的股东追偿。但是,双方当事人另有约定的除外。

3. 优先认购权

优先认购权是指股东基于其资格和地位,在公司增加资本时,有权优先于其他人认缴出资或认购股份。当然,这种权利实际上只是一种选择权,股东可以行使,也可以放弃,而且即使选择行使,也只是获得一种优先认购的资格,认购股东仍需要按发行价格支付对价,并不享有特殊的优惠。《公司法》第34条和第133条分别赋予了有限责任公司股东和股份有限公司股东在公司新增资本时的优先认购权。

4. 优先购买权

该权利主要是针对有限责任公司股东而言。有限责任公司的股权转让可分两种情形,一种是股东之间相互转让,另一种是股东向非股东转让。前一种转让并不涉及公司股东的人员增加,没有外部第三人加入公司成为公司新股东,未对有限责任公司股东间的人合性造成影响,因而,法律一般不予特别限制,股东间可以相互转让股权,只要通知其他股东即可。而后一种情况则不同。当股东拟将其股权向外部第三人转让时,就可能影响到其他股东之间的人合关系及公司内部的相对稳定,为了使原股东之间的信任关系和人合性基础不被破坏,法律往往赋予其他股东在同等条件下的优先购买权,以保护有限责任公司原股东间的人合性。

根据我国《公司法》第 71 条的规定，有限责任公司中经股东同意转让的股权，在同等条件下，其他股东有优先购买权。两个以上股东主张行使优先购买权的，协商确定各自的购买比例；协商不成的，按照转让时各自的出资比例行使优先购买权。公司章程对股权转让另有规定的，从其规定。随后，《〈公司法〉司法解释（四）》对其又进行了细化：(1)明确了"同等条件"的认定，即认定"同等条件"时，应当考虑转让股权的数量、价格、支付方式及期限等因素，股东不得主张"部分优先购买"。(2)明确了通知程序，即股东主张优先购买股权的，应在收到通知后，在公司章程规定的行使期间内提出购买请求，公司章程没有规定行使期间或者规定不明确的，以通知确定的期间为准，通知确定的期间短于 30 日或者未明确行使期间的，行使期间为 30 日。(3)明确了股东优先购买权的损害救济制度。如果转让股东未征求其他股东意见，或者以欺诈、恶意串通等手段，损害其他股东优先购买权的，其他股东有权要求以实际转让的同等条件优先购买该股权。但为了维护交易秩序和公司稳定经营，在股东优先购买权被侵害后，股东自知道或者应当知道行使优先购买权的同等条件之日起 30 日内没有主张，或者自股权变更登记之日起超过 1 年，则不能再主张行使优先购买权。(4)规定了股权转让合同外部受让人的救济机制，即股东以外的股权受让人，因公司其他股东行使优先购买权而不能实现合同目的的，可以依法请求转让股东承担相应民事责任。这一民事责任的性质可以被认定为是违约责任。因为《公司法》对侵害其他股东优先购买权的股权转让合同效力并无特别规定，不应仅因为损害其他股东优先购买权就认定合同无效或撤销，而应严格依照《合同法》进行认定。基于我国现行《合同法》的规定，该类合同不属于无效合同，应当认可其合法有效，由于其他股东行使优先购买权导致转让方无法履行股权转让义务，因而，应对受让方的损失承担民事赔偿责任。

5. 异议股份回购请求权

异议股份回购请求权制度发端于美国，并为我国《公司法》所借鉴。所谓异议股份回购请求权是指当股东（大）会作出对股东利害关系产生实质影响的决定时，对该决定持有异议的股东有权要求公司以公平的价格回购他们手中的股份，从而退出公司。这种制度设计有两大意义：

其一，保护了中小股东利益。公司是股东投资获取收益的工具。股东投资后，有权依照自己的理性判断对公司经营过程中的重大事件，尤其是影响自己实质利益的事项作出决定，当股东（大）会被少数控股股东所操纵时，中小股东就有权要求公司回购其股份。

其二，有利于体现效率原则。任何事物都是两方面的，控股股东虽然可能操纵公司，但无可否认控股股东拥有公司绝大多数股份，他们往往比广大中小股东更加关心公司的经营效益，对公司的经营战略考虑得更周全，是真正与公司患难与共的人。因此，只要将异议股东的股份回购，就能顺利实施自己的经营方针，这对公司和控股股东而言，是以较小的成本换取公司长远的发展，体现了效率原则。

公司在哪些情况下可以行使异议股份回购请求权，各国规定并不完全相同。我国《公司法》在第 74 条规定了有限责任公司的异议股东请求公司回购股份的情形：(1)公司连续 5 年不向股东分配利润，而公司该 5 年连续盈利，并且符合本法规定的分配利润条件的;(2)公司合并、分立、转让主要财产的;(3)公司章程规定的营业期限届满或者章程规定的其他解散事由出现,股东会会议通过决议修改章程使公司存续的。第142条第1款第(四)项规定了股份有限公司股东行使回购请求权的情形,即在股东因对股东大会作出的公司合并、分立决议持异议时,可要求公司收购其股份。

6. 剩余财产的分配请求权

剩余财产的分配请求权是指公司解散清算时,股东对公司在支付了应付的各种费用、清偿了公司的全部债务后所剩余财产请求予以分配的权利。《公司法》第186条第2款规定:"公司财产在分别支付清算费用、职工的工资、社会保险费用和法定补偿金,缴纳所欠税款,清偿公司债务后的剩余财产,有限责任公司按照股东的出资比例分配,股份有限公司按照股东持有的股份比例分配。"

(二) 参与经营管理权

1. 表决权

表决权是股东通过股东(大)会对公司重大事项表明自己意志和愿望的权利,是股东作为公司投资成员资格的重要体现,是股东有别于债权人的主要标志,也是保障股东投资预期收益得以实现的基础性权利。通过表决权的行使,股东可以参与公司重大经营决策以及选择适格的经营管理者。依照《公司法》第42条、第103条规定,有限责任公司的股东依照出资比例行使表决权,股份有限公司的股东依照"一股一权"原则行使表决权。由于有限责任公司相较股份有限公司更为强调公司自治,因此,与股份有限公司不同,《公司法》第42条在原则性的规定"股东依照出资比例行使表决权"外,还允许章程对表决权的行使作出另外规定。但第103条对于股份有限公司的规定就相对严格,强调了"一股一权",没有给公司更多的自治空间。

在表决权的行使中,"一股一权"是基本规则,但却并非绝对。现行《公司法》以及《证券法》制度规则在"一股一权"外,还设计了特殊的表决权制度:

(1) 表决权回避制度。根据大陆法系国家公司法的规定,当股东(大)会表决的议题与某一股东或某些股东(特别是控制股东)存在利害关系时,该股东或其代理人不能以所持表决权参与表决,这即为"表决权回避制度"。表决权回避实质上是对利害关系股东尤其是控制股东表决权的限制或剥夺,对少数股东表决权的强化或扩大,在客观上起到了保护公司和少数股东利益之作用。我国《公司法》在第16条规定,公司为公司股东或者实际控制人提供担保的,必须经股东(大)会决议,且该股东或者实际控制人支配的股东,不得参加该事项的表决。此外,在我国股份有限公司股权结构不合理、大股东强势的背景下,必须对公司所持有的自己的股份(又称库藏股)的表决权予以排除,否则其表决权由公司机关代理行使会导致最终由大股东行使的后果。因此,《公司法》第103条规定,公司持有的本公司股份没有表决权。

(2) 累积投票制。公司股东大会选举董事或者监事时,有表决权的每一股份拥有与应选董事或者监事人数相同的表决权,股东拥有的表决权可以集中行使的制度即为累积投票制。该制度旨在使董(监)事会中权力达到平衡,以弥补资本多数决原则的缺陷,在一定程度上可以为中小股东的代言人进入董（监）事会提供保障，从而起到保护中小股东的利益的作用。我国《公司法》在第 105 条对此作出了规定。

（3）双层股权结构制度。双层股权结构指将公司股份划分为 A 类股与 B 类股两类股份，A 类股每股一个表决权，B 类股每股多个表决权。该制度源于美国，目的在于解决公司融资与公司控制权之间的矛盾，使得公司的创始人或大股东在公司融资规模不断扩大的同时，对公司的控制权却没有被稀释，从而可以继续有效的控制公司。如上所述，我国现行《公司法》对于股份有限公司的表决权制度规定的是"一股一权"，因而双重股权机构难以在我国推行，直至 2019 年科创板在我国上海证券交易所的推出。根据 2019 年 3 月 1 日实行的《科创板首次公开发行股票注册管理办法（试行）》，差异化表决机制被予以了认可，随后，上海证券交易所发布《上海证券交易所科创板股票上市规则》，要求"上市公司章程应当规定每份特别表决权股份的表决权数量，且不得超过每份普通股份的表决权数量的 10 倍"。由此，双层股权结构制度开始在我国进行试点和探索。

2. 知情权

在"两权分离"的公司治理模式下，股东尤其是中小股东一方面以其出资额为限承担经营风险，另一方面却被排除在公司的管理之外，对公司的内部事宜所知甚少。因此，赋予股东尤其是中小股东以知情权，对于保障股东权益、制衡公司管理机关有着至关重要的意义。对于这种知情权，根据《〈公司法〉司法解释（四）》的相关规定，无论是公司章程，还是股东之间的协议都不得对其进行实质性剥夺。

对于有限责任公司股东，《公司法》第 33 条规定，股东有权查阅、复制公司章程、股东会会议记录、董事会会议决议、监事会会议决议和财务会计报告。股东可以要求查阅公司会计账簿。股东要求查阅公司会计账簿的，应当向公司提出书面请求，说明目的。公司有合理根据认为股东查阅会计账簿有不正当目的，可能损害公司合法利益的，可以拒绝提供查阅，并应当自股东提出书面请求之日起 15 日内书面答复股东并说明理由。"不正当目的"包括但不限于：(1) 股东自营或者为他人经营与公司主营业务有实质性竞争关系业务的，但公司章程另有规定或者全体股东另有约定的除外；(2) 股东为了向他人通报有关信息查阅公司会计账簿，可能损害公司合法利益的；(3) 股东在向公司提出查阅请求之日前的 3 年内，曾通过查阅公司会计账簿，向他人通报有关信息损害公司合法利益的；(4) 股东有不正当目的的其他情形。

对于股份有限公司股东，《公司法》第 97 条规定，股东有权查阅公司章程、股东名册、公司债券存根、股东大会会议记录、董事会会议决议、监事会会议决议、财务会计报告，对公司的经营提出建议或者质询。

3. 临时股东（大）会的提议召开权

股东（大）会是公司的最高决策机关，按照法律或章程的规定应当定期召开，但是，当公司出现重大特殊情况，如果不及时召开股东（大）会可能会给公司造成巨大损失时，股东作为公司重要的利益相关者，应有权利提请召开临时股东（大）会。依我国《公司法》第 39 条、第 100 条规定，有限责任公司中代表 1/10 以上表决权的股东，股份有限公司中单独或者合计持有公司10%以上股份的股东,有权请求召集临时股东大会。

4. 股东大会的召集与主持权

股东(大)会的召集与主持权虽为程序性权利,但具有极为重要的意义:没有召集权,股东将无法聚集在一起,无法启动会议;没有主持权,会议则无法正常进行;而且更为重要的是,如果股东(大)会的召集与主持不符合法律程序,其作出的决议是可以被撤销的决议。对此,我国《公司法》在第40条、第101条均作出了相应规定,即董事会或者执行董事不能履行或者不履行召集股东会会议职责的,由监事会或者不设监事会的公司的监事召集和主持;监事会或者监事不召集和主持的,有限责任公司代表1/10以上表决权的股东,股份有限公司连续90日以上单独或合计持有公司10%以上股份的股东,可以自行召集和主持。

5. 提案权与质询权

现代各国公司立法为保障股东对公司经营与治理的参与,一般都赋予了股东以股东大会提案权,由符合一定条件的股东,提出符合形式要件的提案并提交股东大会审议表决,以平衡经营者与股东之间的关系,增强股东,尤其是中小股东对公司事务的关心度。《公司法》第102条第2款规定,单独或者合计持有公司3%以上股份的股东,可以在股东大会召开10日前提出临时提案并书面提交董事会,董事会应当在收到提案后2日内通知其他股东,并将该临时提案提交股东大会审议。当然,临时提案的内容应当属于股东大会职权范围,并有明确议题和具体决议事项。

质询权是股东对有关公司经营、人事、财务等事项要求董事会、监事会和公司负责人作出解释和说明的权利。我国《公司法》第97条规定,股东有权对公司的经营提出建议或者质询。第150条第1款相应规定,股东会或者股东大会要求董事、监事、高级管理人员列席会议的,董事、监事、高级管理人员应当列席并接受股东的质询。

6. 司法解散请求权

司法解散的立法价值在于当公司内部发生股东间的纠纷,在采用其他的处理手段尚不能平息矛盾时,赋予少数股东请求司法机关介入以终止投资合同、解散企业、恢复各方权利,最终使基于共同投资所产生的社会冲突得以解决的一种救济方式。鉴于此,世界各国的公司立法几乎毫无例外地规定了公司的司法解散制度。我国《公司法》第182条也赋予了股东以司法解散请求权:即公司经营管理发生严重困难,继续存续会使股东利益受到重大损失,通过其他途径不能解决的,股东可以请求人民法院解散公司。为了防止股东滥用权利,随意提起解散之诉,影响公司正常经营,各国公司法一般都规定其为少数股东权,我国规定的比例为10%,即只有持有公司全部股东表决权10%以上的股东,才可以请求人民法院解散公司。

四、股权行使的代理

一般情况下,股权应当由股东亲自行使。但是,当股东本人因故不能亲自行使时,依其意愿委托他人代理行使亦无不妥。尤其是在股份有限公司中,由于股东人数众多、位置分散、投资有限，很少有股东有足够的时间、金钱和兴趣参加股东大会，尤其对于中小股东而言，在资本多数决原则下，其几乎没有话语权，因此，亲自参加股东大会的积极性大打折扣。在这种理性漠然的情况下，委托代理人行使股权（尤其是其中的表决权）就成了股份有限公司股东参与公司决策的主要模式之一。

（一）代理人资格和人数

关于股权代理人的资格，应适用委托代理制度的一般规定，即凡具有行为能力的人，不论其是否是本公司的股东或管理人员，均可为股东的代理人。对此，公司法原则上不应进行限制。当然，如果公司章程对股东代理人的资格有特别约定的，应当遵循章程，体现私法自治的精神。

代理人的人数可以是一人，也可以是数人。在代理人为数人时，为共同代理，由代理人共同统一行使表决权；当然，股权亦可以分开行使，各自代理一部分。应当注意的是，在多个代理人共同代理时，要避免股权的重复行使和重复计算。

（二）代理权的授予

在股东授予代理人代理权时，必须以书面的方式进行。代理人应当向公司提交股东授权委托书。应当说明的是，这里的股权代理只适用于记名股票，不适用于无记名股票。因为无记名股票的持有人推定为权利人，持有无记名股票的人可以直接行使股权，无须向公司证明其享有代理权。同时，股权的授予应当注明有效期限。代理人应在股东授权范围内行使股权。

（三）代理权的效力

1. 代理权的撤销

基于委托代理的一般规则，授予代理权的一方当事人在任何时候都可以终止代理权，即授权人保留了终止代理权的权利。这种撤销行为可以是明示的行为，也可以是任何与代理授权的持续存在不一致的行为。只有在授权证书中明示不得撤销的情况下，才丧失撤销代理权的效力。

2. 代理权的确定

对于有些股东不是授权某一人，而是先后就同一股权授权多人代理行使的情况下，最后获得股东授权的人才享有真正的代理权，这种代理权才具有法律效力。也就是说，授权在后的代理权优先于授权在先的代理权，因为后面的代理权授予清楚地撤销了先前授权的意图。

3. 代理权的行使

代理人应当按照授权行使代理权，如果代理人没有按照授权行使代理权、放弃代理权或者以与授权指示相反的意思行使代理权，代理人应当对股东承担损害赔偿责任，但这并不影响股东（大）会决议本身的有效性。

（四）代理权的招揽

所谓代理权招揽是指代理人招揽其他股东之股权的行为。对此，有的国家基于契约自由原则，允许进行；而有的国家因招揽代理权的结果容易导致股权的行权集中于少数人身上,形成与大股东的抗衡,主张禁止招揽代理权。应当讲,如果代理人确实能够代表中小股东的利益,那么通过代理招揽制度可以增加中小股东话语权,维护其合法权益,这种制度便有存在的合理性。但是,如果无限制地进行代理权招揽,则可能产生两个副作用:其一,可能损害大股东利益。因为与其让持有委托书的小股东来决定公司的前途与命运,不如让持有公司大多数股份的股东握有公司的实权,基于风险与利益一致的原则,后者至少比前者更加关注公司的发展前途;其二,如果招揽的代理权过多,则可能使招揽者操纵公司的命运,一旦招揽者不按照委托人即中小股东的利益行使表决权,却是为了一己私利,则可能造成对该制度的异化。因此,一方面,我们应当允许代理权招揽制度的存在,但另一方面,又应当对一人代理股份的总额加以限制。

五、股权滥用的限制

权利滥用,就其本质而言,是私权行使对利益平衡之破坏。权利滥用禁止原则是现代社会中调整权利分配的一项重要原则,在社会生活中占据重要地位。权利滥用在股权中的体现主要集中于控股股东身上,往往表现为其滥用自己权利剥夺了其他中小股东的合法权益,如知情权、表决权,等等。因此,本书以控股股东的诚信义务为切入点,阐述股权滥用的限制。

首先需要说明的是,如本书前文所述,控股股东是指其股权额占有限责任公司资本总额50%以上或者持有的股份占股份有限公司股份总数50%以上的股东;或者虽然股权额或者持有股份的比例不足50%,但依其股权额或者持有的股份所享有的表决权已足以对股东会、股东大会的决议产生重大影响的股东。"控股股东"与"实际控制人"并非一个概念。二者虽然都是对公司拥有控制力,但是实际控制人并非是公司的股东,他是通过投资关系、协议或者其他安排,才取得实际支配公司的权力;而控股股东一定是公司的股东。

在资本多数决原则下,控股股东的意志实质上成为公司的意志,中小股东持有的表决权在公司存在控股股东的情形下,变得无足轻重甚至丧失了意义。为谋求自身利益的最大化,控股股东利用其控制股东(大)会、董事会的便利,通过资产置换、关联交易、内幕交易、篡夺公司商业机会、压榨小股东、侵占公司资产等方式,损害公司、中小股东、债权人合法权益的现象屡见不鲜。为此,各国公司法逐渐认识到,为防止控股股东滥用权利,对其课以特别的义务和责任实为必要。

从法理层面看,对控股股东课以义务和责任是对实质正义的追求。一股一权、资本多数决等原则体现的仅仅是股东地位的形式平等,由于控股股东与中小股东之间实力悬殊,这种形式上的平等必然造成事实上的不平等,因此,对处于弱势地位的中小股东以特殊保护,以实现实质公平,符合法律的理念。

从民商法层面看,对控股股东课以特别义务符合权利不得滥用原则的要求。权利不得滥用,要求一切权利的行使均须建立在正当的目的之上,如果不正当地使用权利损害他人,即构成权利的滥用或歪曲。因此,根据权利不得滥用理论,控制股东可以基于正当目的行使对公司的控制权,但其运用控制力对公司决策和经营施加影响时,应该是为公司和全体股东的利益而行事,而不得为自己谋取不正当之利益,更不能损害公司和其他股东的利益。

从公司法层面看,对控股股东的义务予以特别规定符合公司的运作机理。英美国家公司法学者对控制股东诚信义务产生的根据的认识相对比较统一。他们认为其产生根据主要有两种:一是直接式,即基于"拥有对他人利益的高度优越与影响之地位即为受信者或受托人"的衡平原则,控制股东与公司和少数股东之间的关系应为信义关系;二是间接式,认为如果董事和职员对公司及股东负有诚信义务,那么,通过影响董事和职员而支配公司的控制股东亦应负有类似义务。大陆法系国家公司法理论界的认识虽不一致,但他们推导出的结论却与英美法系国家有着惊人的相似,即认为大股东与中小股东间具有信任之法律关系(因某人对他人之信托与信赖,而使该他人取得优势地位之关系),控股股东系忠实义务人,不能为谋求自己的利益而违反中小股东之利益。因为控股股东虽能行使集中于自己的强大控制力,但该控制力之所以集中,是因为大股东受委托代位行使的原因。

控股股东的诚信义务主要包括注意义务和忠实义务两个方面。前者是一种积极义务,要求控股股东在经营公司时要与任何一个谨慎的人在同等情形下对其所经营的事项给予同样注意,如,当控制股东通过表决权对公司的经营决策发生影响时,注意义务则是必须的;后者属于客观性义务、道德性义务和消极义务,即要求控制股东行使控制权时除了考虑自己利益之外,还必须考虑公司利益和其他股东的利益,不得使自己的利益与之发生冲突,符合行为公正的要求,主要是禁止自我交易和权利滥用。我国《公司法》第20条第1款、第2款规定:"公司股东应当遵守法律、行政法规和公司章程,依法行使股东权利,不得滥用股东权利损害公司或者其他股东的利益;不得滥用公司法人独立地位和股东有限责任损害公司债权人的利益。公司股东滥用股东权利给公司或者其他股东造成损失的,应当依法承担赔偿责任。"第21条规定:"公司的控股股东、实际控制人、董事、监事、高级管理人员不得利用其关联关系损害公司利益。违反前款规定,给公司造成损失的,应当承担赔偿责任。"

六、股权的保护与救济——诉权的行使

诉权是一切权利的最后行使保障。有学者甚至认为,诉权是权利本身的应有内涵之一。所谓股东诉权是指在股东利益受到直接或间接侵害时,股东依法向国家司法机关寻求救济的权利,是连接股权的私权规范与国家司法保护的公力救济的桥梁。股东诉权制度的健全与否,直接关系到股权是否能够得以有效实现。因此,诉权在一定程度上体现了公司立法对股东权利保护的力度。我国《公司法》不断进步的一个重要标志就是股东诉讼制度的建立及其逐步地发展、完善。

(一)诉的种类:直接诉讼与派生诉讼

直接诉讼是指股东单纯为维护自身利益,基于其股份持有人的身份而向侵权人提起的诉讼。而派生诉讼,又称代表诉讼、间接诉讼,是指当公司的董事、监事、高级管理人员,乃至第三人等主体侵害了公司权益,而公司怠于追究其法律责任时,符合法定条件的股东以自己的名义代表公司提起诉讼。股东派生诉讼制度是随着对少数股东权保护的加强而逐渐发展和不断完善的,其功能主要体现在以下两个方面:其一,是救济功能,即在公司利益受到董事、监事、高级管理人员、控股股东以及其他人非法侵害时,通过股东提起诉讼的方式,保护公司的合法利益,并最终保护全体股东的合法权益;其二,是预防功能,即通过增加公司董事、监事、高级管理人员、控股股东等相关人员从公司谋取不当利益的风险成本,从而起到预防、减少该类行为的作用。

直接诉讼与派生诉讼的区别主要体现在以下几个方面:

(1) 两者诉的目的不同。直接诉讼的目的是维护股东自身利益;而间接诉讼是为了维护公司利益,股东仅能从自己对公司所享有的权利中间接获利。

(2) 两者在诉讼时原告地位有所不同。在直接诉讼中,原告股东享有形式上和实质上的诉权,无论其胜诉或败诉,一切利益和不利益均归属于原告股东;而在股东派生诉讼中,原告股东仅享有形式意义上的诉权,实质意义上的诉权归属于公司,即使原告股东在诉讼中胜诉,所得利益也为公司所有,如原告股东败诉,则该案的判决亦对公司产生效力,即其他股东和公司机关不得就同一理由再次提起诉讼。

(3) 两者诉的被告范围不同。凡是公司依法所享有的诉权,只要公司机关怠于或拒绝行使且无正当理由,具备条件的股东均可提起股东派生诉讼,其被告既可以是公司的股东、董事、监事和高级职员,也可以是公司外的第三人;股东直接诉讼是源于法律、法规和章程赋予的股权,其被告往往就是公司,或者是公司股东、董事、监事和高级职员,但一般不能是公司外的第三人。

(二) 诉讼的具体类型分析

1. 损害赔偿之诉

《公司法》第152条规定:"董事、高级管理人员违反法律、行政法规或者公司章程的规定,损害股东利益的,股东可以向人民法院提起诉讼。"需强调的是,股东在行使该类诉权时,必须是权益已经受到董事、高级管理人员违反法律、行政法规或者公司章程的行为的现实损害。所谓有损害才有赔偿。

2. 决议不成立之诉、决议无效之诉、决议撤销之诉

公司作出的决议在内容或程序上存在瑕疵时,应当适用效力瑕疵规则。我国《公司法》第22条明确规定了决议无效和决议可撤销两种情形;《〈公司法〉司法解释(四)》在此基础上,规定了决议不成立的情形。至此,我国确立了公司决议瑕疵之诉的"三分法"体系。

(1) 决议不成立之诉。

公司决议不成立,是指该等决议不具备成立要件,或者欠缺一个或者数个成立要件。通常,公司决议的成立需要同时满足如下要件:有会议召开的事实、具备会议召集程序、具备会议决议程序。只有同时满足上述要件,公司决议才能成立;否则,将导致决议不成立。

《〈公司法〉司法解释(四)》第5条规定,如果公司决议存在如下情形,则视为决议不成

立:① 公司未召开会议的,但依据《公司法》第 37 条第 2 款或者公司章程规定可以不召开股东会或者股东大会而直接作出决定,并由全体股东在决定文件上签名、盖章的除外;② 会议未对决议事项进行表决的;③ 出席会议的人数或者股东所持表决权不符合《公司法》或者公司章程规定的;④ 会议的表决结果未达到《公司法》或者公司章程规定的通过比例的;⑤ 导致决议不成立的其他情形。例如,决议存在部分股东签名被伪造。

(2) 决议无效之诉。

根据《公司法》第 22 条第 1 款规定,公司股东会或者股东大会、董事会的决议内容违反法律、行政法规的无效。因此,内容违法是导致决议无效的唯一原因。例如,董事会超越权限作出的决议。《公司法》第 46 条规定了董事会的法定职权,如果董事会决议的内容超越其职权,如董事会针对某事项作出决议,但该事项属于股东(大)会的职权范畴,此时,董事会决议因违反公司组织法的强行规定,当属无效。再如,公司违规作出分配利润的决议。根据《公司法》第 166 条,公司分配股利应当遵循一定的顺序,分配股利的前提是有可以分配的税后利润,否则即违反了公司法"无盈不分"的原则,可能会侵害公司债权人利益,进而被认定为无效。

(3) 决议撤销之诉。

根据《公司法》第 22 条第 2 款的规定,决议可撤销的事由分为两类:

一是,内容违反章程。从内容违法的程度来看,只有决议内容违反法律、行政法规的强制性规定,这种严重的内容瑕疵才需作为无效决议处理,而违反公司章程的违法性相对较轻,应被排除在无效决议范围之外。故,我国《公司法》第 22 条第 2 款规定,决议内容违反公司章程的,股东可以自决议作出之日起 60 日内,请求法院撤销该决议。

二是,决议程序存在瑕疵。这是程序正义理念在公司决议制度中的体现。公司决议的作出本身是一个程序性问题,程序是否正当往往关乎诸多股东的合法权益。因此,程序瑕疵的决议未能正确体现公司的意思,可以被撤销。我国《公司法》规定,公司股东(大)会、董事会的会议召集程序、表决方式违反法律、行政法规或者公司章程,属于程序瑕疵的范畴,作出的决议可以被撤销。但应注意的是,如果动辄就否定公司决议的效力,会对公司经营效率和对外交易安全产生负面影响,因此,《〈公司法〉司法解释(四)》第 4 条规定,若会议召集程序或者表决方式仅有轻微瑕疵,且对决议未产生实质影响,人民法院不予撤销该决议。

(4) 关于公司决议之诉,还需要注意如下几点:一是,决议之诉的被告应为公司,尽管违法决议是由公司股东(大)会或董事会作出,但是它们却是公司的机关,行为的效力应由公司来承担;二是,人民法院可以应公司的请求,要求股东提供相应担保;三是,如果法院最终撤销的事项属于应当变更登记的,而公司也已办理了变更登记,则在人民法院撤销该决议之后,公司应当向登记机关申请撤销变更登记。

3. 知情权之诉

正如上文所言,知情权尤其是查阅账簿权是股东一项非常重要的权利。但是,如果股东恶意查账,确实会损害公司利益,为了在公司利益与股东利益之间做到衡平,法律赋予了公司以拒绝权,即如果公司有合理根据认为股东查阅会计账簿有不正当目的,可能损害公司合法利益的,可以拒绝提供查阅。可如果公司以此为借口,事实上剥夺股东的知情权,那就需要司法进行救济。因此,当公司拒绝股东查账的理由不充分或者不正当,股东可以诉至人民法院,由法院基于自由裁量权判定是否允许股东查阅账簿。人民法院支持股东诉讼请求的,应当在判决中明确查阅或者复制公司特定文件材料的时间、地点和特定文件材料的名录。

4. 异议股份回购之诉

《公司法》第 74 条规定,如果满足了异议股份的回购条件,股东要求公司回购时,公司应当依照合理价格进行回购,如果自股东会决议通过之日起 60 日内,股东与公司不能达成股权收购协议的,股东可以自股东会决议通过之日起 90 日内向人民法院提起诉讼。

5. 司法解散之诉

基于司法解散请求权的规定,当公司经营发生严重困难,继续存续会使公司利益受到重大损失,通过其他途径不能解决的,持有公司全部股东表决权 10% 的股东可以请求法院解散公司。在实践中,司法解散之诉的关键是如何判定"公司经营管理发生严重困难",根据《〈公司法〉司法解释(二)》第 1 条的规定,当公司出现以下事由之一,股东可以请求人民法院解散公司:(1) 公司持续两年以上无法召开股东会或者股东大会,公司经营管理发生严重困难的;(2) 股东表决时无法达到法定或者公司章程规定的比例,持续两年以上不能作出有效的股东会或者股东大会决议,公司经营管理发生严重困难的;(3) 公司董事长期冲突,且无法通过股东会或者股东大会解决,公司经营管理发生严重困难的;(4) 经营管理发生其他严重困难,公司继续存续会使股东利益受到重大损失的情形。但股东以知情权、利润分配请求权等权益受到损害,或者公司亏损、财产不足以偿还全部债务,以及公司被吊销企业法人营业执照未进行清算等为由,提起解散公司诉讼的,人民法院不予受理。对于司法解散之诉,人民法院作出的判决对公司全体股东具有法律约束力。若判决驳回解散公司诉讼请求,提起该诉讼的股东或者其他股东又以同一事实和理由提起解散公司诉讼的,人民法院将不再予以受理。需要说明的是,尽管司法解散是保护股东权益的一种有效方法,但是基于企业维持原则,一般各国的司法实践都对此采取审慎态度。

(三) 派生诉讼的行使要件

1. 诉讼的对象

诉讼的对象必须是公司董事、监事、高级管理人员执行公司职务时,违反法律、行政法规或者公司章程的规定,并给公司造成损失的行为,或者是第三人侵害公司合法权益,并给公司造成损失的行为。

2. 原告资格必须合法

能够提起派生诉讼的原告需要满足三个要件:(1) 具有股东身份。拥有股东身份是发动股东派生诉讼的当然前提。至于股东所持股份的种类,各国法律并无限制。(2) 股份的持续拥有。这一条件要求股东在发动派生诉讼前的法定期间内须持续拥有股份。(3) 持股之数额限制。该要求是为了防止恶意当事人进行诉讼投机。按照我国《公司法》

的规定,有权提起诉讼的股东必须是有限责任公司的股东、股份有限公司连续180日以上单独或者合计持有公司1%以上股份的股东。

3. 竭尽公司内部救济

股东发动代表诉讼的前提是公司在受到损害后怠于起诉,换言之,当公司利益遭受侵害,而公司内部所有有资格代表公司的机构都怠于行使权利时,股东才可以代表公司进行诉讼。这样的规定可以防止股东滥用派生诉讼提起权。我国《公司法》规定:监事会、不设监事会的有限责任公司的监事,或者董事会、执行董事收到前款规定的股东书面请求后拒绝提起诉讼,或者自收到请求之日起30日内未提起诉讼,或者情况紧急、不立即提起诉讼将会使公司利益受到难以弥补的损害的,前款规定的股东有权为了公司的利益以自己的名义直接向人民法院提起诉讼。

第五章　董事、监事、高级管理人员的资格、义务与责任

在公司治理模式中,股东(大)会、董事会、监事会"三权分立、三权制衡"是一种理想的制度设计。但是,由于现代社会中生产的复杂化、管理的专门化、股权的分散化,公司治理中的信息不对称、搭便车、小股东的理性冷漠等现象日益突出,广大股东往往没有能力也不愿意去过问公司事务,使"股东(大)会中心主义"受到挑战,事实上的"董事会中心主义"日渐形成。由此,公司往往变成了由董事长、执行董事、总经理等"内部人"控制的经济组织,其利用自身权力损害公司、股东以及债权人的合法权益的现象屡见不鲜。在这样的情势下,对董事、监事、高级管理人员的任职资格、义务、责任进行规定就显得尤为必要。

第一节　董事、监事、高管人员的任职资格

由于董事、监事、高级管理人员在公司经营中的作用至关重要,因此,其素质的优劣、能力的高低直接决定了公司的经营业绩和发展前景。基于此,世界各国公司法基本都对这些人员的任职资格进行了一定的限制,如股东资格、国籍、年龄等等。但从发展的趋势看,在选任公司董事、监事、高级管理人员时,各国都越来越关注其道德素质和经营能力。

一般而言,公司董事、监事和高级管理人员的任职资格(又称任职条件),可以分为积极条件和消极条件。所谓积极条件,是指必须具备什么样的条件才能成为公司董事、监事、高级管理人员;而消极条件则是指在哪些情形下不得担任上述职务。

一、积极条件

我国《公司法》没有对公司董事、监事、高级管理人员的积极条件作出明确规定。从国外公司立法来看,担任这些职务的积极条件主要包括:

1. 持股条件

持股条件,要求担任公司董事、监事、高级管理人员的人必须以持有本公司一定的股份为前提。随着职工监事的普遍存在以及经理人职业化的发展趋势,各国公司法对于公司监事和高级管理人员均无持股条件的要求,但对董事却有不同的立法体例:第一,董事必须具有股东身份,如法国;第二,不要求董事必须为股东,而且禁止公司通过章程等限制非股东担任董事,如日本;第三,原则上不要求董事必须是股东,但允许公司以章程方式规定董事必须持有股份,如德国。我国公司实践中,尽管董事持有公司股份是十分普遍的现象,但《公司法》并未将持股作为董事任职条件来规定。这种立法思想是值得肯定的,因为董事是公司经营决策者,为了保证决策的科学性,需要更多高智慧人士的参与,而持股条

件则限制了公司经理人员和社会专家成为董事的可能,也不利于独立董事制度的推行。因此,公司股东与非股东均可成为公司董事。

2. 国籍条件

多数国家对董事、监事、高级管理人员的人选没有国籍限制,但也有少数国家规定这些职务的人选必须具有特定国籍或居民身份。如《瑞士公司法》规定,如果公司只有一名董事,则该董事必须是居住在瑞士境内的瑞士居民;如果有数名董事,则该董事会的多数成员必须是居住在瑞士境内的瑞士居民。我国《公司法》并未对董事人选的国籍或居民身份作出限制。

3. 身份条件

这里主要是指公司董事是否仅仅限于自然人,或者说法人能否担任公司董事?美国、德国、瑞士等国家公司法规定董事必须是自然人,法人不能担任公司董事;英国、比利时公司法及我国台湾地区"公司法"则规定法人可以担任公司董事,但必须指定一名有民事行为能力的人担任常任代表。我国《公司法》对此没有作出限制性规定。

4. 年龄条件

各国公司法均规定,未成年人不能担任公司董事、监事、高级管理人员,因此,对这些职务的人选的年龄下线规定基本一致。对年龄上限,多数国家不做限制,但是也有少数国家对年龄超过一定限度的人士出任董事附加了一定条件。除年龄以外,还必须要求任职者具备完全行为能力,以资其经营决策需要。我国《公司法》规定无民事行为能力或者限制民事行为能力不得担任公司董事、监事、高级管理人员,但对年龄上限未作出规定。

二、消极条件

虽然,我国《公司法》未对董事、监事、高级管理人员的任职资格作出积极条件的限制,但在第146条却对不得担任这些职务的消极条件做了明确的规定,即下列人员不得担任公司董事、监事、高级管理人员:

(1)无民事行为能力或限制民事行为能力;

(2)因贪污、贿赂、侵占财产、挪用财产或者破坏社会主义市场经济秩序,被判处刑罚,执行期满未逾5年,或者因犯罪被剥夺政治权利,执行期满未逾5年;

(3)担任破产清算的公司、企业的董事或者厂长、经理,对该公司、企业的破产负有个人责任的,自该公司、企业破产清算完结之日起未逾3年;

(4)担任因违法被吊销营业执照、责令关闭的公司、企业的法定代表人,并负有个人责任的,自该公司、企业被吊销营业执照之日起未逾3年;

(5)个人所负数额较大的债务到期未清偿。

公司违反规定选举、委派董事、监事或者聘任高级管理人员的,该选举、委派或者聘任无效;同时,董事、监事、高级管理人员在任职期间出现上述所列情形的,公司应当解除其职务。由于董事、高级管理人员与监事的职务性质相悖,所以董事、高级管理人员不得兼任公司的监事。

除此以外,需要说明的一个问题是董事、高级管理人员的兼职问题,即公司董事、高级管理人员在其他公司兼任董事、高级管理人员是否受到限制。多数国家对此没有明确的规定,但《法国公司法》规定,同一自然人不得同时担任8个以上公司住所设在法国本土的股份有限公司董事会的董事。我国《公司法》对此没有限制,只是在《关于在上市公司建立独立董事制度的指导意见》中规定,独立董事原则上最多在5家上市公司兼任独立董事,并确保有足够的时间和精力有效地履行独立董事的职责。但是需要说明的是,为防止董事利用其特殊地位,损害公司利益,各国一般都规定了董事、监事、高级管理人员的竞业禁止义务,即这些职务的任职人员不得自营或为他人经营与公司营业范围相同的业务或以其他方式与公司开展竞争。

第二节　董事、监事、高级管理人员的义务

一、法理基础

法律上的权利(力)与义务是相对并存的概念。义务作为主体应当为一定行为或不为一定行为的必要性,对权利(力)构成制约,与权利(力)形成一个对立统一体。为避免和减少董事、监事、高级管理人员的权利滥用行为,在鼓励公司管理者充分发挥其聪明才智为公司和股东创造更多价值的同时,适度强化其对公司和股东应负担的义务,是各国公司治理结构追求的目标之一。

董事、监事、高级管理人员的义务是指基于其与公司的关系,或在公司所处的法律地位,而对公司所承受之义务。关于董事、监事、高级管理人员与公司的法律关系,不同法系国家存在明显不同的观点:

大陆法系国家主要采取委任关系说。所谓委任,是指当事人约定一方委托他方处理事务,他方承诺受理的契约。就公司与董事的委任关系来看,公司是委任人,董事是受任人,董事因其委任取得对公司事务的经营决策权和业务执行权。

英美法系国家主要采取信托关系说。该说起源于英国依据衡平法上的信托方式而设立的早期合股公司这一历史事实。信托关系中委托人将财产的所有权转移给受托人,受托人以财产所有人的身份以一定方式处分财产,并将财产收益最终交付给委托人指定的受益人。受托人的主要权利是对受托标的物的出租、出售、投资等进行营利性经营,主要义务是本着"诚实、良心"的初衷,管理好委托人的财产,并将委托财产的收益交给受益人。

虽然委任关系说和信托关系说在法律渊源及理论基础上存在很大不同,但是,各自所设定的董事、监事、高级管理人员的义务却基本一致,即均包含了忠实义务和注意义务。我国《公司法》对此亦作出了明确的规定。

二、义务的内容

(一) 注意义务

注意义务,又称善管义务、勤勉义务,是指董事、监事、高级管理人员应当诚信地履行对公司的职责,在管理公司事务时,应当以一个合理的谨慎的人在相似情形下所应表现的勤勉和技能来履行其职责,为实现公司最大利益努力工作。董事、监事、高级管理人员作为公司的主要经营者、监管者,一定程度上把握着公司的命运和发展,其地位极为重要,尤其是公司的董事。所以,积极地参与公司事务的管理,对公司的事务尽应有的注意,善待公司利益是这些人员的基本义务,否则就应当承担相应的法律责任。我国《公司法》在第147条明确规定了董事、监事、高级管理人员应对公司负勤勉义务。

董事、监事、高级管理人员的注意义务产生的根源是董事与公司间的委任关系或信托关系,其实质是一种管理义务。该义务较为抽象,因而需要对其作出合适的界定,不得过宽或过严。如果界定得过宽,会虚化该义务,影响董事、高级管理人员提高经营管理水平的积极性,从而不利于公司利益和股东权益的维护;如果界定得过于苛刻,由于市场风险的客观存在,会使这些人员无法大胆经营,同样不利于公司和股东的利益。总而言之,对注意义务的科学界定是该义务能否实现其立法旨趣的重中之重,也是各国的立法难点。

纵观各国的公司法,对注意义务的具体标准主要有两类:客观标准和主观标准。美国各州公司法基本上依《标准公司法》第8.30规定,对注意义务采取了较为一致的标准,即董事履行其职责时应当:(1)怀有善意;(2)达到一个普通谨慎之人在类似情形下所应尽到的注意;(3)能合理地认为符合公司最大利益。英国对注意义务的判断标准分为三类:(1)对于不具有某种专业资格和经验的非执行董事,使用主观标准,即只有其尽了自己最大努力时,方被视为履行合理了的注意;(2)对于具有某种专业资格和经验的非执行董事,使用客观标准,即只有其履行了具有同类专业水平或者经验的专业人员应履行的注意义务时,才被视为尽到了合理的注意;(3)对于执行董事,则适用更严格的推定知悉标准,即不论执行董事是否具有所受聘职务应有的技能和知识,只有其履行了专业人员应履行的技能和注意程度,才被视为合理地履行了技能和注意。

本书认为,在实践中,应兼顾主客观两方面对注意义务进行界定。从主观方面看,董事、监事、高级管理人员应依诚信原则竭力处理公司事务;从客观方面看,上述人员应尽到与其具有相同的知识、经验的人所应履行的注意程度。如果单纯地采用主观标准,虽然突出了诚信义务和个体间经营能力的差别,但无形中迁就了董事的不思进取;而单纯地采用客观标准,虽然对大多数董事较为公平,但该标准有可能放纵有较高技能的董事,使其不能竭力为公司服务。因此,采取主客观相结合,以客观为主的综合标准较为科学合理,即以普通谨慎的董事、监事、高级管理人员在同类公司、同类职务、同类情形中所应有的注意、知识和经验程度作为衡量标准,但若某一董事、监事、高级管理人员的经验、资格、技能明显高于此种标准的,应当以该人员是不是诚实地贡献了其实际拥有的全部能力作为衡量标准。

一般而言，注意义务主要体现在如下几个方面：(1) 遵守法律、法规以及公司章程；(2) 在履行职务时不得越权；(3) 熟悉公司业务经营及公司管理状况；(4) 出席董事会、监事会，并以公司利益为出发点来发表观点；(5) 向股东（大）会、社会公众等如实提供公司资料；(6) 列席股东（大）会并接受质询。

（二）忠实义务

忠实义务，又称为诚信义务，是指董事、监事、高级管理人员在进行经营管理和监督时，应以公司利益为己任，为公司最大利益履行职责；当自身利益与公司利益发生冲突时，应以公司利益为重。我国《公司法》在第147条规定了董事、监事、高级管理人员对公司所负的忠实义务，并在148条进行了细化规定。

1. 不得侵占公司财产

所谓侵占公司财产，是指将公司财物非法据为己有的行为。如通过冒领、截留、窃取等方式来占有公司的钱财。公司法之所以为公司负责人设置忠实义务，其基本含义就是要求董事、监事、高级管理人员在执行公司职务时必须全心全意，不能存有私心，不得利用其在公司的地位和职权而侵占公司财产。我国《公司法》第147条第2款明确规定，董事、监事、高级管理人员不得侵占公司的财产。

2. 不得利用职务获取非法利益

董事、监事、高级管理人员享有公司事务管理权、监督权、业务执行权，如果该种权力被滥用就可能损害公司利益，而使自身获得非法收益。对此，我国《公司法》第147条第2款规定，董事、监事、高级管理人员不得利用职权收受贿赂或者其他非法收入；第148条规定，董事、高级管理人员不得接受他人与公司交易的佣金归为己有。当义务人违反此种义务，为自己谋取利益时，如果是商业贿赂，不管该利益的表现形式如何，无论是现金、实物或其他利益形式，均应予以没收，严重的将承担刑事责任；如果是佣金，则应将其所得返还公司。

3. 禁止越权使用公司财产

公司董事、高级管理人员作为公司业务的主要经营者，必须合法使用公司财产，保证公司资产的使用符合其宗旨所定的范围。根据《公司法》的规定，董事、高级管理人员不得挪用公司资金；不得将公司资金以其个人名义或者以其他个人名义开立账户存储；不得违反公司章程规定，未经股东（大）会或者董事会同意，将公司资金借贷给他人或者以公司财产为他人提供担保。如果公司经营者违反了此义务，应退还越权使用的资金，并将所得收入归还公司，当然，如果构成犯罪，将追究其刑事责任。

4. 竞业禁止

竞业禁止义务是指董事、高级管理人员不得为自己或为他人经营与其所任职公司具有竞争性质的业务。由于董事、高级管理人员在公司中的特殊地位，他们享有公司生产、经营的指挥权，掌握公司大量的商业秘密，是公司业务的执行人，当其从事与公司相同或相似的业务时，很容易泄露公司的商业秘密，与公司进行不公平的竞争。因此，各国公司法一般都对此予以限制。在竞业禁止问题的态度上，各国公司法又有绝对禁止和相对禁止之分。我国采取的是相对禁止的态度，《公司法》第 148 条规定，董事、高级管理人员未经股东（大）会同意，不得自营或者为他人经营与所任职公司同类的业务。换言之，如果经过股东（大）会同意，董事、高级管理人员可以进行竞业。这里所谓"自营或者为他人经营"，是指以自己或第三人利益而实施的竞争行为，至于其以何人名义则不是判断的依据；所谓"与所任职公司同类的业务"，既可以是完全相同的商品或者服务，亦可以是同种或者同类的商品或服务，只要产品间具备替代性或者竞争性即可。对于董事、高级管理人员应负的竞业禁止时间，我国《公司法》没有明确规定。依照国外的判例法来看，其并非终止于卸任或辞任时，在解任后，这些人员仍然不得利用其曾任公司的有关商业秘密为自己谋利益。但考虑到商业信息的时间性，应当在公司利益与董事、高级管理人员利益之间进行平衡，即规定一个时间段，在辞任后的一段时间内，这些人员不得与公司竞业，一旦超过时间段即可。

为保护善意第三人的利益，维护交易的安全，各国公司法都规定，董事、高级管理人员违反竞业禁止义务的行为本身有效。作为公司利益的救济措施，各国公司立法大多确认了公司的归入权，即在董事、高级管理人员违反竞业禁止义务时，应将其所得收益收归公司所有。我国《公司法》也有相同的规定。

5. 限制自我交易

自我交易是指董事、高级管理人员为自己或他人利益与其所任职公司进行的交易。自我交易本身是一把"双刃剑"，它可能因增加公司交易机会、节约交易成本、提高交易效率而给公司带来利益，也可能因交易中双方当事人利益的对立性，使董事、高级管理人员利用其特殊地位损害公司利益。也就是说，董事、高级管理人员在与公司进行交易时，存在道德风险，有可能使公司在这种交易中受到不公平的对待，利益受到损失。基于此，许多国家的公司法都对自我交易进行了较为严格的限制。我国《公司法》在第 148 条也规定，董事、高级管理人员不得违反公司章程的规定或者未经股东（大）会同意，与本公司订立合同或者进行交易。需要说明的是，我国《公司法》的这项规定仅仅限制了董事、高级管理人员以自己名义与公司订立合同或进行交易，显得过于狭隘。对此，应当作扩大解释，将董事、高级管理人员及其利害关系人作为一方当事人与公司之间进行的交易都视为自我交易。那么，自我交易就既包括直接交易，即董事、高级管理人员与公司之间的交易行为，又包括间接交易，即董事、高级管理人员的利害关系人与公司之间的交易行为；即包括合同行为，又包括单方的民事法律行为（如债务免除）。

同竞业禁止义务一样，该义务的限制是一种相对禁止。如果董事、高级管理人员及时披露了其在该交易中的利益性质，并经公司章程直接许可或公司有权机关批准，那么公司、高级管理人员与公司间的交易是一种有效的合法交易。但一旦未满足上述有效要件，董事、高级管理人员违反该义务，公司将有权将董事、高级管理人员所获得的非法利益收归公司所有，如果违反该义务给公司造成损失，还应当承担赔偿责任。

6. 禁止篡夺公司机会

公司机会理论是英美法系公司法中的一个重要理论。公司机会条款作为一项普通法上的原则是指,禁止公司董事、高级管理人员把本属于公司的商业机会转给自己利用而从中谋取利益。在市场经济中,商业机会就是财富。对公司而言,商业机会就是公司存在和发展的机遇,谋取公司商业机会实质是以隐形方式侵害公司潜在的可得财产。董事、高级管理人员作为公司的受托人不得篡夺公司的商业机会,这不仅是忠实义务的重要内容,也是诚实信用原则在现代公司中的应有之义。我国《公司法》在第148条也正式确立了董事、高级管理人员的该项义务。

那么,如何判断一个商业机会是本应属于公司的机会呢?从各国的实践经验看,主要是看该机会是否属于公司的经营范围,是否是提供给公司的,是否是利用公司的物质条件或其他便利条件开发出来的等因素。

需要说明的是,各国公司法对于篡夺公司机会的行为经历了一个从绝对禁止到相对禁止的发展过程。在我国《公司法》中,该义务的禁止也不是绝对的,如果经过股东(大)会的同意,董事、高级管理人员也可以为自己或他人谋取并利用属于公司的商业机会。

7. 禁止泄露公司秘密

公司秘密,通常是指公司采取了适当手段加以保密的各项技术秘密、客户名单、营销策略、管理诀窍、财务信息及各种内部文件等,它关系到公司的生存和发展。董事、高级管理人员由于拥有公司的经营权和执行权,必然掌握着公司大量的秘密,因此,规定其对于公司秘密的保密义务尤为必要。对此,我国《公司法》第148条规定,董事、高级管理人员不得擅自披露公司秘密。如果董事、高级管理人员泄露公司秘密的行为正在发生中,公司可以请求法院责令该等人员停止该侵权行为;如果已经给公司造成损失,应责令其对公司承担赔偿责任。

注意义务和忠实义务是董事最为重要的两项义务,二者之间虽然存在着密切联系,但也有着明显区别。(1)两类义务的属性不同。注意义务是对董事、监事、高级管理人员履行职务能力方面的要求;而忠实义务是对董事、监事、高级管理人员诚实信用方面的要求。(2)两类义务的功能不同。注意义务是为了追求公司经营的最佳业绩,促使董事、监事、高级管理人员合理地履行职务;而忠实义务主要是为了避免义务人的自身利益与公司利益发生冲突,要求董事、监事、高级管理人员的个人利益要服从于公司利益。(3)两类义务的判断标准不同。对于注意义务的履行很难以纯客观的现象为标准,经常需要经过主观的分析来加以判断;而对于忠实义务的履行,一般有明确的客观标准。(4)责任形式也不同。董事违反注意义务所承担的责任包括违约责任和侵权责任,他们都以公司遭受董事、监事、高级管理人员行为的损害和责任人有过错(故意或重大过失)为构成要件。董事违反忠实义务的责任仅仅是违约责任,并且不以公司有损害和主观有过错为构成要件。

三、商业判断规则

商业判断规则是对注意义务的豁免原则。如前文所言,当董事、监事、高级管理人员对公司经营和事务处理缺乏应有的注意时,法院会以注意义务来追究相关人员的法律责任。但是,如果上述人员的行为符合注意义务要求,则可以免除其责任。由于注意义务的主观性和抽象性较强,实践中难以对其进行把握,当涉及公司决策时,就更加难以判断。为克服这一困难,法院在处理这一问题时,往往求助于"商业判断规则"。

商业判断规则是指,只要董事、监事、高级管理人员是基于管理信息、善意和诚实地作出合理决议,即便事后在公司立场上看来此项决议是不正确或有害的,也无须由上述人员负责;对于此种决议,股东无权禁止、废除或者抨击非难。商事判断原则发端于美国。美国法学会《公司治理原则:分析和建议》第4.01条第3项将商业判断规则的内容表述为:"如果作出某种决议的董事或经理符合下列3项条件,即使该决议就公司来看是十分有害的,甚至是灾难性的,董事也不对公司承担法律责任:(1)他与该项交易无利害关系;(2)他有正当的理由相信其掌握的有关经营信息在当时的情况下是妥当的;(3)他有理由认为他的经营判断符合公司的最佳利益。"这一表述基本上得到了各国的认可。

商业判断规则反映了这样一种司法理念:即董事在公司经营方面享有自由决定权,并且此种决定权的行使普遍地不受司法审查。从这方面看,商业判断规则有排除或抑制司法介入的效果。公司是一个营利性主体,董事会拥有法律所赋予的公司经营权。然而商事经营不可避免地具有风险性。追求利益最大化本身就隐含着必须承受失败的风险。商业判断规则的提出实际上就是试图在一般的管理失误与经营者的过错之间划出一条界线。即使公司董事对经营判断存在失误,只要他们是出于善意并且已尽合理的注意,就不承担个人或集体的责任。原则地说,董事是为公司的利益而从事商事经营的,经营收益归公司而非董事所有。如果公司只单方面地接受盈利,而让董事承担经营损失显然违背常理。依据代理理论,为了他人的利益所为的法律行为,其行为的后果由本人或受益人承担。适用商业判断规则是否必然对股东的利益造成损害呢?从某种意义上说,股东其实是自愿地接受这种由判断所带来的风险的。证券市场上有无数的券种可供投资者自由选择,风险程度也各不相同。即使仅就股票而言,不同公司的股票其风险程度也有很大的差别,而且投资者自由选择某种股票,事实上在很大程度上是以对公司经营管理者能力的判断为基础的。法律旨在保护股东不遭受道德风险而不是经营风险,反言之,既然风险与收益结伴而生,过分严格地要求公司经营者如何作出经营决策,既不符合商业社会的现实规律,也有失公平,会对公司经营者的商业冒险精神造成明显的负面影响,最终影响企业经济效益的提升。

第三节　董事、监事、高级管理人员的责任

一、责任种类

在法律制度构建中,权利、义务、责任是一个统一体。没有责任保障的义务并非真正的义务,没有义务保障的权利,是虚无的权利。因此,面对董事、监事、高级管理人员滥用权利的倾向,各国公司法除了规定严格的义务外,为增加其违法成本,防止不当行为的发生,又都规定了上述人员违反法律或公司章程时,应承担的法律责任,尤其是民事责任。

从总体上来看,高管人员的责任对象主要分为三种:对公司的责任、对股东的责任以及对第三人的责任。

(一) 董事、监事、高级管理人员对公司的责任

董事、监事、高级管理人员作为公司的受托人负有受信义务,如果其违反了法律、法规和公司章程规定的各项勤勉和忠实义务,给公司造成损失,就应承担相应的法律责任。我国《公司法》第149条对此进行了明确规定,只要董事、监事、高级管理人员违反法律、行政法规或公司章程的规定,给公司造成损失的,无论其行为是作为还是不作为,均要对公司承担以民事责任为主的不利法律后果。

一般来说,董事、监事、高级管理人员对公司承担民事责任应具备以下几个构成要件:(1) 对公司负有义务;(2) 实施了侵害公司利益的行为,包括积极行为和消极行为;(3) 主观上存在故意或重大过失;(4) 不属于可免责的范围[主要是商业判断规则的豁免和股东(大)会的追认]。

从实践中看,董事、监事、高级管理人员对公司的责任主要包括以下几个方面:(1) 董事参与董事会决议而产生的对公司的民事责任。即当董事会的决议违反法律、行政法规或公司章程,致使公司遭受严重损失的,参与决议的董事对公司应负有赔偿责任。但如果参加董事会的董事在表决时曾表明异议并记载于会议记录的,该董事可以免除责任。(2) 董事违反董事会合法、有效的决议而产生的对公司的民事责任。董事作为董事会成员管理公司事务应当遵循公司董事会决议,否则,如果给公司造成损失的应负有赔偿责任。董事对董事会的无效决议没有服从义务,董事不执行董事会的无效决议,对公司不负个人责任。(3) 董事、高级管理人员越权行为而产生的对公司的民事责任。如果董事、高级管理人员违反《公司法》第148条规定,超越权限擅自挪用公司资金,或将公司资金以个人名义存储,或为他人提供担保,致使公司受到损失的,董事、高级管理人员应对公司承担责任。(4) 董事、高级管理人员违反竞业禁止的规定给公司造成损失应承担的民事责任。我国《公司法》规定在董事违反竞业禁止义务时,公司可以依法行使归入权。(5) 董事、监事、高级管理人员对其在管理公司事务中故意或者过失给公司造成严重损失的,应负赔偿责任。

(二) 董事、高级管理人员对股东的责任

《公司法》第152条规定:"董事、高级管理人员违反法律、行政法规或者公司章程的规定,损害股东利益的,股东可以向人民法院提起诉讼。"董事和高级管理人员对股东的民事责任,一般属于侵权责任。在这种责任类型的构成要件中,责任主体的侵权行为、主观过错、股东利益受损的客观后果、因果关系是必备要件。只是在主观过错中,应当采用过错推定原则,即当董事、高级管理人员有侵害股东利益的行为,且已经造成损害结果,只要董事、高级管理人员不能证明自己没有过错,就推定其主观上有故意或重大过失,应当承担对股东的民事赔偿责任。这是因为,在现代公司治理结构体系中,可能被董事和高级管理人员损害的股东往往是中小股东。在这种情况下,小股东相对于董事、高级管理人员而言,无论是在经济实力、信息占有以及运用、专业知识、技能等各方面都处于劣势。如果将

董事和高级管理人员的侵权行为过错的举证责任置于劣势地位的股东,无疑不利于保护股东的利益。而采用过错推定责任原则,不仅有利于保护股东的利益,而且还能够对董事、高级管理人员的职务行为产生一定的制约作用,防止其优势地位的滥用。当董事、高级管理人员的行为侵害了股东的利益,股东可以通过民事诉讼的程序,追究相关责任人的责任。

(三) 董事、监事、高级管理人员对第三人的责任

对于董事、监事、高级管理人员滥用权利致使第三人遭受损失的行为,是否应承担责任,理论界意见不一,各国的立法实践也不一致。从传统的民商法理论看,法人机关的行为是法人的行为,应由法人承担机关人员的职务行为的法律后果,所以法人机关人员对其职务行为不承担对外责任。但要求董事与公司共同对第三人负连带赔偿责任,却是现代公司法的发展趋势。在我国,《公司法》并没有关于董事、监事、高级管理人员对第三人直接承担责任的规定。但在《证券法》上可以找到相关制度。例如,《证券法》第85条关于上市公司虚假信息披露的民事责任制度中规定:"信息披露义务人未按照规定披露信息,或者公告的证券发行文件、定期报告、临时报告及其他信息披露资料存在虚假记载、误导性陈述或者重大遗漏,致使投资者在证券交易中遭受损失的,信息披露义务人应当承担赔偿责任;发行人的控股股东、实际控制人、董事、监事、高级管理人员和其他直接责任人员以及保荐人、承销的证券公司及其直接责任人员,应当与发行人承担连带赔偿责任,但是能够证明自己没有过错的除外。"尽管要求董事、监事、高级管理人员与公司共同对第三人负连带赔偿责任,在理论上还需要进一步探讨,但从实践来看,确有其必要,尤其是这有利于规制董事、监事、高级管理人员的行为,保护社会交易的安全。

二、责任形式

(一) 民事责任

公司法上的民事责任是指参与公司活动的民事主体违反公司法有关规定而应当承担的民事上的不利后果。由于民事责任的功能主要是在于对当事人受损权益的回复和补偿,属于私法责任范畴,基于"私权优位"原则,当民事责任与行政责任、刑事责任并存,而违法者不足以同时支付的,应当先承担民事赔偿责任。从总体上看,董事、监事、高级管理人员的民事责任主要有以下几个方面:

(1) 确认行为无效。即当董事、监事、高级管理人员违反法律、行政法规或公司章程作出决议或者行为时,如果侵害了公司或股东的权利,公司或者股东有权请求法院确认该行为无效。

(2) 停止侵害。当董事、监事、高级管理人员进行或拟进行违法行为时,法院根据权利人的申请有权责令其停止行为。

(3) 赔偿损失。如果董事、监事、高级管理人员的违法或不当行为给公司或者股东造成了损害,应对公司或股东进行赔偿。我国《公司法》第21条规定,公司的控股股东、实际控制人、董事、监事、高级管理人员不得利用其关联关系损害公司利益。否则,给公司造成

损失的,应当承担赔偿责任。第149条规定,董事、监事、高级管理人员执行公司职务时违反法律、行政法规或者公司章程的规定,给公司造成损失的,应当承担赔偿责任。

(4) 返还财产或收益。如果公司财产被董事、监事、高级管理人员侵占、挪为本人或第三人使用,则其负有返还公司财产的责任;如果公司董事、高级管理人员违法忠实义务,则其因违反义务所得的违法收益应当归公司所有,该责任又称为归入责任。

(二) 行政责任

行政责任,是指违反行政法律法规规定的义务而依法承担的法律上的不利后果,即行政处罚。我国《公司法》《证券法》中均规定了针对董事、监事、高级管理人员的行政责任,尤其是在《证券法》中规定较多。这种行政责任往往是对公司以及董事、监事、高级管理人员实行双罚制,即对公司的处罚通常与对董事、监事、高级管理人员的处罚同时进行,对公司的处罚是对当事人的处罚,而对董事、监事、高级管理人员的处罚则是对直接责任人的处罚,二者各具有不同的目的和效果。因为公司的行为往往是通过董事、监事、高级管理人员的行为实现的,为强化公司责任,促使公司行为合法合规,应当强化董事、监事、高级管理人员的责任,故而,实行双罚制。例如,《公司法》第202条规定,公司在依法向有关主管部门提供的财务会计报告等材料上作虚假记载或者隐瞒重要事实的,对直接负责的主管人员和其他直接责任人员处以3万元以上30万元以下罚款;《证券法》第180条规定,擅自公开发行或变相公开发行证券的,责令停止发行,退还所募资金并加算银行同期存款利息,处非法所募资金金额5%以上50%以下的罚款;对所设公司,依法予以取缔;对直接负责的主管人员和其他责任人员给予警告,并处50万元以上500万元以下罚款。

(三) 刑事责任

这里的刑事责任是指公司的董事、监事、高级管理人员严重违反《公司法》及相关法律规定,并符合《刑法》规定的犯罪构成要件而应当承担的不利法律后果。刑事责任是最为严厉的一种处罚方式。按照我国立法体例,《公司法》自身只是就涉及公司的犯罪及其刑事责任作出概括性规定,而不具体规定犯罪构成和刑罚,具体的认定任务和刑罚规定交由《刑法》规制。在我国,董事、监事、高级管理人员因其违反法律规定而应当承担的相关刑事责任主要包括:

(1) 商业受贿罪。即公司人员利用职务上的便利,以为他人谋利益为交易条件,索取他人财物或者非法收受他人财物,数额较大的行为。《刑法》第163条规定了该罪。该罪侵犯的客体是公司正常的活动秩序和信誉,主要是具备"职务便利"条件的公司董事、监事、高级管理人员故意实施的利用职务上的便利,为他人谋利益,索取他人财物或者非法收受他人财物的行为。此处对于为他人谋取的利益是否实现以及利益是否正当,并不影响本罪之成立,同时,"数额较大"是该罪成立与否的一个必要条件。

(2) 非法经营同类营业罪。即国有公司的董事、经理利用职务便利,自己经营或者为他人经营与其所任职公司同类的营业,获取非法利益,数额巨大的行为。《刑法》第165条明确了本罪。该罪侵犯的是国家对国有公司的管理制度,因此,只能是国有公司的董事、经理才能成为本罪的犯罪主体。这里的"非法利益"是指因经营同类营业,损害国有公司利益而使自己获得的收益。该罪只能是一种故意犯罪。

（3）职务侵占罪。即公司董事、监事、经理或其他工作人员利用职务或者工作上的便利，将本单位财物非法占为己有，数额较大的行为。该罪侵犯的是公司财产所有权以及企业活动的正常秩序，是"具有职务上便利"的董事、监事、经理或其他工作人员故意实施的将公司财物非法占有，数额较大的行为。其数额较大的认定，同公司人员受贿罪的标准。

（4）挪用资金罪。即公司工作人员利用职务上的便利，挪用本公司的资金归本人使用或者借贷给他人，数额较大、超过3个月未还的，或者虽未超过3个月，但是数额较大、进行营利活动的，或者进行非法活动的行为。《刑法》第272条规定了该罪。从犯罪构成上看，该罪侵犯的客体是公司财产一定期限内的占有权、使用权和收益权，以及企业活动的正常秩序；在客观上，行为人利用职务上的便利，挪用本单位资金归个人使用或者借贷给他人；在主体上，是"具有职务上便利"的董事、监事、经理或其他工作人员；在主观上必须为故意。

三、责任的追究

无救济，则无权利。因此，建立有效的责任追究机制对于促使董事、监事、高级管理人员认真履行其义务有着重要意义。对于刑事责任的追究，毫无疑问将由检察机关通过公诉形式进行；但是对于民事责任的追究，由于不告不理的原则，就需要相应的诉权机制予以保障。

按照世界各国的立法例，追究董事、监事、高级管理人员的民事责任的诉讼主要包括直接诉讼和派生诉讼。其中，对于对公司的责任、对股东的责任、对第三人的责任均可以以直接诉讼的方式进行责任追究；对于董事、监事、高级管理人员对公司的责任，在公司怠于行使诉权时，股东还可以行使派生诉讼，以维护公司利益。对于直接诉讼与派生诉讼的相关制度，在"股东与股权"一章已经进行了论述，此处不赘。

第六章 公 司 债

第一节 公司债概述

一、公司债的概念及表现形式

公司债是公司法上一个特定的概念,它并不泛指所有以公司作为债务人对外所形成的债,而是仅指以有价证券这种特定形式所形成的公司债务。对此,一些国家的立法讲得很清楚。如,《法国商法典》第 L228-38 条就规定:"公司债是在同一次发行中赋予同等面值以同等债权的可转让证券。"日本学者末永敏和在其著的《现代日本公司法》一书中更是直接而明确地把公司债定义为"为了从广大社会公众筹集资金,将其所需资金总额分割为多数单位金额而发行的股份公司的债务。公司债是表彰公司债权利的有价证券,又叫公司债证券"[①]。而公司债券按我国《公司法》第 153 条第 1 款的规定,是指公司依照法定程序发行、约定在一定期限还本付息的有价证券。由此可知,公司债券这种有价证券,是公司债的法定形式,而公司债是公司债券的实质内容,两者的关系,形同表里。正因为如此,各国关于公司债的立法,有的取其实质内容"公司债"来表述,有的则以其形式"公司债券"来特指。我国《公司法》取第二种做法,即直接以"公司债券"来特指公司法上的公司债。但从学理上讲,我们还是可以给公司债下一个定义,即公司债是公司依照法定的条件及程序,并通过发行有价证券的形式,以债务人身份与不特定的社会公众之间所形成的一种金钱债务。

二、公司债的特征

(一)公司债的法律特点

1. 公司债是公司依法发行公司债券而形成的公司债务

公司债的发行主体必须是公司、而不能是其他主体。或者说,其他主体发行的债券就不能称之为公司债。

2. 公司债是以公司债券这种要式有价证券的形式表示的

不以公司债券形式形成的公司债务就不是公司法上的公司债。正因为公司债券是表彰公司债的形式,所以,它表明了持券人对公司拥有一定数量的债权,也即公司欠了持券人一定数量的债务,这是它的有价性;为了便于发行、认购和交易,各国立法一般要求公司债券的票面格式按规定的要求制作。虽然各国立法关于公司债券票面格式的规定存在着

[①] 参见〔日〕末永敏和:《现代日本公司法》,金洪玉译,人民法院出版社 2000 年版,第 216 页。

一些差异,但总体上看不外乎要求公司债券的券面载明公司债的种类、面值、利率、期限、发行人等事项。按我国《公司法》第155条的规定,公司债券上应载明的事项有:公司的名称、债券票面金额、利率、偿还期限等事项,并由法定代表人签名,公司盖章。

3. 公司债券是有一定的还本付息期限的有价证券

持券人对公司拥有的债权不是无限期的,持券人把一定数量的资金借给公司亦非无偿的。当公司以债务人身份向公众发行公司债券时,就承诺一定期限到来时不仅会还本,还将支付一定量的利息作为债权人把资金借给公司的对价。而所有公司债券的持券人,不论身份与地位如何,都享有到期要求公司还本付息的权利。正因为这种有期限且有偿借用资金的鲜明特点,才使公司债券具有强大的生命力和吸引力。

(二) 公司债与公司其他一般借贷之债的区别

公司债作为公司债务的一种,与公司其他一般的借贷之债有相同的地方,如均以金钱给付作为借贷标的,均以公司作为债务人等。但两者仍有很大的不同,区别主要是:

1. 债权主体不同

公司债的债权主体是不特定的社会公众。所谓"不特定的社会公众"可从两方面去看:一是公众范围不特定。所有自然人和法人及非法人团体,都属此处所谓的"社会公众",他们只要依法认购公司债券,就可以成为公司的债权人。二是债权人身份不稳定。如上所述,公司债券是一种有价证券,依法可以上市交易,且债权人转让其债权无须经过债务人(即发行公司的同意),从而使得公司债的转让非常方便。正因为其所具有的极强的流通性,导致公司债从发行完毕之日起至其还本付息日届满为止,债权人可能发生多次变更、处于极不稳定状态。而公司其他的一般借贷之债的债权人则是相对特定和稳定的,债权人如果转让债权,则应当通知债务人公司。

2. 债权凭证不同

公司债的债权凭证是公司债券。公司债券是一种要式有价证券,这种要式性是法定的,是发行人必须全面、完整、准确地遵照执行的,债权人和债务人之间不允许就债权凭证的内容进行协商确定;而且,该凭证通常可以在依法设立的证券交易所自由转让。而公司其他一般的借贷之债的债权凭证则是借款合同(或契约)。借款合同仅是债权人和债务人双方就相关权利与义务的书面证明,而非有价证券。因此,法律虽然对其内容亦有规定,但由合同的性质决定,具体债权债务关系形成时,合同内容仍然可由双方协商确定。故,常用来证明债权债务关系的合同并不具有法定要式性;另外,合同是不能在证券交易所自由转让的。

3. 债权债务关系形成及处理的法律依据不同

公司债是公司依据《公司法》《证券法》所规定的条件和程序,通过发行公司债券而与不特定的社会公众之间所形成的一种债权债务关系。这种债权债务关系的形成及了结的整个过程都适用《公司法》和《证券法》等特别法的规定。而公司其他一般的借贷之债的形成及处理依据主要是民法、《合同法》等一般法。

(三) 公司债与公司股份的区别

无论是站在公司还是投资者的立场上看,公司债与公司股份都有一些相似的地方。从公司这方面看,公司债与公司股份都是公司融资的一种手段。因而都以公司作为发行人,以公众为发行对象,以有价证券的形式表示,都具有流通性。而对投资者而言,公司债与公司股份是证券市场上最主要的两种投资品种。但两者是有着本质区别的,这些区别主要是:

1. 投资主体的法律地位不同

公司债券的投资人与公司之间是一种债权债务关系,因而投资人是公司的债权人,其与公司之间关系的处理准则适用于法律关于债权债务关系处理的一般原则。公司股份的持有者是公司的股东,是公司财产的终极所有者,与公司之间是一种因财产所有权转化而形成的股权关系。并且,股东和公司分别是独立的"人",股东与公司之间的投资关系不是债权债务关系,因而也不适用法律关于债权债务关系处理的一般准则,而是适用公司法关于股东与公司关系的处理原则来解决双方的权利义务关系的。

2. 投资主体的权利内容不同

公司债券持有人因其享有的是债权,故不享有公司事务的经营决策权,也不得干预公司内部事务的决定及执行。其对公司的权利就是按期收回本息,而公司对公司债券持有人则负有无论经营好坏必须按时偿还本息的义务,否则,公司将承担违约责任。若在公司债券偿还期限届满之前,公司清算的话,债券持有人享有优先于股权而受偿的权利;尤其是在公司破产的情况下,债权人可能部分受偿,而股份持有人则可能血本无归了。而公司的股份持有人——股东,则可以通过行使表决权的方式来控制、经营、监督公司的活动,股东依法享有资产受益、重大决策及选择管理者等一系列股东权。其中的资产受益权实现的程度取决于公司经营业绩的好坏,并随之而变动。而且,股权是没有到期日和偿还期的,股东通常无权要求公司"还本付息"。在公司清算时,股东必须在债权人之后行使其对公司剩余资产的分配权。

3. 获得权利的对价形式不同

公司债券的认购仅限于金钱给付,而股权的获得,其对价可以是货币,也可以是法律允许的实物、知识产权、土地使用权等财产权利。

4. 发行时间上的差异

公司债券只能在公司成立后、而不能在公司成立前发行;而股票既可在公司设立过程中(即公司成立前)发行,也可在公司成立之后发行。

(四) 公司以公司债券融资的利弊分析

公司债券作为公司融资的一种手段,已被包括我国在内的世界上大多数国家的公司法所确认。但合法的筹资手段,对具体公司来讲,并不等于是最好的筹资方式。因为大量事实证明,公司以发行公司债券的方式来融资是利弊兼备的。其利是:

1. 利用资金的成本较低

发行公司债券要比发行新股融资的成本低。这主要是因为:债券利息是在税前支付的,从而使发行费用降低;而股息和红利的发放则必须在公司缴纳所得税后、从公司税后利润中支付。因此,发行公司债与发行股份相比,前者更能降低公司的实际负担。另外,债券利息是固定的,无论公司盈利多少都只需按事先确定的利率支付给债券持有人;而股东对获得股息、红利的要求往往随公司营利能力的提高而"水涨船高",这对公司及其经营者都是一种不小的压力。

2. 有利于维持现有股权比例及控股股东的控制权

发行公司债券不增加公司资本,故原有股东的持股或控股比例不会改变。而发行新股的话,则有可能因为原有股东追加投资能力的有限而导致持股比例下降,并进而使得其原先拥有的控股权旁落他人之手。

3. 有利于提高公司的信誉

由于我国法律规定了较为严格的公司债券发行条件,获准发行公司债券的往往是一些经营业绩较好、市场前景乐观、偿还能力较强的大公司,它们本身就有一定的社会知名度。随着债券的发行及上市交易,其社会影响、产品的销路及经济实力都将进一步提高,从而使公司信誉不断提高。

除上述有利之处外,公司发行债券所带来的风险也是不能忽视的,尤其是经济风险增大。所有公司债券都有明确的到期日,期限一到,不论公司当年经营业绩如何,都必须如数还本付息。这对碰巧陷入财务困境的公司而言,经济状况可能会更加恶化,甚至会引起公司破产。

总之,以发行公司债券的形式筹资,对公司既有利也有弊。每个公司在急需资金的时候采用什么方式筹集资金,应结合自身及市场的情况、国家的产业及金融政策,作出科学合理的决定。只有这样,才能最大限度地利用不同筹资方式的长处,降低筹资及经营风险。

三、公司债的种类

(一) 记名公司债与无记名公司债

依公司债券上是否记载持券人的姓名或名称,可把公司债分为记名公司债和无记名公司债。凡公司债券上记载持券人姓名或名称的为记名公司债;反之,则是无记名公司债。

区分记名公司债与无记名公司债的法律意义在于:这两种债券的转让方式不同。记名公司债以背书方式或者法律、行政法规规定的其他方式转让;转让后由公司将受让人的姓名或者名称及住所记载于公司债券存根簿。而无记名公司债的转让,由债券持有人将该债券交付给受让人后即发生转让的效力。所以,无记名公司债持券人的权利与债券不可分离,谁持有债券,谁就是公司的债权人。

(二) 担保公司债与无担保公司债

依公司债券有无担保为标准,可把公司债分为担保公司债和无担保公司债。担保公司债是指公司在发行债券时以特定财产或第三人对该债券的还本付息作出担保的公司债券。其中,以特定财产作担保而发行的公司债券又称抵押公司债券。充当抵押品的特定财产,既可以是不动产,也可以是动产。由第三人对该券作出担保的称保证公司债券。而无担保公司债是指,既没有提供任何特定财产作抵押,也没有第三人作保证,仅以公司的信用为基础所发行的公司债券。

区分担保公司债和无担保公司债的法律意义在于,这两种公司债不能按期受偿时的法律后果不同。担保公司债在发行公司到期不能还本付息时,若是抵押公司债券,持券人有权对发行公司所提供的抵押财产依法予以处理以实现自己的债权;若是保证公司债券,持券人有权请求第三人(即保证人)予以偿还。而无担保公司债在发行公司到期不能还本付息时,持券人只能以普通债权人的身份提出偿债要求。因此,对投资者来讲,担保公司债比无担保公司债的风险小。

(三)可转换公司债和非转换公司债

依公司债券能否转换为公司股票为标准,可把公司债分为可转换公司债与非转换公司债。可转换公司债,是指公司债债权人在一定条件下可将其持有的公司债券转换为发行公司股票的公司债。而非转换公司债,是指不能转换为发行公司股票的普通公司债。

区分可转换公司债与非转换公司债的法律意义在于:两种公司债的债权人享有的权利不同。可转换公司债的债权人享有就其所持债券是否转换为股票的选择权,并依其选择结果而享受相应的权利——非债权即股权。而非转换公司债的债权人则只能享有到期受偿的权利。

除上述几种分类外,公司债还有固定利率公司债与浮动利率公司债,附息票公司债与贴息公司债,普通公司债与参加公司债,附新股认购权公司债等多种类型。我国《公司法》只规定了记名公司债与无记名公司债以及可转换公司债与非转换公司债两种分类。

第二节 公司债的发行

一、公司债的发行条件

(一)发行公司债的积极要件

发行公司债,虽是各国立法允许的一种公司融资手段,但由于公司债本身的债务性特点,为防止一些不具备偿债能力的公司滥用发行权以损害公众投资者的利益,各国法律对公司债的发行条件都作了一些具体规定。这些规定不外乎涉及发行主体的资格、条件及偿债能力等方面的内容。

我国《证券法》第15条第1款规定了公开发行公司债券应当具备的积极要件。它们是:(1)具备健全且运行良好的组织机构;(2)最近3年平均可分配利润足以支付公司债券1年的利息;(3)国务院规定的其他条件。

从上述规定来看,我国法定的发行公司债券的积极要件具有以下特点:

1. 发行主体未作限制,既可以是股份有限公司,也可以是有限责任公司因公司本身性质的差异，各国公司法一般规定，只有股份有限公司可以发行公司债券，其他种类的公司不能发行公司债。《法国公司法》不仅明确规定任何有限责任公司都不能发行公司债，而且规定有限责任公司的任何企图发行公司债的行为都是一种刑事犯罪。[①] 而我国的《证券法》不仅允许股份有限公司发行公司债券，而且也准许具备条件的有限责任公司发行公司债券。

2. 公司需具备健全且运行良好的组织机构

公司通过发行债权融资，将会对债权持有人的利益产生直接影响，对此，要求其具备健全、有效的组织机构和治理机制至关重要。这主要包括：(1) 公司章程合法有效，股东(大)会、董事会、监事会制度健全，能够依法有效履行职责；(2) 公司内部控制制度健全，能够有效保证公司运行的效率、合法合规性和财务报告的可靠性；内部控制制度的完整性、合理性、有效性不存在重大缺陷；(3) 董事、监事和高级管理人员能够忠实和勤勉地履行职务；(4) 公司的独立性能够得以保障，不被控股股东或实际控制人过度控制。

3. 通过设定利润指标控制风险、保障债权

即"最近3年平均可分配利润足以支付公司债券1年的利息"，这一盈利能力要求对债权人来讲，降低了投资公司债券的风险。所谓"可分配利润"，是指公司依法纳税、弥补亏损、提取公积金之后，可用于分配给股东的利润。要求公司"最近3年平均可分配利润足以支付公司债券1年的利息"，是一种原则性与灵活性相结合的规定，既保障了债权人的利益，又保障了公司以债券形式融资的权利。

4. 以但书的形式为国务院规定特殊条件留有余地

我国《证券法》在规定了发行公司债券的一般条件的同时，还为政府制定特殊规则留有了余地，以适应特殊需求。这不仅为国务院结合新情况及时颁布一些新规定提供了法律依据，也为发行债券的公司适用国务院规定的其他条件提供了法律依据。

(二) 发行公司债券的消极要件

公司债的发行，必将涉及公众投资者的利益及安全，为控制投资风险、保护债权人利益，我国《证券法》在规定了发行公司债所应具备的积极要件的同时，还对发行公司债券的消极要件作了规定。依《证券法》第17条的规定，公司有下列情形之一的，不得再次公开发行公司债券：

(1) 对已公开发行的公司债券或者其他债务有违约或者延迟支付本息的事实，仍处于继续状态；

(2) 违反《证券法》规定，改变公开发行公司债券所募资金的用途。

综上所述，只有完全具备所有的法定积极要件，同时又无任何法定消极要件的公司，才真正具备公开发行公司债券的条件。

此外，上市公司发行可转换为股票的公司债券，除应当符合上述条件外，还应当符合

[①] AdriaanDorresteijn, InaKuiper, Geoffrey Morse, Eeropean Corporate Law, Deventer, TheNetherlands, Kluwer Law and Taxation Publishers, 1995, p. 96.

《证券法》关于公开发行股票的条件。

二、公司债的发行程序

按我国《公司法》《证券法》的规定,符合条件的公司公开发行公司债时,应遵循下列程序:

1. 公司董事会制订发行公司债券的方案

发行方案应包括:发行公司债券的目的,拟发行债券的数量、面额、期限及利率,承销机构,发行起止日期等内容。制订详细的发行方案,既便于公司股东大会审议通过,又利于政府有关部门审查批准。

2. 股东大会审议通过公司债券发行方案

根据《公司法》第 37 条、第 99 条的规定,决定公司是否申请发行公司债的权力属于公司内部权力机构——股东会或股东大会。国有独资公司发行公司债券,必须由国有资产监督管理机构决定。故董事会制订的发行方案,在未经过股东会或股东大会审议通过前,是不能作为公司法人的正式意思定下来的。否则,政府有关机构应拒绝行使审批权。

3. 报经国务院证券监督管理机构或者国务院授权的部门核准

按我国《证券法》第 9 条第 1 款的规定,公开发行公司债券,必须符合法律、行政法规规定的条件,并依法报经国务院证券监督管理机构或者国务院授权的部门注册。未经依法注册,任何单位和个人不得公开发行公司债券。

申请公开发行公司债券,应当向国务院证券监督管理机构或者国务院授权的部门报送下列文件:(1) 公司营业执照;(2) 公司章程;(3) 公司债券募集办法;(4) 国务院授权的部门或者国务院证券监督管理机构规定的其他文件;(5) 依法聘请保荐人的,还应当报送保荐人出具的发行保荐书。

发行人向国务院证券监督管理机构或者国务院授权的部门报送的债券发行申请文件,必须真实、准确、完整。

国务院证券监督管理机构或者国务院授权的部门,应当自受理债券发行申请文件之日起 3 个月内,依照法定条件和法定程序作出予以注册或者不予注册的决定,发行申请人根据要求补充、修改发行申请文件的时间不计算在内;不予注册的,应当说明理由。

4. 公告公司债券募集办法

公司公开发行债券的申请被注册后,发行公司应及时公告其公司债券募集办法,并将该文件置备于指定场所供公众查阅。

公告公司债券募集办法的主要目的,一是作为公司对社会公众发出的认购其即将发行的公司债券的要约邀请;二是便于社会公众了解和掌握发行公司的有关财务信息及所发行的债券的基本情况,以便作出认购与否的决定;三是便于政府有关部门对整个发行过程进行监督,以维护公众利益和社会经济秩序。《证券法》第 23 条第 2 款、第 3 款还规定:"发行证券的信息依法公开前,任何知情人不得公开或者泄露该信息。发行人不得在公告公开发行募集文件前发行证券。"

5. 证券经营机构承销发售公司债券

证券经营机构对公司债券的代销、包销期最长不得超过 90 日。证券经营机构在代销、包销期内，对所代销、包销的公司债券，应当保证先行出售给认购人，不得为自己预留所代销的债券和预先购入并留存所包销的债券。

6. 公众认购债券

社会公众应按公告的债券募集办法中规定的时间、地点、价格、缴款方式等，实施债券的认购行为，否则，其认购愿望则无法实现。

7. 发行公司依法备置公司债券存根簿

依我国《公司法》第 157 条的规定，公司发行公司债券应当置备公司债券存根簿。

发行记名公司债券的，应当在公司债券存根簿上载明下列事项：(1) 债券持有人的姓名或者名称及住所；(2) 债券持有人取得债券的日期及债券的编号；(3) 债券总额，债券的票面金额、利率、还本付息的期限和方式；(4) 债券的发行日期。

发行无记名公司债券的，应当在公司债券存根簿上载明债券总额、利率、偿还期限和方式、发行日期及债券的编号。

第三节 公司债的转让

公司债的转让，是指通过法定手续，使公司债券由持有人一方转让给受让方的法律行为。我国《公司法》第 159 条第 1 款明确规定：公司债券可以转让。但作为有价证券的一种，公司债券的转让须遵循法定规则。我国现行立法对公司债的转让规则作了以下规定：

一、公司债的转让场所

转让公司债券应当在依法设立的证券交易场所进行。按我国《证券法》第 37 条第 1 款的规定，公开发行的公司债券，应当在依法设立的证券交易所上市交易，或者在国务院批准的其他全国性证券交易场所交易。

二、公司债的转让价格

公司债券的转让价格由转让人与受让人约定。公司债券的转让价格除受其本身的面值及发行价格的影响外，还会受到发行债券公司的经营状况、盈利水平、国内外证券市场行情变化及重大政治、经济事件等的影响，所以债券的转让价格与债券面值（或发行价格）的不一致，是债券转让市场的普遍现象。为了有利于债券的流通，也为了方便不同投资者的投资需求，我国法律按国际惯例并不硬性统一规定公司债券的转让价格，而是允许转让方与受让方自由约定转让价格。由于我国《证券法》规定转让债券须在依法设立的证券交易场所进行，所以双方约定转让价格的具体方式大多采用集合竞价的方式。

三、公司债的转让方式

不同种类的公司债券,应按不同的法定方式进行转让,否则,该转让就不能发生法律效力。

依《公司法》第 160 条的规定,记名公司债券,由债券持有人以背书方式或者法律、行政法规规定的其他方式转让;转让后由公司将受让人的姓名或者名称及住所记载于公司债券存根簿。无记名公司债券的转让,由债券持有人将该债券交付给受让人后即发生转让的效力。

由于公司债券是有价证券的一种,所以,除《公司法》的规定外,公司债券的转让方式还应受《证券法》上有关证券交易规则的约束。按《证券法》第 38 条、第 39 条的有关规定,证券在证券交易所上市交易,应当采用公开的集中交易方式或者国务院证券监督管理机构批准的其他方式。证券交易当事人买卖的证券可以采用纸面形式或者国务院证券监督管理机构规定的其他形式。

第七章 公司财务会计制度

第一节 公司财务会计制度概述

一、公司财务会计制度的概念及意义

(一) 公司财务会计制度的概念

公司财务会计制度是公司财务制度和会计制度的统称,具体指法律、法规及公司章程中所确立的一系列公司财务会计规程。

公司财务制度,是指关于公司资金管理、成本费用的计算、营业收入的分配、货币的管理、公司的财务报告、公司纳税等方面的规程。

公司会计制度,是指会计记账、会计核算等方面的规程。它是公司生产经营过程中各种财务制度的具体反映。公司的财务制度通过公司的会计制度来实现。

根据《公司法》第 163 条的规定,公司应当依照法律、行政法规和国务院财政部门的规定建立公司的财务、会计制度。其中,公司建立财务会计制度的主要依据包括《中华人民共和国会计法》《企业财务通则》《企业会计准则》《企业财务会计报告条例》等法律法规。

(二) 建立公司财务会计制度的法律意义

建立公司财务会计制度,看似公司内部事务,其实不然。因为它不仅涉及公司全体股东的利益,而且与公司债权人乃至社会公众的利益都息息相关。所以,各国公司法包括我国《公司法》在内都对此作了明确而严格的规定。建立规范的公司内部财务会计制度的积极意义在于:

1. 有利于保护公司股东的利益

公司的特点之一是"两权分离",即所有权和经营权分离。股东虽然投资于公司,但却不一定亲自经营,特别是在股份有限公司,绝大多数股东都没有机会直接参与公司的经营管理,公司的经营活动由董事会及经理层控制。为了防止公司管理层对股东利益的侵犯,保证由股东投资而成的公司财产不被滥用,必须有一个较为明确的便于股东查询、了解公司经营状况的财会制度。通过统一规则的财会制度,可使股东及时掌握公司的经营状况及自身的投资境况和权益,以便对董事、经理的经营行为实行有效地监督。

2. 有利于保护公司债权人的利益

公司最显著的特点之一就是以其全部资产对外承担责任。因此,公司债权人的最大保证就是公司的资产。对公司债权人来说,公司资产种类、数量及其变动情况、公司的盈亏状况、公司股票债券的发行及转让等情况,都是债权人关心的问题。而要想较为明确、规范地反映公司资产对外往来的变动及盈亏情况,就必须建立健全统一的公司财会制度,

以便债权人及时、准确地了解公司的财务状况,并在必要时依法采取相应的措施来保护自身权益。

3. 有利于政府有关部门的监督

政府各有关部门,依其职责负有法定范围内监督、管理公司经营活动的义务,从而更好地维持社会交易的安全。而这一职责的有效履行也有赖于规范的公司内部财会制度的建立与健全。

二、公司财务会计报告

(一) 公司财务会计报告的内容

公司建立财务会计制度的显著标志,是依法编制公司的财务会计报告。从国家财政部发布的《企业财务会计报告条例》的规定来看,财务会计报告,是指企业对外提供的反映企业某一特定日期财务状况和某一会计期间经营成果、现金流量的文件。财务会计报告分为年度、半年度、季度和月度财务报告。年度、半年度财务会计报告应当包括:会计报表、会计报表附注、财务情况说明书。季度、月度财务会计报告通常仅指会计报表。

1. 会计报表

会计报表应当包括资产负债表、利润表、现金流量表及相关附表。

(1) 资产负债表。资产负债表是反映企业在某一特定日期财务状况的报表。它是根据"资产=负债+所有者权益"这一会计等式,按一定的分类标准和一定的秩序,把公司在特定日期的资产、负债和所有者权益项目予以适当排列,并按规定的要求编制而成的。

(2) 利润表。利润表是反映企业在一定会计期间经营成果的报表。利润表应当按照各项收入、费用以及构成利润的各个项目分类分项列示。

(3) 现金流量表。现金流量表是反映企业一定会计期间现金和现金等价物流入和流出的报表。

(4) 相关附表。相关附表是反映企业财务状况、经营成果和现金流量的补充报表,主要包括利润分配表以及国家统一的会计制度规定的其他附表。其中,利润分配表是反映企业年度利润分配情况和年末未分配利润结余情况的会计报表,是损益表的附属明细表。利润分配表应当按照利润分配各个项目分类分项列示。

2. 会计报表附注

会计报表附注是对会计报表的编制基础、编制依据、编制原则和方法及主要项目所作的解释。会计报表附注至少应当包括下列内容:(1) 不符合基本会计假设的说明;(2) 重要会计政策和会计估计及其变更情况、变更原因及其对财务状况和经营成果的影响;(3) 或有事项和资产负债表日后事项的说明;(4) 关联方关系及其交易说明;(5) 重要资产转让及其出售情况;(6) 企业合并、分立;(7) 重大投资、融资活动;(8) 会计报表中重要项目的明细资料;(9) 有助于理解和分析会计报表需要说明的其他事项。

3. 财务情况说明书

财务情况说明书至少应当对下列情况作出说明:(1) 企业生产经营的基本情况;

(2)利润实现和分配情况;(3)资金增减和周转情况;(4)对企业财务状况、经营成果和现金流量有重大影响的其他事项。

(二)公司财务会计报告的编制

公司在制作上述财务会计报告时应注意下列几个法律问题:

1. 关于公司财务会计报告的制作时间及结账日期

《公司法》第 164 条第 1 款规定:"公司应当在每一会计年度终了时编制财务会计报告……"根据《股份有限公司会计制度》第 8 条:"年度会计报告应在年度终了后 4 个月内报出",公司每一会计年度的财务会计报告,最迟应在次年的 4 月 30 日前制作完成并依法提交给有关主体。逾期未完成制作的,应以公司未履行法定义务论处,并可依法追究公司及有关主体的法律责任。至于公司财务会计报告的结账日期,应当依照有关法律、行政法规规定的结账日进行结账,不得提前或者延迟。年度结账日为公历年度每年的 12 月 31 日;半年度、季度、月度结账日分别为公历年度每半年、每季、每月的最后一天。

2. 关于公司财务会计报告的编制依据

公司编制财务会计报告,应当依据真实的交易、事项以及完整、准确的账簿纪录等资料,并按照国家统一的会计制度规定的编制基础、编制依据、编制原则和方法编制。任何公司不得违反国家统一的会计制度规定,随意改变财务会计报告的编制基础、编制依据、编制原则和方法。任何组织或者个人不得授意、指使、强令公司违反国家统一的会计制度规定,改变财务会计报告的编制基础、编制依据、编制原则和方法。

3. 关于公司财务会计报告的形式问题

公司应当依法编制形式统一、格式规范、内容全面、能真实反映公司经营状况的财务会计报告。不得擅自制作分别应对不同主体、或满足不同需要的多文本财会报告。《公司法》第 171 条第 1 款特别强调指出:"公司除法定的会计账簿外,不得另立会计账簿。"公司若违反法律规定,在法定的会计账簿外另立会计账簿的,由县级以上人民政府财政部门责令改正,并处以 5 万元以上 50 万元以下的罚款。构成犯罪的,依法追究刑事责任。

(三)公司财务会计报告的审计

根据《公司法》第 164 条第 1 款的规定,公司应当在每一会计年度终了时编制财务会计报告,并依法经会计师事务所审计。为确保审计结果的真实性,公司应当向聘用的会计师事务所提供真实、完整的会计凭证、会计账簿、财务会计报告及其他会计资料,不得拒绝、隐匿、谎报相关信息。

注册会计师可以针对被审计公司的具体情况,出具不同类型意见的审计报告,以提高或降低报告使用人对财务报告的信赖程度,必要时警示报告使用人对特定项目给予特别的注意。会计师事务所出具的审计意见分为 5 种类型,分别是:(1)标准的无保留意见:说明审计师认为被审计者编制的财务报表已按照适用的会计准则的规定编制并在所有重大方面公允反映了被审计者的财务状况、经营成果和现金流量。(2)带强调事项段的无保留意见:说明审计师认为被审计者编制的财务报表符合相关会计准则的要求并在所有重大方面公允反映了被审计者的财务状况、经营成果和现金流量,但是存在需要说明的事项,如对持续经营能力产生重大疑虑及重大不确定事项等。(3)保留意见:说明审计师认为财务报表整体是公允的,但是存在影响重大的错报。(4)否定意见:说明审计师认为财务报表整体是不公允的或没有按照适用的会计准则的规定编制。(5)无法表示意见:说明审计师的审计范围受到了限制,且其可能产生的影响是重大而广泛的,审计师不能获取充分的审计证据。

(四)股东对公司财务会计报告的查阅权

我国《公司法》明确赋予股东对公司财务会计报告的查阅权。但不同种类的公司,其股东查阅权的范围及实现途径是不一样的。《公司法》第33条和第97条分别就有限责任公司股东及股份有限公司股东的财务会计报告查阅权作了规定。

根据《公司法》第33条的规定,有限责任公司股东不仅有权查阅、复制公司财务会计报告,还可以要求查阅公司会计账簿。股东要求查阅公司会计账簿的,应当向公司提出书面请求,说明目的。公司有合理根据认为股东查阅会计账簿有不正当目的,可能损害公司合法利益的,可以拒绝提供查阅,并应当自股东提出书面请求之日起15日内书面答复股东并说明理由。公司拒绝提供查阅的,股东可以请求人民法院要求公司提供查阅。而《公司法》第97条仅赋予股份有限公司股东查阅公司财务会计报告的权利,并未给予股东对公司会计账簿的查阅权。显然,这与公司的性质有关。不同种类公司的股东应按相应的规定来行使财务会计报告查阅权。

股东对公司财务会计报告查阅权的实现需要公司履行相应的配合义务。因此,《公司法》第165条规定:"有限责任公司应当依照公司章程规定的期限将财务会计报告送交各股东。股份有限公司的财务会计报告应当在召开股东大会年会的20日前置备于本公司,供股东查阅;公开发行股票的股份有限公司必须公告其财务会计报告。"各类公司必须按法定要求履行提交财务会计报告的义务,以确保股东查阅权的顺利实现。

考虑到公司财务会计制度的专业性,为保障股东查阅权的有效行使,我国《〈公司法〉司法解释(四)》规定,当股东依据人民法院生效判决查阅公司文件材料时,在该股东在场的情况下,可以由会计师、律师等依法或者依据执业行为规范负有保密义务的中介机构执业人员辅助其进行。当然,为了保护公司的商业秘密不被非法泄露,保护公司的合法权益,股东行使查阅权后泄露公司商业秘密导致公司合法利益受到损害,或者辅助股东查阅公司文件材料的会计师、律师等泄露公司商业秘密导致公司合法利益受到损害,相关责任人员应当向公司承担赔偿责任。

第二节 公积金制度

一、公积金的定义

公积金,是公司依照法律、公司章程或股东会决议从公司营业利润或其他收入中提取的一种储备金。公积金制度是公司财务会计制度的重要组成部分。

我国《公司法》之所以确立公积金制度,是因为它对公司的持续、健康发展意义重大。一方面,市场风险使得公司盈亏难以预测。而一旦出现亏损,不仅会影响公司下一轮的生产经营活动、损及公司的信誉,还会给公司股东和债权人带来损失。建立了公积金制度后,可以将丰年的盈余留作储备,用以弥补亏损年份的空缺,从而达到充实公司资本、增强公司信用的目的,并进而降低或避免给公司股东和债权人造成的损失。另一方面,必要的公积金储备有利于公司抓住市场机遇,公司要求得长远发展,用公积金追加投资无疑是扩大经营规模和经营范围的最佳途径。正因为如此,公积金制度自1807年《法国商法典》初创以后,很快就被各大陆法系国家公司法所确认,我国也借鉴引进,并将其作为一种强制性规范,不论当事人的意志如何,一律适用。公积金制度的目的不仅在于确保公司的持续发展,还为了维护社会经济秩序的稳定。

二、公积金的种类及来源

(一) 公积金的分类标准

按不同的分类标准,可对公积金作不同的分类。常见的分类方法有下列两种:

1. 以是否依法律规定强制提取为标准,可把公积金分为法定公积金和任意公积金

法定公积金,是指依据法律规定而必须提取的公积金。其提取比例(或数额)及用途,都由法律直接规定,法律所管辖范围内的所有公司都必须遵守,不允许任何公司以公司章程或股东大会决议的形式予以取消或加以变通。故法定公积金亦称"强制公积金"。

任意公积金,是指公司根据公司章程或股东大会决议而于法定公积金外自由设置或提取的公积金。所以,任意公积金是否设置以及如何提取和使用全凭公司自由决定,法律不加干涉。但须强调的是,任意公积金的提留不得影响或挤占法定公积金的提留。公司每年的经营利润,必须首先依法提取法定公积金,然后才能提取任意公积金。另外,任意公积金的设置与否及其提取比例和用途,绝非由公司经营者"任意"决定,而是由公司章程或股东大会决议确定。故,非经修改公司章程或通过新的股东大会决议,公司经营者不得任意取消或设置任意公积金,也不得任意改变其提取比例或用途。

2. 以公积金的来源为标准,可把公积金分为盈余公积金和资本公积金

盈余公积金,是指公司从其税后的营业利润中提取的公积金。故其来源只能是来自公司的盈余。

资本公积金,是指从公司非营业活动所产生的收益中提取的公积金。用台湾学者郑玉波先生的话来说,它是"公司盈余外之财源中所提出之金额也"[①]。故其实际来源不止一个。依公司之性质,其主要来源有:(1) 超过票面金额发行股票所得的溢价收入;(2) 公司资产评估后的增值额;(3) 处分公司资产所得的溢价收入;(4) 因公司合并而接受被吸收公司的财产减去公司因合并而增加的债务和对被吸收公司股东的结付后的余额;(5) 公司接受赠与的财产。

---

① 参见郑玉波:《公司法》,三民书局1980年版,第154页。

上述关于公积金的两大分类,为我们提供了学习和研究公积金的不同视角。事实上,这些分类并非截然不相关,而是相互交叉。例如,依法必须强制提取的法定公积金,既可包括法定盈余公积金,也可包括资本公积金;而盈余公积金中,有法定盈余公积金,也有任意公积金。我国《公司法》关于公积金的种类和规定就体现了这种学理上的相互交叉的种类特点。

(二)我国公积金的种类及其来源

我国现行《公司法》规定了"法定公积金""资本公积金",并允许公司自设任意公积金。

1. 法定公积金

我国《公司法》第166条规定的"法定公积金",实际上属于学理上的法定盈余公积金的范畴。因为它是从公司当年税后利润中提取的,故其性质不言而喻。至于其提取的比例及总额,按《公司法》第166条的规定,应为公司当年税后利润的10%,公司法定公积金累计额为公司注册资本的50%以上的,可以不再提取。

2. 资本公积金

《公司法》第167条对资本公积金及其来源作了规定:"股份有限公司以超过股票票面金额的发行价格发行股份所得的溢价款以及国务院财政部门规定列入资本公积金的其他收入,应当列为公司资本公积金。"资本公积金包括股本溢价、法定财产重估增值、接受捐赠的资产价值等。由此可知,我国法律对资本公积金的来源及设置是有明确规定的,任何公司只要有上述非营业活动所产生的收入,就应当依法设置资本公积金,而不得违规不设。因此,我国的资本公积金,实际上属于法定公积金的范畴。

3. 任意公积金

《公司法》第166条第3款规定:"公司从税后利润中提取法定公积金后,经股东会或者股东大会决议,还可以从税后利润中提取任意公积金。"显然,《公司法》中提到的任意公积金属于盈余公积金的范畴,其来源是公司的税后利润。至于公司是否设置及提取比例的问题,法律不作强制规定,而由公司的股东会决定。须再次强调的是,若股东会决议设置任意公积金,具体提取的顺序必须是在公司依法提取了法定公积金之后,而不得在此之前。

三、公积金的用途

公积金作为公司内部的一种储备金,并非积而不用,相反,在必要时,其可发挥巨大的作用,以帮助公司渡过难关或壮大实力。依我国《公司法》第168条的规定,公积金的用途主要是:

1. 弥补亏损

公司的经营活动不可能总是一帆风顺的,其在一定时期内的经营,可能盈利,也可能亏损。当公司出现亏损时,必须设法弥补,否则有违资本维持原则的要求。但用于弥补亏损的,只能是法定公积金和任意公积金,资本公积金不得用于弥补亏损。

2. 扩大公司生产经营

公司要提高自身的竞争实力,就必须不断求发展,要发展,就得不断扩大生产经营规模。在不增加资本的情况下,用历年所提取的公积金来扩大公司的生产经营,无疑是一条方便而又快捷的重要途径。

3. 增加资本

公司可在需要时将公积金转增股本。但用公积金转增股本时,应注意以下几点:(1)转增股本前须由股东大会就此问题通过决议。董事会无权擅自决定用公积金转增股本。(2)转增股本时,应按股东原有股份比例派送新股或者增加每股面值。(3)法定公积金转增股本时,所留存的该项公积金不得少于转增前公司注册资本的25％。

由于《公司法》中的"法定公积金"和"资本公积金"都属法定公积金的范畴,故其用途只能限于法定范围。除非法律有特别规定,任何违背法定用途使用法定公积金或资本公积金的行为都属违法行为。至于任意公积金的用途,因该种公积金的性质可由公司自主决定,故此处不再赘述。

第三节 公司利润分配

一、公司利润分配的原则

"公司分配"有广义和狭义之分。广义上的公司分配,是指公司将其经营所得依法进行分割的整个过程,包括"纳税""弥补亏损""提取法定公积金""向股东分配股利"等内容。狭义上的公司分配,仅指公司利润分配,是公司向股东分配股利。"公司利润分配的原则",主要是指公司向股东分配股利时所应遵循的基本准则。

(一) 非有盈余不得分配原则

这一原则强调的是公司向股东分配股利的前提条件。公司当年无盈利时,原则上是不得分配股利的。公司当年有盈利的,也并非一定能分配股利,因为此时还得看公司是否有历年遗留的尚未弥补的亏损。从《公司法》第166条第4款的规定来看,公司弥补亏损和提取公积金后,税后利润有剩余的,股东才能依法定或约定比例分配。虽有盈利,但若公司有尚未弥补之亏损存在时,则不得将亏损递延而先行分配股利。这也是为什么我们称此原则为"非有盈余(而不是非有盈利)不得分配"的原因。

非有盈余不得分配原则的目的是为了维护公司的财产基础及其信用能力。故一般情况下,各国立法都要求公司应当自觉遵循,否则要承担相应的法律责任。但该原则也有例外情形。我国立法上未确立的建业股息的分配即属"非有盈余不得分配原则"的例外,但因我国目前法律对此尚无规定,故本书不讨论此问题。

(二) 按法定顺序分配的原则

公司的分配,无论从广义上还是狭义上去理解,都应坚持按法定顺序分配的原则。按我国《公司法》的规定,公司通常应按下列顺序分配:

(1) 依法缴纳所得税。

(2) 用当年的税后利润弥补历年所留的亏损。

(3) 提取法定公积金。公司税后利润补亏后的余额，应先提取10%列入公司法定公积金。法定公积金累计额达到公司注册资本的50%以上时，可不再提取。

(4) 提取任意公积金。公司提取法定公积金之后，经股东会或者股东大会决议，可以提取任意公积金，提取比率由公司股东会或者股东大会确定。

(5) 向股东分配股利。公司利润在弥补亏损、提取法定公积金和任意公积金之后，即可向股东分配股利。根据《公司法》第34条、第166条规定，有限责任公司按照股东实缴的出资比例或者按照全体股东约定的比例分取红利；股份有限公司按照股东持有的股份比例或者公司章程规定的比例分配。

我国现行《公司法》未涉及优先股的问题。但1992年国家经济体制改革委员会等部门联合发布的《股份有限公司规范意见》《股份制试点企业财务管理若干问题的暂行规定》等法规中都有关于优先股的规定，尤其是2013年证监会通过了《优先股试点管理办法》，在上市公司正式确立了优先股制度。根据《优先股试点管理办法》第28条第1款第（二）项的规定，公司在有可分配税后利润的情况下必须向优先股股东分配股息，换言之，优先股股东有优于普通股股东而先得到分配的权利，公司在向优先股股东分配股利后仍有盈余时，才能向普通股股东支付股利。

经以上各项顺序分配后所余利润，可由公司以未分配利润结转到下一会计年度。

（三）同股同权、同股同利原则

同股同权，是指公司应给予所有持有相同性质股权的股东以同一顺序分配的机会；而同股同利则是指：除非公司全体股东有约定或者公司章程有规定，否则，所有股东都享有按其出资或所持股份比例参加公司税后利润分配的权利。但根据《公司法》第166条第6款规定："公司持有的本公司股份不得分配利润。"

二、公司利润分配的形式

公司利润分配的形式是指公司将其利润作为股利分配给股东的具体方式。虽然我国《公司法》对此问题没有作出具体规定，但从学理及公司实务来看，公司利润分配形式主要有以下四种：

1. 现金股利

现金股利，是公司以现金形式支付给股东的股利，是公司股利分配中最常见的一种形式，也是最受股东欢迎的一种分配形式。现金股利的发放与否及发放多少，往往会在一定程度上影响股东对公司的信心，并进而影响公司在资本市场上的形象。因此，在具备条件的情况下，公司宜尽量采取现金股利的方式进行分配。

2. 股票股利

股票股利是指通过发给股票的形式向股东支付股利。这是股份有限公司，尤其是上市公司常用的一种分配方式。这种股利通常是按现有股东所持股份的比例分派的。因此,获得股票股利的股东,其所持有的股票数量虽有所增加,但他在公司所占权益的份额依旧不变。从公司的角度看,发放股票股利,既不减少公司资产,也不增加公司负债,股东权益总额并不改变。它只是在股东权益账户内部,把一个项目转为另一个项目,即减少了留存收益,增加了股本。因此,股票股利并没有增加股东的实际收入,股东获得的只是增加未来股利收入的一种可能性。而要实现这种可能性,则有赖于公司未来一段时期的良好业绩。股票股利除了具有现金股利替代物的作用外,还有调整公司股票市价的作用。

3. 财产股利

财产股利,是公司以现金以外的财产向股东发放股利。通常是以支付公司所持有的其他公司的证券这一方式来实现的。被公司用作支付股利的证券的作价,一般以市价为准。如证券的账面价值与市场价格有距离时,先将证券的账面价值按市价调整,然后按市价计算支付股利。如同先将证券售出,再以售出所得现金支付股利一样。

4. 负债股利

负债股利,是指公司以负债方式向股东发放的股利。因其通常是以应付票据的形式来支付的,故负债股利亦称票据股利。作为票据股利的票据,有的带息,有的不带息;有时有规定的到期日,有时无到期日。发放负债(票据)股利,多是因公司已经宣布发放股利,但又面临现金不足,处于难以支付的困境,为了如期发放股利,不得不采取的权宜之计。

我国《公司法》及有关法规,对公司利润分配形式问题并未作明确规定。公司实务中较常见的分配形式是现金股利和股票股利。

三、违法分配的法律责任

公司违法分配行为的种类,应包括所有违背公司利润分配原则的行为,如无盈余而分配,不按法定顺序分配,同股不同权或同股不同利,等等。从学理上看,对各种违法分配行为,除了追究有关主体的法律责任外,还应对违法分配的后果采取必要的补救措施,以达到惩罚违法者、警示其他公司的目的。

我国《公司法》第166条和第203条指出了公司的两种违法分配行为:一是股东会、股东大会或者董事会违反法律规定,在公司弥补亏损和提取法定公积金之前向股东分配利润的;二是公司不依照《公司法》规定提取法定公积金的。第一种违法分配行为属于典型的不按法定顺序分配的行为。而第二种行为,既可能是指在提取法定公积金之前向股东分配利润这一不按法定顺序分配的行为,也可能是指虽依法定顺序却没依法定比例提取法定公积金的行为。因此,从内容上看,《公司法》第166条和第203条的规定有重叠的部分。但无论公司出现上述哪一种违法分配行为,都得追究相关主体的法律责任。

对于公司在弥补亏损和提取法定公积金之前向股东分配利润的违法分配行为,《公司法》规定的补救措施是股东必须将违反规定分配的利润退还公司(《公司法》第166条第5款);而《公司法》对公司违法分配行为的第二种情况(即不按照《公司法》规定提取法定公积金的)所规定的法律责任是:由县级以上人民政府财政部门责令如数补足应当提取的金额,可以对公司处以20万元以下的罚款。

第八章　公司合并、分立与公司形式变更

公司合并和分立是公司组织体的变更。公司形式变更是指公司依照法律规定，在维持其人格同一性的前提下，转变为另一种形式的公司的法律行为。采取什么样的组织形式进行经营当然由公司根据实际需要自主决定，但是组织体的变化一定会对利害关系人和其他社会公众产生影响，所以法律要对之加以规范和约束。

第一节　公司合并

一、公司合并的定义

（一）公司合并的概念和特点

公司合并是指两个或两个以上的公司依法达成合意归并为一个公司的法律行为。在公司合并中，被合并公司（指一家或多家不需要经过法律清算程序而解散的公司）将其全部资产和负债转让给另一家现存或新设公司（以下简称"合并公司"），为其股东换取合并公司的股权或其他财产，实现两个或两个以上公司的依法合并。公司之间合并可以强化原公司的竞争能力，扩大生产经营规模，促进社会化大生产的发展。公司合并业务的所得税应根据合并的具体方式处理。

公司合并至少有两个公司才能达成。公司有种类差别，于是在公司法上就产生了对合并的公司，在种类上是否应加以限制的问题。对此，在立法和学说上有两种态度：(1) 公司种类非限制主义。即不仅同种类公司，如有限责任公司与有限责任公司之间可以合并，而且不同种类公司，如有限责任公司与股份有限公司之间也可以合并。(2) 公司种类限制主义。多数国家立法采取此态度，具体有两种不同做法：其一，限制合并前公司的种类，即有限责任公司或股份有限公司等同类之间相互合并；其二，限制合并后公司的种类，即各种公司都可以相互合并，但合并的公司，如果一方或双方为股份有限公司时，那么合并后存续的公司或因合并而新设的公司，必须是股份有限公司才行。我国《公司法》并未对公司合并进行种类限制。

公司合并具有如下特点：(1) 公司合并是多方法律行为，参与合并的各公司必须签订协议，达成一致意见，公司才能合并。(2) 公司合并是提高公司运作效率的行为。公司合并必然存在一个或多个公司法人资格的消灭，如果依照正常的公司登记程序，公司法人资格的消灭需经过公司解散和清算程序，这无疑会增加公司的运行成本、影响公司运行效率，通过公司合并，可以使参与合并的公司免除这一程序，从而提高运行效率。(3) 公司合并是公司的自愿行为。在公司合并过程中，要尊重公司的自主决定。防止行政等其他

机构对公司合并的非法干预。

(二) 公司合并与其他公司并购形式的区别

公司并购,是指一切涉及公司控制权转移与合并的行为。除了公司合并之外,还存在资产收购、股权收购的公司并购形式。

1. 公司合并与资产收购的区别

公司合并不同于公司的资产收购。资产收购是一个公司购买另一个公司的部分或全部资产的法律行为。二者的差异在于:第一,资产转移不同。在公司合并中,资产转移是概括转移,所转移的是解散公司的全部财产;而在资产收购中,所转让的既可以是全部财产,也可以是部分财产。第二,债务承担不同。在公司合并中,被合并的公司的全部债务转移至存续公司或新设公司;而在资产收购中,除合同中明确约定收购方承受被收购方的债务外,收购方不承担被收购方的债务。第三,股东地位不同。在公司合并中,存续公司为承继解散公司的资产而支付的对价如现金或存续公司的股份,直接分配给解散公司的股东,解散公司的股东因此获得现金或成为存续公司的股东;而在资产收购中,收购方为资产转让而支付的对价属于出售公司,而与出售公司的股东无直接关系。第四,法律后果不同。公司合并必然导致合并一方或双方公司的解散,被解散的公司的全部权利和义务由存续公司或新设公司承受;而资产收购则不必然导致一方公司或双方公司的解散。第五,法律性质不同。公司合并的本质是公司人格的合并;而资产收购的性质是资产买卖行为,不影响公司的人格。

2. 公司合并与股权收购的区别

公司合并也不同于公司的股权收购。公司的股权收购是指一个公司收买另一个公司的股权,以取得控股权,收购公司和被收购公司在股权收购行为完成之后仍然存续。公司合并与股权收购的差异在于:第一,主体不同。公司合并的主体是公司;而在股权收购中,一方主体是收购公司,而另一方主体则是目标公司的股东。第二,内容不同。在公司合并中,存续公司或新设公司承受解散公司的全部权利和义务;而在股权收购中,目标公司的股东将其对目标公司的股份转让给收购方。第三,法律后果不同。公司合并必然导致合并一方或双方公司的解散,被解散的公司的全部权利和义务由存续公司或新设公司承受;而股权收购则不必然导致一方公司或双方公司的解散。第四,法律性质不同。公司合并的本质是公司人格的合并;而股权收购的本质是股权的买卖行为,不影响公司的人格。

二、公司合并的方式

公司的合并,一般采取两种方式。根据我国《公司法》第172条第1款的规定,公司合并可以采取吸收合并或新设合并两种方式。所谓吸收合并,是指两个或两个以上的公司合并时,其中一个公司吸纳其他公司继续存在,其他公司随之消灭;所谓新设合并,是指在公司合并时,原先公司同时归于消灭,共同联合创立一个新公司。从实践情况看,公司合并以吸收合并,也就是我们常讲的兼并为多数。公司合并后,必然使原有公司发生比较大的变动。我国《公司法》第172条第2款规定:"一个公司吸收其他公司为吸收合并,被吸收的公司解散。两个以上公司合并设立一个新的公司为新设合并,合并各方解散。"

根据吸收公司所支付的对价,可以将公司的吸收合并划分为两类四种。[①]

第一类,资产先转移。(1)以现金购买资产的方式。吸收公司以现金购买被吸收公司的全部资产,包括全部债权债务,被吸收公司股东依据其股权分配现金,被吸收公司消灭。(2)以股份购买资产的方式。吸收公司以自身的股份购买被吸收公司的全部资产,包括全部债权债务,被吸收公司的股东分配吸收公司的股份,并成为吸收公司的股东,被吸收公司消灭。

第二类,股权先转移。(1)以现金购买股份的方式。吸收公司以现金购买被吸收公司股东的股份,而成为被吸收公司的唯一股东,被吸收公司的全部债权债务由吸收公司承受,被吸收公司消灭。(2)以股份购买股份的方式。吸收公司以自身的股份换取被吸收公司股东所持有的被吸收公司的股份,使被吸收公司的股东成为吸收公司的股东,被吸收公司的全部债权债务由吸收公司承受,被吸收公司消灭。

三、公司合并的程序

公司合并是一种法律行为,公司合并不仅涉及公司的变化,还关系到公司债权债务关系人的利益,必须依法定程序进行。

1. 公司合并决议的作出与批准

公司在合并协议正式达成之前,必须先在公司内部形成一致意见,作出决定。我国《公司法》第46条、第108条规定,公司合并,先由公司董事会拟订方案;第43条、第103条第2款规定,公司合并,应当由公司的股东会作出决议,且该决议必须经出席会议的2/3以上表决权的股东通过。《公司法》第66条还规定:国有独资公司的合并,必须由国有资产监督管理机构决定;重要的国有独资公司的合并,应当由国有资产监督管理机构审核后,报同级人民政府批准。

2. 签订公司合并协议

公司合并时,由参与合并各方法定代表人在协商一致的基础上签订合并协议。合并协议应采取书面形式,并载明合并的宗旨,合并的原因、条件,合并后存续公司或新设公司的名称、性质、住所,合并各方的资产状况及其处置方法,合并各方债权债务的处理,新设公司或存续公司股份总数、种类及各股份数额或股份增加数额,股份的转换方式,合并合同或存续公司的股东,公司章程的拟定或修改,不同意参与合并的股东的退股和收购,以及合并以后新公司或存续公司的组织机构产生办法等事项。

3. 编制表册、通告债权人

公司合并,应当编制资产负债表及财产清单,并通告债权人。《公司法》第173条规定:公司应当自作出合并决议之日起10日内通知债权人,并于30日内在报纸上公告。依照《公司法》第204条规定,公司在合并时,不按规定通知或者公告债权人的,由公司登记

---

① 参见赵旭东主编:《新公司法讲义》,人民法院出版社2005年版,第233—234页。

机关责令改正,对公司处以1万元以上10万元以下的罚款。债权人自接到通知书之日起30日内,未接到通知书的自公告之日起45日内,有权要求公司清偿债务或者提供相应的担保。

4. 登记

公司合并时,应在一定的期限内向登记主管机关申请办理有关登记手续。根据《公司法》第179条规定,公司合并,登记事项发生变更的,应当依法向公司登记机关办理变更登记;公司解散的,应当依法办理公司注销登记;设立新公司的,应当依法办理公司设立登记。《公司登记管理条例》第38条第2款规定,公司合并的,应当自合并决议或者决定作出之日起45日后申请登记。

由此可见,根据法律法规规定必须报经审批设立的公司在作出合并决议并报经有关部门批准后、其他公司在作出合并决议后,应在规定的期限内向主管登记机关申办有关登记手续。第一,经合并后存续的公司必然在公司名称、住所、经营范围、法定代表人、经营方式、注册资金、经营期限或者经济性质等登记注册事项方面发生不同程度的变化,根据《公司登记管理条例》的规定,应当申请办理变更登记;根据《公司法》的规定,公司不按规定办理有关变更登记的,责令限期登记,逾期不登记的,处以1万元以上10万元以下的罚款。第二,公司合并后,必然导致原有公司的一个或几个甚至全部解散,因而必须向登记主管机关办理注销登记手续。经登记主管机关核准后,收缴《企业法人营业执照》及副本,撤销注册号,收缴公章,并将注销登记情况告知其开户银行。第三,新设合并后新成立的公司,标志一个新的公司法人将诞生,必须按照《公司法》和《公司登记管理条例》办理公司设立登记,由登记主管机关作出核准登记或者不予核准登记的决定。

根据我国《公司法》和企业法人登记管理制度体现出的原则,只有经过变更或设立登记,签发新的营业执照后,公司合并才算最终完成。

四、异议股东的保护

在公司合并时,并不是公司的所有股东都能达成一致意见,由于公司实行多数决原则,即使有小部分股东反对,公司仍能通过公司合并的决议。为了保护对公司合并持反对意见的股东的利益,我国《公司法》设立了异议股份回购请求权制度。《公司法》第74条规定,对股东会的公司合并决议投反对票的有限责任公司股东,可以请求公司按照合理的价格收购其股权;第142条第1款第(四)项规定,在股份有限公司股东因对股东大会作出的公司合并决议持异议时,可要求公司收购其股份。

如果自股东会决议通过之日起60日内,股东与公司不能达成股权收购协议的,股东可以自股东会决议通过之日起90日内向人民法院提起诉讼。

五、债权人的保护

由于公司合并后,新设合并中的原公司解散并注销,吸收合并中被吸收的公司解散并注销,主体资格都将不复存在,此时,被解散公司的债权人就自然成为新设公司或存续公司的债权人,由其对因合并而被解散并注销的公司的债权人承担法律责任。我国《公司法》第174条即规定:"公司合并时,合并各方的债权、债务,应当由合并后存续的公司或者新设的公司承继。"

第二节 公司分立

一、公司分立的定义

公司的分立,是指被分立公司依法将部分或全部营业分离转让给两个或两个以上现存或新设的公司的行为。公司分立应当为其股东换取分立后公司的股权或其他财产。

公司分立具有以下法律特征:(1)公司分立是一种单方法律行为。公司的分立只要经股东所持表决权的2/3以上多数通过,公司就可以实施分立行为,除国有独资公司需要国有资产监管机构决定外,不需要与任何第三方发生关系、签订协议。(2)公司分立是提高公司运作效率的行为。在新设分立中,原公司必须解散和清算。如果依照正常的公司登记程序,公司法人资格的消灭需经过公司解散和清算程序,这无疑会增加公司的运行成本、影响公司运行效率,通过公司分立,可以使分立的公司免除这一程序,从而提高运行效率。(3)公司分立是公司的自愿行为。在公司分立过程中,与公司的合并一样,同样要尊重公司的自主决定。防止行政等其他机构对公司分立的非法干预。(4)公司分立直接影响股东的地位。在公司的分立中,原公司的股东对原公司的股权将减少或消灭,相应地获得分立出来的公司的股权。

公司分立与公司的资产转让是有区别的。公司的资产转让是公司将一部分资产转让出去,换取相应的对价,对公司而言,其资产总额并没有改变,公司的法人资格也不会发生变化。而公司分立不仅公司的资产将减少,公司的法人资格也会发生变化。两者是有本质区别的。

二、公司分立的形式

公司分立主要采取两种方式进行:派生分立和新设分立。

(一)派生分立

公司将其部分财产或业务分离出去另设一个或数个新的公司,原公司继续存在,即派生分立或称存续分立。派生分立后,虽然原来的公司继续存在,但已经不是原来的公司。随着新公司的成立,其注册资本、公司总资产、股东人数、组织机构均可能发生变化。在派生分立中,原公司必须办理变更登记,新分立的公司必须办理设立登记。

(二)新设分立

公司将其全部财产分别归于两个以上的新设公司中,原公司的财产按照各个新成立的公司的性质、宗旨、经营范围进行重新分配,原公司解散,即新设分立或称解散分立。新设分立使得原公司的法人资格消灭,所以要办理公司的注销登记,而新设立的公司要办理设立登记。

三、公司分立的程序

公司分立，因不涉及其他公司，在程序上相对来说比较简单，下面依据我国《公司法》的有关规定简要说明：

（一）公司分立决议的作出与批准

根据《公司法》规定，公司分立，先由公司董事会拟订分立方案，然后由公司的股东会（或股东大会）讨论作出决议。《公司法》第66条还规定：国有独资公司的分立，必须由国有资产监督管理机构决定；重要的国有独资公司的分立，应当由国有资产监督管理机构审核后，报同级人民政府批准。

（二）进行财产分割

财产是公司设立的基本物质条件，也是承担公司债务的保障，因此，进行公司分立，必须合理、清楚地分割原公司的财产，对于派生分立，是原公司财产的减少，对于新设分立，完全是公司财产的重新分配。

（三）编制表册、通告债权人

《公司法》第175条第2款规定：公司分立，应当编制资产负债表及财产清单。公司应当自作出分立决议之日起10日内通知债权人，并于30日内在报纸上公告。不按规定通知或者公告债权人的，责令改正，对公司处以1万元以上10万元以下的罚款(《公司法》第204条第1款)。

（四）登记

公司派生分立，必然出现原公司登记注册事项，主要是注册资本的减少等变化和新公司的产生；新设分立中，必然出现的是原公司的解散和新公司的产生。因此，公司分立时，同样要办理公司变更登记、注销登记或设立登记，对此，《公司法》第179条、《公司登记管理条例》第38条都作了具体要求，具体办理登记程序类似于公司合并登记程序。值得一提的是，在公司分立时产生的新公司是独立经济核算的法人，按企业法人登记程序办理，核发《企业法人营业执照》。它不同于公司的分公司，也不同于公司的子公司，因为公司分立后的公司之间既不存在管理上的从属关系，也不存在资本上的控股关系，而是财产上的分割。

四、异议股东的保护

与公司合并相同，在公司分立时，为保护持反对意见的中小股东权益，持异议的中小股东同样可以行使异议股份的回购请求权。具体内容同公司合并部分的相关阐述，此处不赘。

五、分立后的债务承担

我国《公司法》第176条规定："公司分立前的债务由分立后的公司承担连带责任。但是,公司在分立前与债权人就债务清偿达成的书面协议另有约定的除外。"据此,我国《公司法》采取的是分立后的公司对分立前债务承担连带责任的事后债权人保护机制。但如果公司在分立前与债权人就债务清偿另外达成了书面协议的,则除外。

第三节 公司形式变更

一、公司形式变更概述

公司形式变更是指将某一种类的公司变更为其他种类的公司。我国《公司法》第9条规定了两种变更方法:有限责任公司变更为股份有限公司和股份有限公司变更为有限责任公司。

公司形式变更具有以下特点:(1) 法人资格的延续性。公司形式的变更不改变公司法人资格的延续性。(2) 变更形式的自主性。公司形式变更的种类由股东自己决定,可以是有限责任公司变更为股份有限公司,也可以是股份有限公司变更为有限责任公司。(3) 程序法定性。公司在变更形式的时候要严格遵守法定程序进行。

公司形式变更具有四方面功能:

(1) 公司维持。绝大多数大陆法系国家或地区的公司立法都规定,当公司不具有该公司所属公司形式的条件时,要么恢复该条件,要么变更形式,要么解散。[①] 因此,当公司成立以后,如果因某种原因欠缺原有公司形式的条件并且无法恢复或不愿恢复时,即当公司被动需要变更形式时,公司形式变更制度为其继续存在提供了可能,否则公司只有解散。

当公司主动需要变更公司形式时,如果没有公司形式变更制度,则需要先对公司进行解散、清算,再重新设立新形式的公司,即要进行"事实上的形式变更",这样必然导致原公司消灭,公司人格中断。有了公司形式变更制度后,就可以使公司在不消灭自身人格、维持自身人格不变的同时,达到变更形式的目的。

(2) 营业持续。在公司被动需要变更形式的情形下,如果没有公司形式变更制度,则营业就得停止,无法继续进行。在公司主动需要变更形式时,如果进行"事实上的形式变更",则公司清算和重新设立需要一定的时间,在此期间公司业务无法进行,必然发生中断,造成损失。而且,原公司人格已经消灭,重新设立的公司为新的法人,新公司并不当然能够维持从前的业务关系。

(3) 程序简化。进行"事实上的形式变更",虽然从公司形式转变上看,也可以取得与

[①] 如《法国商法典》第L223-3条规定:有限责任公司的股东不得超过100人。如果股东人数超过100人的时间持续1年,有限责任公司应于解散。但如在此期限内公司股东人数已减至等于或少于100人,或者公司已经转型,不在此限。参见《法国商法典》,罗结珍译,北京大学出版社2015年版,第214页。《日本公司法》第639条规定:因两合公司的有限责任股东退股,致使该两合公司的股东只有无限责任股东的,视为该两合公司修改章程成为无限公司。因两合公司的无限责任股东退股,致使该两合公司的股东只有有限责任股东的,视为该两合公司修改章程成为合同公司。参见《日本公司法》,吴建斌译,法律出版社2017年版,第319页。

形式变更同样的效果。但这样做程序烦琐,手续复杂,费时费事,尤其是清算程序,十分麻烦。通过公司形式变更则可以避免解散和复杂的清算程序。

(4)成本降低。通过公司形式变更不仅可以避免新设公司时的各种费用的支出,而且由于变更前后是同一个公司,不动产只需要办理名义人变更手续,而未发生产权转移,不需要交纳相应税金。

二、公司形式变更的基本要求

(一)公司形式变更的条件

《公司法》对有限责任公司变更为股份有限公司和股份有限公司变更为有限责任公司规定了不同条件。

有限责任公司变更为股份有限公司必须符合以下条件:(1)应当符合《公司法》规定的设立股份有限公司的条件。即发起人符合法定人数;有符合公司章程规定的全体发起人认购的股本总额或者募集的实收股本总额;制定公司章程,采用募集方式设立的需经创立大会通过;有公司名称,建立符合股份有限公司要求的组织机构;有公司住所;股份发行、筹办事项符合法律规定。(2)折合的实收股本总额不得高于公司的净资产额(《公司法》第95条之规定)。(3)有限责任公司依法经批准变更为股份有限公司,为增加资本向社会公开发行股份时,应当依照《公司法》有关向社会公开发行股份的规定办理,即必须公告招股说明书,并制作认股书。招股说明书应当附有发起人制定的公司章程,并载明发起人认购的股份数、每股的票面金额和发行价格、无记名股票的发行总数、募集资金的用途、认股人的权利义务、募股的起止期限等。

股份有限公司变更为有限责任公司必须符合《公司法》规定的设立有限责任公司的条件,即股东符合法定人数;有符合公司章程规定的股东认购的出资额;股东共同制定公司章程;有公司名称,建立符合有限责任公司要求的组织机构;有公司住所。

(二)公司形式变更的程序

有限责任公司变更为股份有限公司的程序如下:(1)原有限责任公司的股东作为拟设立的股份有限公司的发起人,将公司净资产按1∶1的比例投入到拟设立的股份有限公司。(2)制定公司章程,如公开募集股份,则章程需要创立大会审议通过。(3)采取公开募集设立的,需由会计师事务所出具验资报告。(4)由公司授权的代表人向公司登记管理机关申请设立登记。《公司登记管理条例》第33条规定:公司变更类型的,应当按照拟变更的公司类型的设立条件,在规定的期限内向公司登记机关申请变更登记,并提交有关文件。(5)公告。

三、公司形式变更后的法律效力

(一)公司的变更登记

有限责任公司变更为股份有限公司或者股份有限公司变更为有限责任公司,公司的许多其他登记事项如公司名称、性质、资本、章程、股东等也发生变更,因此,必须办理公司的变更登记。

(二) 债权、债务的承受

有限责任公司变更为股份有限公司或者股份有限公司变更为有限责任公司后,原公司就不再存在,但原公司的债权、债务不会因为原公司的不再存在而自动消失。

我国《公司法》第9条第2款规定:有限责任公司变更为股份有限公司的,或者股份有限公司变更为有限责任公司的,公司变更前的债权、债务由变更后的公司承继。

第九章 公司解散与清算

第一节 公司解散

公司解散是导致公司清算的直接原因。因公司解散原因的不同,公司解散分为自愿解散和强制解散。

一、自愿解散

所谓自愿解散,也称任意解散,是指因公司或股东的意愿而解散公司。我国《公司法》规定的任意解散的事由包括:

(1) 公司章程规定的营业期限届满或公司章程规定的其他解散事由出现;
(2) 股东(大)会决议解散;
(3) 因公司合并或者分立解散。

二、强制解散

强制解散,是指因法律规定或行政机关命令或司法机关裁判而解散公司。具体而言,主要包括:

(1) 公司因不能清偿到期债务而被宣告破产。
(2) 公司因违反法律、行政法规被吊销营业执照、被责令关闭或者被撤销。我国《公司法》在第198条中就规定,在办理公司登记时虚报注册资本、提交虚假材料或者采取其他欺诈手段隐瞒重要事实取得公司登记,情节严重的,应撤销公司登记。《公司法》第211条第1款中规定,公司成立后无正当理由超过6个月未开业的,或者开业后自行停业连续6个月以上的,可以由公司登记机关吊销其公司营业执照。
(3) 经法院判决解散。当公司出现股东无力解决的不得已事由或者公司董事的行为危及公司存亡,或者当公司经营遇到显著困难,公司财产和股东的权利可能遭受严重损失时,持有一定比例股份的股东有权请求法院强制解散公司。法院通过特殊程序审理后,可以判决公司解散。我国《公司法》在第180条和第182条规定了判决解散的情形。根据该规定,当公司经营管理发生严重困难,继续存续会使股东利益受到重大损失,通过其他途径不能解决的,持有公司全部股东表决权的10%以上的股东,可以请求法院解散公司。

三、公司解散的法律后果

公司解散后,其已存的债权债务尚未了结,法人资格尚存,但公司的权利能力受到严格限制,它只能在清算范围内进行必要的活动,超越清算范围的经营活动不具有法律效力。因而,公司解散只是停止了公司继续生产经营的权利,随即产生了公司清算的义务。易言之,公司解散是公司清算的原因,公司清算是公司解散的结果。

需要注意的是,并非所有导致公司解散的事由都会要求公司进行清算。公司若是因合并、分立或破产而解散,就不宜适用《公司法》中有关公司清算的规定。这是由于在公司合并、分立的情况下,所解散公司的权利和义务,已由存续或新设立的公司概括承受,对过去的法律关系没有进行清算的必要;而在公司破产的情况下,则应按破产程序的规定对公司进行破产清算。从广义的角度看,破产清算也是一种公司清算,但因其程序具有独立性,有别于本章所言的公司清算,本书将在公司破产一章中作专门论述。

第二节 公司清算概述

一、公司清算的定义

公司清算,是指公司解散后,了结公司债权债务,分配公司剩余财产,最终向公司登记机关申请注销登记,使公司法人资格归于消灭的法律行为。各国现行的公司法,对公司终结时如何消灭其法人资格的规定不尽相同,但归结起来主要有两种。其一,规定公司应先进行清算而后再解散,则清算是解散公司的先决条件;其二,规定公司应先进行解散而后再清算,则清算为结束已解散公司参与的法律关系、消灭公司法人资格的程序。根据我国《公司法》对解散与清算关系的规定,公司清算是终结解散公司的法律关系、消灭公司法人资格的程序。显然,这属于上述后一种。

清算期间公司的法律地位是理论界一直有争议的问题。理论界主要分为三种学说:(1)拟制存续说。公司因解散丧失权利能力,不得从事其经营范围所决定的活动,但由于法律的拟制使公司在清算的目的范围内享有权利能力,从法人解散到清算完结,此阶段视为法人仍然存续。(2)清算法人说。公司因解散丧失了主体资格,其财产成为无主财产。公司法为避免其财产成为无主之物,专门创设了一种特殊法人——清算法人。原法人的能力因解散消灭,不再转移给清算法人。(3)同一人格说。清算公司与解散前的公司在本质上相同,不过是权利范围的缩小而已。学界较多认同的是同一人格说。[①]《〈公司法〉司法解释(二)》第10条也规定,公司依法清算结束并办理注销登记前,有关公司的民事诉讼,应当以公司的名义进行。公司成立清算组的,由清算组负责人代表公司参加诉讼;尚未成立清算组的,由原法定代表人代表公司参加诉讼。

二、公司清算的分类

(一)非破产清算和破产清算

根据公司清算时适用的不同程序,可以将公司清算分为非破产清算和破产清算。

[①] 参见冯果:《公司法》,武汉大学出版社2017年版,第288页。施天涛、赵旭东所著教科书中皆采用此学说。

非破产清算,是指除因合并、分立或破产的原因被解散外,公司因其他一切原因解散而适用的清算程序。根据非破产清算中清算组的组成方式不同,其又可进一步细分为自行清算和指定清算,前者是指公司自己组织的清算,后者是指经利害关系人申请由法院指定清算人进行的清算。无论公司基于何种原因解散,只要公司没有在法定期限内自行组织清算,利害关系人均可以向法院提出申请要求指定清算人进行清算。

破产清算是指公司不能清偿到期债务被依法宣告破产时适用的清算程序。

非破产清算和破产清算是一组相对应的概念,虽然它们最终都是终结现存公司的法律关系,消灭公司法人资格的行为,但两者是有明显区别的:

(1) 发生清算的原因不同。适用非破产清算的原因是:公司章程规定的营业期限届满、公司章程规定的其他解散事由出现;股东(大)会决议解散;公司因违反法律、行政法规被责令关闭、公司被司法机关判决解散、公司被撤销登记或被吊销营业执照等。破产清算的原因是公司不能清偿到期债务,并且资产不足以清偿全部债务或者明显缺乏清偿能力而被宣告破产。

(2) 清算组与管理人产生的方式不同。清算组是公司非破产清算的事务执行机关。我国《公司法》第183条规定,公司无论是基于自愿还是基于被迫而解散的,应当在解散事由出现之日起15日内成立清算组,开始清算。有限责任公司的清算组由股东组成,股份有限公司的清算组由董事或者股东大会确定的人员组成。逾期不成立清算组进行清算的,债权人可以申请人民法院指定有关人员组成清算组进行清算。人民法院应当受理该申请,并及时组织清算组进行清算。而破产清算的管理人则由人民法院决定。

(3) 适用清算的程序不同。首先,非破产清算适用一般的清算程序,破产清算适用破产清算程序。其次,两者所适用程序的内容不同。适用非破产清算程序的已解散公司,一般有足够的财产清偿公司债务,清算程序比较简单。适用破产程序的已解散公司处于不能清偿到期债务,并且资产不足以清偿全部债务或者明显缺乏清偿能力,为保护债权人利益,其清算程序远比非破产清算程序复杂得多。此外,两种程序所适用的法律不同。非破产清算程序所适用的法律是我国《公司法》;破产清算程序所适用的法律是我国《企业破产法》。

尽管非破产清算与破产清算具有诸多差异,但为了提高清算的效率,我国《〈公司法〉司法解释(二)》第17条对非破产清算中的指定清算与破产清算的衔接作了细化规定:人民法院指定的清算组在清理公司财产、编制资产负债表和财产清单时,发现公司财产不足清偿债务的,可以与债权人协商制作有关债务清偿方案。债务清偿方案经全体债权人确认且不损害其他利害关系人利益的,人民法院可依清算组的申请裁定予以认可。清算组依据该清偿方案清偿债务后,应当向人民法院申请裁定终结清算程序。债权人对债务清偿方案不予确认或者人民法院不予认可的,清算组应当依法向人民法院申请宣告破产。

(二) 任意清算和法定清算

公司清算以提起清算程序的依据不同,可分为任意清算和法定清算。

任意清算也称自由清算,即指公司按照股东的意志或公司章程的规定进行的清算。

任意清算通常适用于人合公司（无限公司和两合公司），在任意清算中，清算可以不按法律规定的方法处置公司财产，而按照公司章程的规定或全体股东的意见进行处置。此种清算一般没有先后顺序规定，也不论是否能足额清偿，不能清偿的债权不因清算结束而消灭。

法定清算是指公司必须按照法律规定的程序进行的清算。法定清算对公司财产的清算有顺序规定，法定清算结束，公司法人资格依法消灭。任何公司都可适用法定清算程序，资合公司（有限责任公司和股份有限公司）只能实行法定清算。我国《公司法》规定的清算均是法定清算。

（三）普通清算和特别清算

法定清算可以分为普通清算和特别清算。

普通清算是指由公司股东、董事或公司股东（大）会确定的或公司章程指定的人员组成清算组，依法定程序自行进行的清算。

特别清算一般是指由法院指定人员组成清算组织，在法院严格监督下，依照法律规定的特定程序进行的清算。因特别清算是在特殊情况下适用的清算程序，是介于普通清算和破产清算之间的特别程序，为保护债权人的合法权益，它一般都是在法院和债权人的严格监督下进行的，其所遵循的程序较普通清算更为严格。我国《公司法》对特别清算程序未作特别规定，仅适用普通清算程序。遇公司资产不足以清偿债务时，按破产清算程序处理。

（四）自愿清算和强制清算

自愿清算是公司按照自己的意愿解散公司，结清公司债权债务，分配公司剩余财产，消灭公司法人资格的程序。因股东会关于解散公司决议和公司章程规定的营业期限届满或公司章程规定的其他解散事由出现而进行的清算就是自愿清算。

强制清算是指公司因违法行为被主管机关依法责令关闭或因不能清偿到期债务，并且资产不足以清偿全部债务或者明显缺乏清偿能力被法院宣布破产等而进行的清算。

三、清算中的法律责任

在我国，公司股东、董事、实际控制人在公司清算过程中违反法定程序，或者未经合法清算就注销公司，从而损害债权人利益的情况时有发生。《〈公司法〉司法解释（二）》中对清算中的责任承担问题进行了详细规定。

（一）怠于履行清算职责的法律责任

《〈公司法〉司法解释（二）》第18条规定，有限责任公司的股东、股份有限公司的董事和控股股东未在法定期限内成立清算组开始清算，导致公司财产贬值、流失、毁损或者灭失，债权人可以主张其在造成损失范围内对公司债务承担赔偿责任。前述人员因怠于履行义务，导致公司主要财产、账册、重要文件等灭失，无法进行清算的，债权人可以主张其对公司债务承担连带清偿责任。上述情形系实际控制人原因造成，债权人主张实际控制人对公司债务承担相应民事责任的，人民法院应依法予以支持。

上述责任人为两人以上的,其中一人或者数人承担民事责任后,可以向其他人按照过错大小主张分担责任。

(二) 恶意处置公司财产的法律责任

《〈公司法〉司法解释(二)》第19条规定,有限责任公司的股东、股份有限公司的董事和控股股东,以及公司的实际控制人在公司解散后,恶意处置公司财产给债权人造成损失,债权人可以主张其对公司债务承担相应的赔偿责任。

(三) 未经依法清算而注销公司的法律责任

《〈公司法〉司法解释(二)》第19条规定,未经依法清算,有限责任公司的股东、股份有限公司的董事和控股股东,以及公司的实际控制人存在以虚假的清算报告骗取公司登记机关办理法人注销登记的情形,债权人可以主张其对公司债务承担相应的赔偿责任。

《〈公司法〉司法解释(二)》第20条第1款规定,公司未经清算即办理注销登记,导致公司无法进行清算,债权人可以主张有限责任公司的股东、股份有限公司的董事和控股股东,以及公司的实际控制人对公司债务承担清偿责任。

《〈公司法〉司法解释(二)》第20条第2款规定,公司未经依法清算即办理注销登记,股东或者第三人在公司登记机关办理注销登记时承诺对公司债务承担责任,债权人可以主张其对公司债务承担相应民事责任。

(四) 未履行出资义务的法律责任

《〈公司法〉司法解释(二)》第22条规定,公司解散时,股东尚未缴纳的出资均应作为清算财产。股东尚未缴纳的出资,包括到期应缴未缴的出资,以及分期缴纳制下尚未届满缴纳期限的出资。公司财产不足以清偿债务时,债权人可以主张未缴出资股东,以及公司设立时的其他股东或者发起人在未缴出资范围内对公司债务承担连带清偿责任。

第三节 普通清算

一、清算义务人与清算人

清算义务人与清算人的概念不同。清算义务人是指,当公司解散时,对公司和债权人负有组织清算义务的人,其可能直接实施清算(此时与清算人的身份重叠),也可能不直接担任清算人,而是确认他人担任清算人。两者并不相同。对于谁应当为清算义务人,从《〈公司法〉司法解释(二)》第18条的规定来看,应当是有限责任公司的股东、股份有限公司的董事和控股股东,以及公司的实际控制人。

清算人则被称为清算组或清算机关,是指在清算中代表被解散公司依法执行清算事务的机关。清算人是清算事务的执行人,负责公司具体的清算工作。公司被宣布解散后,进入清算程序。此时公司法人资格将要消灭,但还未消灭,被解散公司已经停止经营范围内的一切活动。原来代表公司的董事会也停止活动,丧失代表公司的资格和法律赋予的职权,取而代之的是公司清算机关。清算机关是公司在清算阶段最主要的机关,代表公司从事清理公司资产、收回公司债权、清偿公司债务、代表公司起诉和应诉等活动。我国《公司法》规定,公司解散后,应当在 15 天内成立清算组。

二、普通清算组成员的选任和解任

(一) 普通清算组成员的选任

普通清算组成员通常有以下几种选任方式:

(1) 法定产生清算组成员。在一般情况下,普通清算的清算机关成员是由董事担任的。实践中,公司董事熟悉公司的业务和财产状况,董事担任清算组成员有利于清算的顺利进行,因而有的国家法律规定董事为当然的普通清算组成员。这是普通清算组成员产生的一种通常方式。

(2) 章程指定产生清算组成员。公司章程是公司最基本规范,其效力及于公司成立到终止。公司清算时,公司章程对清算人有指定的,应按公司章程指定的方法产生清算组成员,有特殊情况发生的除外,如公司资产不足以清偿债务、指定的成员有失格行为等。公司清算时,公司章程指定产生清算组成员的方法优先于法定产生清算组成员方法的适用。

(3) 选任产生清算组成员。如果公司章程没有指定清算组成员,股东会也可以选任他人为清算组成员。

(4) 选派产生清算组成员。上级主管机关指派或债权人向法院请求选派他人为清算组成员。选派清算组成员往往是在特殊情况下产生,如清算组成员不能尽职或债权人利益不能得到充分保护,被解散公司清算组在规定期限内不能成立等情况下,可以以此种方式产生清算组成员。我国《公司法》规定,公司解散后,有限责任公司的清算组,由股东组成;股份有限公司的清算组由董事或者股东大会确定其人选。逾期不成立清算组进行清算的,债权人可以向人民法院申请指定有关人员组成清算组进行清算。

(二) 普通清算组成员的解任

普通清算组成员的解任是指在普通清算中,清算组成员因失格行为不能履行清算义务而被依法解职。

1. 清算组成员被解任的条件

(1) 清算组成员资格消灭。如清算组成员失去了民事行为能力或被依法剥夺政治权利。

(2) 清算组成员没有履行法定的义务和责任:① 清算组成员没有忠于职守,依法履行清算义务;② 清算组成员利用职务便利,收受贿赂或其他非法收入,或侵占公司财产;③ 清算组成员的故意或重大过失行为给公司或债权人造成重大损失的。

2. 清算组成员的解任方法

(1) 决议解任。公司成立清算组后,股东会仍然发生作用,对不合格的清算组成员,股东会通过普通决议解任。决议解任可以适用于法定产生、章程指定和选任产生的清算组成员,但决议解任不适用法院指定产生的清算组成员。

(2) 法院解任。法院可依公司股东或债权人的申请,解除不合格的清算组成员。法院解任适用所有清算组成员。

我国《公司法》对清算组解任未作明确规定。但是,清算组成员的解任问题在公司清算中是无法回避的。为此,《〈公司法〉司法解释(二)》第 9 条规定,人民法院指定的清算组成员,如果存在违反法律或者行政法规、丧失执业能力或者民事行为能力或者有严重损害公司或者债权人利益行为的,人民法院可以根据债权人、股东的申请或者依职权更换清算人。

三、普通清算组的职权

普通清算组是公司普通清算程序中的法定机关,它在已解散公司中的作用就像公司取得经营能力后成立的董事会一样,对外代表公司。区别在于后者的活动范围是在公司的经营范围以内,前者的活动范围则是在公司清算范围以内。普通清算组的职权就是清算组在清算范围内,代表被解散公司执行和处理清算事务的权限。其主要内容如下:

(一) 清理公司财产、编制资产负债表和财产清单

清算组成立后的首要任务就是取代董事会接管公司全部财产。清算组针对公司财产所开展的活动,如清查账册,理清公司债权,统计债权债务,对其实物财产、无形资产提出评估作价等,都属于清算组的职权范围。在查明财产基础上,清算组须编制资产负债表和财产清单。财产清单应包括财产名称、财产形态、处所、数量、价额及担保等情况。清理公司财产、编制资产负债表和财产清单是清算组一项最基础的工作和职能。

(二) 处理与清算有关的公司未了结业务

公司解散后,公司即停止经营活动。但是,公司因经营而已存在的各种法律关系不可能立即结束。此时,公司的各种活动就由清算组视具体情况决定,还未履行的义务,如继续履行有利于公司清算的,由清算组负责继续履行。由清算组继续完成的业务应具有以下两个特征:(1)该项业务是在公司解散前缔结的,公司解散后尚未了结;(2)继续完成该项业务有利于公司清算。清算组不得以任何理由开展新的经营业务。

(三) 收取债权

公司清算的实质是清偿公司债务,但在清偿债务前应确定公司资产。收取公司债权是公司清偿债务的一项准备工作,也是确定公司资产不可缺少的环节。公司解散后,公司对第三人有债权的,清算组应即时收取。公司债权可分为已到期债权和尚未到期债权,对尚未到期债权,因公司已经解散,债务人应提前清偿。因提前清偿涉及债权额折价或转让问题,由清算组酌情处理。

(四) 清偿公司债务

清算组清偿公司债务一般分两个阶段:(1)催告债权人申报债权。清算组成立后,应通知已知债权人向其申报债权,并应向社会公告公司解散事实和债权人申报期限。债权人必须在规定的期限内申报债权,并须提供相应的证据材料。(2)清偿债务。

(五) 申请破产

清算组在清理债权债务时,发现公司全部财产不足以清偿公司债务,应终止普通清算程序,向法院申请破产。法院受理后,清算组应将清算事务转交破产清算组。如前所述,为提高清算效率,我国《〈公司法〉司法解释(二)》第17条对人民法院指定清算与破产清算的衔接进行了细化规定,即公司普通清算可以转变为破产清算,前提必须是,普通清算的清算组是由人民法院指定的,而不是公司自身选定的。

(六) 分派剩余财产

分派剩余财产是在清偿公司全部债务后进行的。公司清偿债务前,公司财产应先支付清算费用、职工工资和劳动保险费用、各项税款。公司支付各种费用和偿还债务后的剩余财产归全体股东所有。清算组分派剩余财产,有限责任公司按各股东出资比例分派,股份有限公司按股东持股数量分派,对优先股股东应优先于普通股股东分派。

(七) 代表公司参与民事诉讼活动

已解散公司在业务了结、债权的确定和追讨、债务的清偿等过程中均可能与其他市场主体发生纠纷,进而涉及诉讼。此时,清算组应代表公司参与起诉和应诉。

四、普通清算的程序

公司清算关系到公司相应法律关系的终结和法人资格的消灭,直接影响股东、债权人和公司职工的利益,因而必须按法定程序进行。普通清算的程序是指普通清算时须依据的法定程序。其特点是:(1) 普通清算程序主要是公司以自己的意思成立清算组,按照法律规定的程序进行,人民法院和债权人不直接干预;(2) 普通清算是法定清算,其清算程序具有法定性和强制性,清算组不能任意改变。其程序如下:

(一) 成立清算组

公司宣布解散后,必须在法定的期限内成立清算组,并确定清算组成员。我国《公司法》规定,公司解散后,应当在15日内成立清算组。清算组成员确定的方法,有限责任公司由股东组成,股份有限公司由董事或股东大会选定。在规定时间内公司不成立清算组的,债权人可向人民法院申请指定有关人员组成清算组。

(二) 债权人申报债权

债权人申报债权有两项内容。一是清算组告知债权人申报债权,二是债权人在规定时间内申报债权。申报债权是清算组成立后的一项重要工作。告知债权人申报债权的方式,根据对债权人情况了解不同,可分通知和公告两种。通知一般是向已知的债权人发出。公告是在一定的范围内,向社会发出。我国《公司法》规定,清算组应当自成立之日起10日内通知债权人,并于60日内在报纸上公告。债权人申报债权是债权人实现债权的一项前提条件。我国《公司法》还规定,债权人应当自接到通知书之日起30日内,未接到通知书的自第一次公告之日起45日内,向清算组申报其债权。如果债权人在规定的期限内未申报债权,根据《〈公司法〉司法解释(二)》第13条的规定,在公司清算程序终结前[即清算报告经股东(大)会或者人民法院确认完毕前],债权人补充申报的,清算组应当予以登记。但对于补充申报的债权的偿还,《〈公司法〉司法解释(二)》在第 14 条做了特殊规定:债权人补充申报的债权,可以在公司尚未分配财产中依法清偿。公司尚未分配财产不能全额清偿,债权人主张股东以其在剩余财产分配中已经取得的财产予以清偿的,人民法院应予支持;但债权人因重大过错未在规定期限内申报债权的除外。债权人或者清算组,以公司尚未分配财产和股东在剩余财产分配中已经取得的财产,不能全额清偿补充申报的债权为由,向人民法院提出破产清算申请的,人民法院不予受理。可见,补充申报的债权对债权人而言,尽管法院予以了认可,但还是具有一定的偿付风险。

对于债权人申报的债权,清算组有义务进行认真审核,准确确定公司应偿付的债务范围。对于清算组所核定的债权结果,债权人有异议的,可以要求清算组重新核定;清算组不予重新核定,或者债权人对重新核定的债权仍有异议,债权人可以以公司为被告向人民法院提起诉讼请求确认。

(三)清理公司财产,编制资产负债表和财产清单,制订清算方案,并报股东(大)会或人民法院确认

清算组在完成登记债权、清理公司财产、编制资产负债表和财产清单等这些基础工作后,对公司的财产、债权、债务已经相当了解。在此基础上,清算组应提出清算方案。如果公司是自行清算的,清算方案应当报股东会或者股东大会决议确认;人民法院组织清算的,清算方案应当报人民法院确认。清算组不得执行未经确认的清算方案,否则,如果给公司或者债权人造成损失,公司、股东或者债权人有权主张清算组成员承担赔偿责任。

(四)按法定顺序分配公司财产

公司清算方案确定后,清算组必须按照法律规定的顺序清偿:(1)支付清算费用;(2)职工工资、社会保险费用和法定补偿金;(3)缴纳所欠税款;(4)偿还公司债务。公司在没有按上述顺序清偿债务之前,不得向股东分派剩余财产。公司财产不足清偿债务时,应立即终止普通清算程序,申请破产。

(五)公司清算结束后,由清算组制作清算报告报股东(大)会或者人民法院确认

(六)办理注销登记并向社会公告公司终止

公司财产清算完毕,清算组必须向公司登记机关办理注销登记。公司登记机关收回与公司法人资格有关的文件和印章等。注销登记应通过公告方式告知社会。清算组不申请注销公司登记的,由公司登记机关吊销公司营业执照,并予以公告。

第四节 特别清算

一、特别清算的定义

特别清算一般是指由法院指定人员组成清算组织,在法院严格监督下,依照法律规定的特定程序进行的清算。特别清算属于非破产清算的范畴,它是介于普通清算和破产清算之间的一种清算程序。对不能按普通清算程序清算的公司,适用一种比普通清算更为

严格的程序,该程序是为了保证债权获得公平清偿,同时又避免进入烦琐的破产程序。

二、特别清算的特征

(一)须经公司债权人、普通清算组、公司股东依特别清算的原因向法院提出申请,由法院决定

特别清算的程序是在普通清算进行中,由公司的债权人、普通清算组、公司股东依特别清算的原因向法院提出申请,由法院接受申请依法作出决定开始的。没有上述人员的申请和法院的决定,不能引起特别清算程序。

(二)法院直接加入并监督整个特别清算程序

特别清算程序比普通清算程序更加严格,法院直接加入并监督整个清算过程。法院有权选任或解任特别清算组成员,选派专门人员担任监察人,检查公司财产状况、监督清算过程。在必要时,法院可采取保全财产、禁止记名股份转让、责令清算组就清算事务及财产状况进行报告等措施。特别清算方案经债权人会议表决通过后,由法院批准方可实施。这与普通清算程序中,法院间接干预有很大的不同。

(三)债权人直接参与特别清算

在普通清算中,因公司法人资格尚未消灭,公司的股东会和监事会不仅存在,而且仍发挥部分作用。清算组要向股东会报告清算事项并接受监事会监督,债权人仅是清算组清偿公司债务的对象。但在特别清算中,股东会、监事会的存在形同虚设,债权人则处于举足轻重的地位,具有特殊作用。债权人直接参与特别清算并通过债权人会议与清算组就清算方案共同协商。没有取得债权人会议同意的清算方案是不能实施的。债权人对特别清算组成员有权请求法院解任等。

(四)清算组的清算权限受到限制

特别清算是在法院直接干预和债权人直接参与下进行的。在保障债权获得公平受偿的前提下,清算组权限受到限制。清算组对清算事项的重大决定往往要得到同意后才能作出,如对公司财产处分、在清算中需要借用现款、对公司某些权利的放弃等。

(五)特别清算的程序包括专门规定的特别程序及普通清算程序

在特别清算程序进行中,有专门规定的适用专门规定,没有专门规定的适用普通清算的规定。

三、特别清算的条件

特别清算的条件是指引起特别清算程序开始的原因。特别清算的原因可分实质条件和形式条件。

(一)实质条件

1. 普通清算发生显著的障碍

普通清算发生显著的障碍是指在普通清算中,清算组不能顺利按股东会通过的清算方案清算。不能清算的障碍既有法律的原因,如公司的财产已被强制查封,或法律禁止流

通。也有事实的原因,如公司财产有价无市、无法变现但以实物清偿又不能平等对待债权人等。

2. 发现公司有债务超过资产之嫌

在债权人申报债权和清算组清查公司财产、登记造册期间,发现申报的债权有超过公司资产的可能,或在清算过程中发现公司资产不能清偿全部债务时,可申请适用特别程序。

3. 其他不能清算的原因

如债权人虚假申报债权、债权人与债务人勾结申报虚假或多报债权、资产估价失实等。

(二) 形式条件

从普通清算转为特别清算是因债权人、清算组、公司股东提出申请,由法院发出特别清算命令而开始的。

四、特别清算的程序

(一) 特别清算方案的制订

特别清算方案是特别清算的清算组向债权人会议提出并被债权人会议接受的方案。债权人会议通过的特别清算方案,须经法院认可才能生效。特别清算方案制订的内容是关于偿还债务的条件比例等事项,当债权人不能全额受偿时,应贯彻等差原则和平等原则。

如果清算组提出的特别清算方案不能被债权人会议接受,或不能被法院批准,终止特别清算程序,进入破产程序。

(二) 特别清算方案的执行

特别清算方案由清算组执行。方案执行完毕,清算组应向法院或企业审批机关提出执行报告。特别清算方案在执行过程中,难以继续执行的,由法院宣告破产,进入破产程序。

(三) 注销登记

特别清算方案执行完毕,清算组应按规定办理公司注销登记。随之,公司法人资格消灭,清算组完成它的历史使命。

第十章 公司破产

第一节 公司破产概述

公司经营是有风险的,如果发生决策失误、市场变化、经营管理不善等情况,就有可能使公司陷入无法清偿到期债务的困境。这时,市场竞争的规律就必须发挥作用,能挽救的就挽救,不能挽救的就淘汰。我国《公司法》第190条对公司破产问题作了规定:"公司被依法宣告破产的,依照有关企业破产的法律实施破产清算。"

一、公司破产的法律特征

所谓公司破产,是指公司作为债务人不能清偿到期债务,并且其资产不足以清偿全部债务或者明显缺乏清偿能力,为保护多数债权人的利益,使之能得到公平受偿而设置的一种程序。

公司破产具有下列法律特征:

(一) 公司不能清偿到期债务

如何认定"公司不能清偿到期债务"?《最高人民法院关于适用〈中华人民共和国企业破产法〉若干问题的规定(一)》[以下简称《〈企业破产法〉司法解释(一)》]第2条规定了三个条件,当其同时被满足时,便可以认定债务人公司不能清偿到期债务,即(1) 债权债务关系依法成立;(2) 债务履行期限已经届满;(3) 债务人未完全清偿债务。

(二) 存在两个以上的债权人

如果只有一个债权人,采用一般的民事执行程序即可清偿债务;当存在多数债权人时,如果仍采用一般的民事执行程序,就会出现债权人对债务人的财产竞相请求执行的情形,不利于纷争的解决。

(三) 使债权人得到公平清偿

公平清偿,是指将债务人的财产,按照一定的程序和比例,公平合理地分配给各债权人;不能受偿的部分也由各债权人公平分担。

(四) 司法介入性

从破产申请到破产宣告,从债权登记到财产清理,从破产财产分配到破产终结,有关当事人的活动均应在法院的主持和监督下按照法定的程序进行。

二、公司破产适用的法律依据

破产法是调整债务人不能清偿债务时,对其宣告破产,并强制执行其全部财产,使各债权人得到公平受偿,或者债权人与债务人达成重整或和解协议,进行整顿的过程中所发生的各种关系的法律规范的总称。我国《公司法》未对公司破产作出具体规定，公司破产须执行有关破产法的具体制度。

我国1986年颁布的《中华人民共和国企业破产法（试行）》[以下简称《企业破产法（试行）》]仅适用于全民所有制企业，1991年通过的《中华人民共和国民事诉讼法》（以下简称《民事诉讼法》）虽将破产适用范围扩大到所有企业法人，但并没有规定详细的程序，故而影响到破产制度的有效实施。为此，2006年8月27日，第十届全国人民代表大会常务委员会第二十三次会议通过了制度设计更加市场化、体系更加完整的《企业破产法》。由于该法主要适用于企业法人的破产，当然也就适用于公司的破产。为叙述方便，下文中"企业破产"如无特殊说明均指"公司破产"。

三、破产法的基本原则

破产法的基本原则，是贯穿于破产法的全部规范并对执行破产法具有指导作用和约束力的一般准则。它主要包括：

（一）保护债权人公平受偿原则

破产法赋予债权人、债务人广泛的权利，这些权利不仅包括一系列实体性权利，也包括一系列程序性权利，以确保债权人、债务人法律地位的平等和各自权益的实现。从保护债权人的角度出发，破产法可以被认为是"多数债权的一种实现方式"，是在众多作为破产人财产的"公共所有者"（即全体等待破产分配的破产债权人）都对该公共财产主张权利时，为处置"公共鱼塘"问题可能面临的各人随意钓鱼矛盾作出的反映。破产程序是替代个别执行的一种制度，它对债权人的意义在于可以降低集体谈判的成本，增加公共鱼塘的财产总量并提高执行的效率。

（二）破产清算与重整、和解相结合原则

现代经济的组成细胞是企业，而任何企业都很难说仅仅是债权人和企业所有者利益的集中焦点，它同时也是其他相关主体利益的集合体。企业破产之时，除了债权人和企业所有者之外，雇员、供应商、顾客或者消费者以及政府等都可能不同程度地遭受消极影响，虽然他们的利益很难现实地折算成金钱价值，但这种利益损失是客观存在的，因而他们需要得到相应的保护。破产程序的功能就在于将所有可能受到破产影响的利益完整地予以考虑，并采取必要的措施使利益相关者能够慢慢地或者更容易地承受企业倒闭的后果，或者如果可能的话，达成挽救甚至支持企业复苏的计划。为此，世界各国破产法的理念都从以前相对单纯的破产清算转化为现在的破产清算和破产预防并重。我国《企业破产法》也专章设立了重整制度，并进一步完善了和解程序，丰富了我国的破产预防制度体系。

（三）保护职工利益原则

职工作为公司最主要的利益相关者之一，在公司破产时，对其利益进行保护极为必要。这一理念在我国《企业破产法》中得以体现。如为保护破产企业职工的权益，法律规定债权人会议应当有债务人的职工和工会的代表参加，并对有关事项发表意见。

第二节 破产界限

一、破产界限的定义

破产界限,亦称破产原因或破产事实,是指申请人向人民法院申请债务人破产,以及人民法院据以裁定是否受理该案件的客观标准,是启动破产案件的依据。破产原因构成的判断基准由法律规定,是为了确保社会安全而使得债务人之破产率适度。在界定破产原因时,不仅要充分考量债权人利益之保护,而且亦应当考量债务人之合理保护,以维持社会经济秩序的稳定。

破产界限是破产程序开始的实质性要件。只有符合这一实质要件,债权人或债务人才能提出破产申请,法院才能依法受理并开始破产程序。《企业破产法》第2条对破产界限进行了明确规定:"企业法人不能清偿到期债务,并且资产不足以清偿全部债务或者明显缺乏清偿能力的,依照本法规定清理债务。企业法人有前款规定情形,或者有明显丧失清偿能力可能的,可以依照本法规定进行重整。"据此,《企业破产法》实际上规定了两个界限,一是通常意义上的破产界限;二是为实施破产预防的重整界限。

二、破产界限的规定

(一) 企业法人不能清偿到期债务,并且资产不足以清偿全部债务

所谓"不能清偿到期债务",是指企业法人债务的清偿期限已经届至,债权人要求清偿,但作为债务人的企业法人无力清偿。其构成要件如下:

1. 债务的清偿期限已经届满并且债权人已经要求清偿

到期债务既包括依照法定或约定到期的债务,也包括可推定的或经催告的清偿期已到的债务。对于未到期的债务,由于债务人仅负有将来的清偿义务而无即时的清偿责任,故纵使债务人实际上已清偿困难,也不符合破产界限。此外,对于已届清偿期的债务,还需要债权人已提出履行请求。如果清偿期限已届满,而债权人与债务人就偿债期限达成新的协议,清偿期限以重新约定的为准。

2. 债务人持续不能清偿到期债务

构成债务人进入破产程序的原因,必须是债务人持续不能偿付已到清偿期限的债务,而非暂时不能清偿到期之债。如果仅仅由于一时筹集资金困难而不能清偿债务,不能认为是清偿不能。

3. 全面欠缺清偿能力

清偿不能,并非指对次要的局部的债务不能清偿,而是指对其全部或主要部分债务不能清偿。

所谓"资产不足以清偿全部债务"是指,企业法人的资产总和小于其债务总和,即资不抵债,一般要根据企业的资产负债表确定。可以说,资不抵债的确定标准只是根据债务人

的资产多少与负债多少来计算的,即只是从单纯的财产因素上判断,而未考虑债务人的信用与技术力量及知识产权等因素。对此,《〈企业破产法〉司法解释(一)》第3条也明确规定"债务人的资产负债表,或者审计报告、资产评估报告等显示其全部资产不足以偿付全部负债的",债务人便处于"资产不足以清偿全部债务"的境地,"但有相反证据足以证明债务人资产能够偿付全部负债的除外"。

由于企业法人的债务清偿能力是由其财产、信用、产品市场前景等因素综合构成的。只有在用尽所有手段仍然不能清偿债务时,才真正构成清偿能力的缺乏。也就是说,企业法人即使财产不足,但如果有良好的信誉、优良的技术,并可以此筹集款项,则仍有清偿债务之潜在能力,不属于清偿不能。此外,涉及公用企业和与国计民生有重大关系的企业,虽财产不足偿债,也无偿债的潜在能力,但政府有关部门给予资助或者采取其他措施帮助清偿债务的,也应视其具有清偿能力。因此,"资产不足以清偿全部债务"应与"不能清偿到期债务"状况一并作为判断债务人是否达到破产原因的标准,而不能单独作为判断依据。

（二）企业法人不能清偿到期债务,并且明显缺乏清偿能力

这一破产界限的规定也是以不能清偿到期债务为主;同时辅之以明显缺乏清偿能力。企业法人不能清偿到期债务,如果属于暂时资金周转不灵,不宜宣告其破产,但如果实际上已经丧失清偿能力,即使其资产负债表上的资产可能还略大于负债,如资产多为积压产品,一些设备在购置时可能价值不菲,但因为技术落后导致目前的市场价值大幅下降等,也可以启动破产程序清理债务,不一定要等其继续恶化到资不抵债时再宣告破产,这对债权人和债务人更有利。

对于债务人"明显缺乏清偿能力"的具体情形认定,《〈企业破产法〉司法解释(一)》作出了规定:(1) 因资金严重不足或者财产不能变现等原因,无法清偿债务;(2) 法定代表人下落不明且无其他人员负责管理财产,无法清偿债务;(3) 经人民法院强制执行,无法清偿债务;(4) 长期亏损且经营扭亏困难,无法清偿债务;(5) 导致债务人丧失清偿能力的其他情形。此时,即使债务人的账面资产大于负债,人民法院也会认定债务人具有破产原因。

三、重整界限的规定

从国内外破产法的理论与实践来看,破产程序主要包括清算、和解和重整三大制度。为使面临困境但仍有挽救希望的企业避免破产清算,恢复生机,我国《企业破产法》借鉴国外经验,规定了重整程序。重整原因是启动重整程序的事由,也是法院裁定债务人进行重整的法定依据,因此,应当明确。依照《企业破产法》,重整原因包括两种情形:

(1) 企业法人不能清偿到期债务,并且资产不足以清偿全部债务或者明显缺乏清偿能力。此情形表明企业法人在具备破产原因时可以进行重整。

(2) 企业法人尚不具备破产原因,但存在丧失清偿能力可能性。由于建立重整制度的目的主要在于使企业法人能够避免破产,因此,企业法人进行重整除了已经具备破产原因外,还包括虽然尚不具备破产原因,但存在丧失清偿能力的可能,有可能导致破产的情

形。当企业法人出现此困难时,及时提出重整申请,有助于提高重整的成功率,更好地发挥该制度的作用。

第三节 破产管理人

破产管理人是《企业破产法》设立的一项新制度,是指人民法院受理破产申请案件后接管债务人财产并负责财产管理和其他有关事务的专门机构或专业人员。破产管理人制度不同于《企业破产法(试行)》中的清算组。原清算组的规定有许多问题:一是,清算组往往要等到法院宣告破产后方能成立,这使得从破产申请到破产宣告这一期间,破产财产缺乏有效的监管;二是,清算组成员大多来自政府部门,很少有专业人员参加,这使得破产程序很难依照市场机制来操作,破产案件的处理带有较浓的行政色彩;三是,对于清算组成员的准入资格、报酬、责任没有合理明确的规定,使得清算组成员的积极性不高、责任心不足。正是因为清算组制度的这些不足,《企业破产法》规定了更为完善的破产管理人制度。

一、破产管理人的选任主体

对于破产管理人的选任主体,各国破产法的规定各有特色。纵观各国立法,主要的选任办法有三种:法院选任、债权人会议选任、债权人选任与法院选任相结合。我国立法采取的是法院选任,即破产管理人由人民法院指定,对人民法院负责并接受债权人会议和债权人委员会监督。对此规定,应当注意以下两方面的理解:(1)人民法院一旦受理了破产申请后,就应当指定破产管理人,而债权人会议与债权人委员会开始行使其监督权,则须等到第一次债权人会议召开后。在此期间,法院应当注重对指定管理人的管理,以免产生有损债权人利益的行为;(2)债权人会议召开后,认为管理人不能依法、公正履行职务或者有其他不能胜任职务情形的,债权人会议可以请求人民法院予以解任,另行指定。当然,法院对解任或续任有决定权。

二、破产管理人的选任范围

由于破产管理人在破产制度中居于重要位置,故对管理人任职者一般有较高的资质要求。我国《企业破产法》借鉴国外经验,结合我国破产实际及实行管理人制度的需要,对管理人的任职做了如下规定:

(一)清算组可担任管理人

破产中的清算组是由人民法院指定成立,对接管的破产企业财产进行清理、保管、估价,以及处理和分配的专门机构。在破产实践中,由清算组担任管理人,主要是基于两个方面的考虑:一是与国有企业破产制度相结合;二是与现行《公司法》相衔接。国有企业的破产涉及国有资产处置、职工安置等复杂问题,需要由政府有关部门、机构的人员组成的清算组担任管理人。这里的有关部门、机构主要包括企业上级主管部门、政府财政、工商行政管理、审计、税收、劳动等部门的工作人员以及一些专业人员,包括会计师、审计师、律师等。另外,根据我国《公司法》规定,公司因章程规定的期限届满、章程规定的解散事由出现、股东会或股东大会决议解散、依法被吊销营业执照、责令关闭或者被撤销、被法院判令司法解散等原因而解散的,应当在解散事由出现之日起 15 日内成立清算组,开始清算。清算组在清理公司财产、编制资产负债表和财产清单后,发现公司财产不足清偿债务的,应当依法向人民法院申请宣告破产。此时,也出现了清算组与管理人的关系问题。一般而言,依据有关法律规定组成的清算组,并不当然具有管理人资格,人民法院可以根据破产申请的实际状况,考虑清算组对破产企业的财产、债权债务、经营管理等诸种情况比较熟悉,具备担任管理人必要条件的,可以指定该清算组担任管理人。

(二) 社会中介机构或相关专业人员可担任管理人

由于破产事务具有一定的专业性,因此,要求管理人具备一定的专业知识和业务能力是发挥管理人职能的必要前提。由社会中介机构担任管理人的优势主要体现在以下几个方面:(1) 社会中介机构地位相对独立,既不依附于债权人,也不依附于债务人,同时不受政府部门的牵制,因此,能够准确履行管理人的职能,有利于公正的清算;(2) 社会中介机构的人员因为受过专业训练,具有破产实践经验,熟悉破产清算业务,由其作为管理人,能够保证破产事务处理的质量;(3) 社会中介机构具有独立承担责任的能力,对因其过错导致破产工作失误,损害利害关系人利益的,可以社会中介机构的财产承担赔偿责任。这将促使管理人勤勉尽责履行工作。

另外,按照《企业破产法》规定,人民法院根据债务人的实际情况,可以在征询有关社会中介机构的意见后,指定该机构具备相关专业知识并取得执业资格的人员担任管理人。此种由具有专业知识并取得职业资格的自然人担任管理人,主要适用于规模较小、债权债务关系比较简单的企业。当然,自然人作为管理人的应当参加职业责任保险。

(三) 管理人的消极资格限制

《企业破产法》规定以下几种人不得作为破产管理人:(1) 因故意犯罪受过刑事处罚;(2) 曾被吊销相关专业执业证书;(3) 与本案有利害关系;(4) 人民法院认为不宜担任管理人的其他情形。

三、破产管理人的职责

破产案件受理后,以管理人履行其职责为核心。我国《企业破产法》第 25 条第 1 款规定了管理人的各项职责:

(1) 接管债务人的财产、印章和账簿、文书等资料;
(2) 调查债务人财产状况,制作财产状况报告;
(3) 决定债务人的内部管理事务;
(4) 决定债务人的日常开支和其他必要开支;
(5) 在第一次债权人会议召开之前,决定继续或者停止债务人的营业;
(6) 管理和处分债务人的财产;
(7) 代表债务人参加诉讼、仲裁或者其他法律程序;

(8) 提议召开债权人会议;

(9) 人民法院认为管理人应当履行的其他职责。

对于管理人职责履行的情况,《企业破产法》规定了相应的监督机制:首先,管理人应当向法院报告其工作;其次,管理人受债权人会议和债权人委员会监督,当管理人的处分行为对债权人利益有重大影响时,应当及时报告债权人委员会;最后,管理人应列席债权人会议,向债权人会议报告职务执行情况并回答询问。

四、破产管理人的权利与义务

(一) 管理人的报酬请求权

管理人为管理破产企业付出了大量的时间成本和人力成本,而破产工作本身耗时费力、任务繁重、责任重大,因此,国外破产立法大多规定破产管理人有权获得报酬。关于报酬的数额,多数国家的法律规定由法院决定,这也是为了公平地保护债权人、债务人以及利益相关人。我国《企业破产法》也作出了相似规定,即管理人的报酬由人民法院确定。若债权人会议对管理人的报酬有异议的,有权向人民法院提出。人民法院确定或者调整管理人报酬方案时,一般应当考虑以下因素:破产案件的复杂性;管理人的勤勉程度;管理人为重整、和解工作作出的实际贡献;管理人承担的风险和责任;债务人住所地居民可支配收入及物价水平。

(二) 管理人的勤勉与忠实义务

所谓勤勉义务,即指破产管理人负有以善良管理人的注意处理债务人事务的义务。这里的注意,是指具有通常注意能力的人在相同的情况下,所应当具有的注意程度。忠实义务,则是指管理人执行其职务应忠实尽力。它要求管理人竭尽忠诚地执行管理工作并诚实、正当地履行其职责,不得使个人的私利与债务人、债权人的利益相矛盾,若出现这种情况,应采取公司利益优先的原则。关于管理人的这两大义务,可以参见董事、监事、高管人员义务的认定标准进行确定。

(三) 管理人不得任意辞职的义务

管理人一经人民法院指定,即开始履行职责。由于破产事务一般需要较长的时间才能完成,这就决定了破产事务的连续性和长期性。为了使破产工作顺利完成,管理人在没有正当理由的情况下不得随意辞去职务,即使有正当理由需要辞去职务,也必须征得人民法院的同意。

第四节 破产债权

一、破产债权的定义及特征

破产债权是指债权人所享有的能够依据国家强制力,通过破产程序从债务人的财产中受到清偿的财产请求权。它不同于一般的债权债务关系。一般债权发生的根据可以由合同约定,也可以依照法律的规定,而破产债权发生的根据是债务人濒临破产、不能清偿这一法律事实。它只有依照破产程序,经过债权申请,才能从破产财产中得到清偿。破产债权具有以下四个特征:

(1) 破产债权是相对权。所谓相对权,亦称对人权,是指特定人之间的权利义务关系,即破产债权人只享有要求债务人履行一定义务的权利。基于所有权而享有的取回权,不属于破产债权。

(2) 破产债权是财产上的请求权。破产债权必须能够表现为一定数额的货币或者说能够折算为一定数额的货币。只有把债权货币化,才能统一计算各债权的清偿数额和比例,公平对待和偿还所有债权,实现破产法的功能。因此,破产债权必须是能够通过货币量化的财产上的请求权。对于非财产请求权,例如,以破产人作为或不作为为标的的请求权,具有不可替代性,除非可以转化为损害赔偿请求权,否则,便不能成为破产债权,如赔礼道歉、恢复名誉等。

(3) 破产债权必须是基于破产受理前的原因发生的请求权。也就是说,债权人行使请求权的依据是在破产受理前确已存在的债权债务关系。如果是破产受理之后发生的债权债务关系,则不能列入破产债权。

(4) 破产债权必须是对可以强制执行的财产的请求权。不能强制执行的债权如劳务之债、已超过诉讼时效而债务人仍表示愿意履行之债等不属于破产债权。

二、破产债权的范围

《企业破产法》第44条规定:"人民法院受理破产申请时对债务人享有债权的债权人,依照本法规定的程序行使权利。"根据《企业破产法》第六章的相关规定,破产债权的范围应包括以下几项:

(1) 破产申请受理前成立的无财产担保的债权。凡是在破产申请受理前成立、以财产给付为内容的无财产担保的请求权,并且在破产案件受理时尚未终止的,均得成为破产债权。这种债权不受履行期限、终止期限、所附条件以及标的的财产种类的影响,也不因为存在连带债务人而使破产人免责。

(2) 有财产担保的债权。所有的有财产担保的债权也属于破产债权。只是有财产担保的债权人,未放弃优先受偿权利的,对于"通过和解协议""通过破产财产的分配方案"没有表决权。

(3) 债务人的保证人和其他连带债务人,因代替债务人清偿债务而取得的求偿权。《企业破产法》第51条规定:债务人的保证人或者其他连带债务人已经代替债务人清偿债务的,以其对债务人的求偿权申报债权。债务人的保证人或者其他连带债务人尚未代替债务人清偿债务的,以其对债务人的将来求偿权申报债权。但是,债权人已经向管理人申报全部债权的除外。

(4) 管理人解除合同,对方当事人因合同解除所产生的损害赔偿请求权。在具体计算中,以实际损失为计算原则。

(5) 因委托合同产生的债权。债务人是委托合同的委托人，受托人未接到破产申请受理通知，并且不知道有破产申请受理的事实，继续处理委托事务的，受托人以由此产生的请求权申报债权。

(6) 票据追索权。票据持有人，在票据到期不获付款或不获承兑的情况下，有权向其前手请求偿还票据金额本息的权利，此为票据追索权。如果被追索人正处于破产程序中，则持票人有权以其追索权申报债权并参加清算分配。如果票据的出票人正处于破产程序中，而该票据的付款人或承兑人不知其事实继续付款或者承兑的，付款人或承兑人以由此产生的请求权申报债权。

(7) 人民法院认可的其他债权。如，债务人在破产受理前因侵权、违约给他人造成财产损失而产生的赔偿责任。

下列债权不属于破产债权：(1) 行政、司法机关对破产企业的罚款、罚金以及其他有关费用；(2) 人民法院受理破产案件后，债务人未支付应付款项的滞纳金，包括债务人未执行生效法律文书应当加倍支付的迟延利息和劳动保险金的滞纳金；(3) 破产申请受理后的债务利息；(4) 债权人参加破产程序所支出的费用；(5) 破产企业的股权、股票持有人在股权、股票上的权利；(6) 因破产申请受理后的债务不履行行为所产生的损害赔偿及违约金；(7) 超过诉讼时效的债权。需要说明的是，政府无偿拨付给债务人的资金不属于破产债权。但财政、扶贫、科技管理等行政部门通过签订合同，按有偿使用、定期归还原则发放的款项，可以作为破产债权。

三、破产债权的申报与审查、确认

债权申报是债权人主张并证明债权的单方意思表示，是债权人参加破产程序的必要条件。债权人申报债权的申报书，应包括三方面的内容：(1) 债权发生事实及有关证据；(2) 债权性质、数额；(3) 债权有无财产担保，有财产担保的，应当提供证据。

债权申报期限是允许债权人向法院申报其债权的固定期限。限定债权申报期间，对于破产程序及时、顺利进行极为必要。因为只有在债权人人数和债权数额业已确定的情况下，才能召开债权人会议和进行清算分配。《企业破产法》采用了立法限制基础上的法院酌定模式，规定人民法院受理破产申请后，应当确定债权人申报债权的期限，债权申报期限最短不得少于30日，最长不得超过3个月；同时，对于所有的债权人不论其是否知悉破产程序开始的事实，设定了统一的申报起算点，即债权申报期限自人民法院发布受理破产申请公告之日起计算。

管理人收到债权申报材料后，应当登记造册，对申报的债权进行审查，并编制债权表。债权表和债权申报材料由管理人保存，供利害关系人查阅。

债权申报结束后，人民法院和债权人会议须对债权人申报的债权进行审查、确认。其具体步骤有：

(1) 第一次债权人会议核查管理人编制的债权表；

(2) 债务人、债权人对债权表记载的债权无异议的，由人民法院裁定确认；

(3) 债务人、债权人对债权表记载的债权有异议的，可以向受理破产申请的人民法院提起诉讼。

通常情况下，审查的内容主要有以下几个方面：(1) 审查所申报债权的依据，判断债权是否真实，以及债权的准确数额；(2) 审查债权申报主体资格，有时债权确实存在，但申报主体是否有权享有该申报的债权，需要认真断定；(3) 注意区分有财产担保债权和无财产担保债权，同时区分不同清偿顺序的债权。

四、债权人会议

债权人会议是债权人依照人民法院的通知或公告而组成的，表达全体债权人的共同意志、参与破产程序并对有关破产事项进行决议的议事机构。在破产程序中设立债权人会议，对于保护债权人的合法权益、平衡各债权人之间的利益关系具有重要意义。

债权人会议由申报债权的债权人组成。即是说，对达到破产界限的企业拥有债权的所有债权人，只要在法定期限内申报了债权，均有权参加或委托代理人参加债权人会议。当委托代理人参加时，代理人应当向人民法院或者债权人会议主席提交授权委托书。债权人会议设主席一人，由人民法院从有表决权的债权人中指定，债权人会议主席主持债权人会议。同时，为保护破产企业职工的权益，法律规定债权人会议应当有债务人的职工和工会的代表参加，并对有关事项发表意见。

第一次债权人会议由人民法院召集，自债权申报期限届满之日起 15 日内召开。以后的债权人会议，在人民法院认为必要时，或者管理人、债权人委员会、占债权总额 1/4 以上的债权人向债权人会议主席提议时召开。

债权人会议的职权主要包括：(1) 核查债权；(2) 申请人民法院更换管理人，审查管理人的费用和报酬；(3) 监督管理人；(4) 选任和更换债权人委员会成员；(5) 决定继续或者停止债务人的营业；(6) 通过重整计划；(7) 通过和解协议；(8) 通过债务人财产的管理方案；(9) 通过破产财产的变价方案；(10) 通过破产财产的分配方案；(11) 人民法院认为应当由债权人会议行使的其他职权。

根据需要，债权人会议可以决定设立债权人委员会。债权人委员会由债权人会议选任的债权人代表和一名债务人的职工代表或者工会代表组成，一般不得超过 9 人。当然，债权人委员会成员应当经人民法院书面决定认可。债权人委员会主要职责包括：(1) 监督债务人财产的管理和处分；(2) 监督破产财产分配；(3) 提议召开债权人会议；(4) 债权人会议委托的其他职权。根据《最高人民法院关于适用〈中华人民共和国企业破产法〉若干问题的规定（三）[以下简称《〈企业破产法〉司法解释（三）》]》的相关规定，债权人会议可以委托债权人委员会行使部分职权，但是债权人会议不得作出概括性授权。债权人委员会决定所议事项应获得全体成员过半数通过，并作成议事记录。债权人委员会行使职权应当接受债权人会议的监督，以适当的方式向债权人会议及时汇报工作，并接受人民法院的指导。

需要说明的是，债权人会议的表决机制尤其值得注意。债权人会议的职权主要是通过形成债权人会议的决议来实现的。因此,债权人会议决议需要多少债权人同意,并且在什么情况下通过的决议才是有效的就极为关键。关于这一点,各国立法大同小异,大都是采用双重表决的方式,既要求债权人人数达到一定数目,又要求其所代表的债权额达到一定的数额标准。我国《企业破产法》采用了世界各国通行的双重表决方式,即一般情况下,债权人会议的决议,由出席会议的有表决权的债权人过半数通过,并且其所代表的债权额占无财产担保债权总额的1/2以上。债权人会议的决议,一旦通过,对于全体债权人均有约束力。少数债权人拒绝参加债权人会议,不影响会议的召开,但债权人会议不得作出剥夺其对破产财产受偿的机会或者不利于其受偿的决议。

这里需要强调的是几种特殊情况:(1)对于有担保的债权人的表决权问题。根据《企业破产法》规定,有担保的债权人,即使未放弃优先受偿权利,除了"通过和解协议""通过破产财产的分配方案"外,对于债权人会议的一般审议事项仍有表决权。(2)债权尚未确定的债权人,除人民法院能够为其行使表决权而临时确定债权额的外,不得行使表决权。(3)通过重整计划、和解协议的决议,必须占无财产担保债权总额的2/3以上。(4)债务人财产的管理方案、破产财产的变价方案,经债权人会议表决未通过的,由人民法院裁定;破产财产的分配方案,经债权人会议二次表决仍未通过的,由人民法院裁定。

债权人会议所作出的决议并非当然有效。根据《〈企业破产法〉司法解释(三)》第12条第1款的规定,债权人会议的决议如果存在以下情形之一,损害债权人利益,债权人可以申请人民法院撤销:(1)债权人会议的召开违反法定程序;(2)债权人会议的表决违反法定程序;(3)债权人会议的决议内容违法;(4)债权人会议的决议超出债权人会议的职权范围。

第五节 债务人财产

一、债务人财产的定义及构成

债务人财产指的是破产申请受理时属于债务人的全部财产,以及破产申请受理后至破产程序终结前债务人取得的财产。《企业破产法》对"债务人财产"和"破产财产"概念进行了区分,债务人财产的概念泛指破产程序(包括破产重整、破产和解与破产清算)中债务人的所有财产,而破产财产仅指企业被宣告破产后,在清算程序中供债权人进行分配的财产。[1]

债务人财产的构成由法律确定。依据《企业破产法》及其司法解释的规定,主要包括:(1)破产申请受理时,属于债务人的全部财产;(2)破产申请受理后至破产程序终结前债务人取得的财产;(3)因行使破产撤销权和认定破产无效行为而取回的债务人的财产;(4)人民法院受理破产申请后,债务人的出资人尚未完全履行出资义务的,该出资人缴纳

---

[1] 参见王欣新主编:《破产法原理与案例教程》(第二版),中国人民大学出版社2015年版,第98页。

所欠缴出资的财产;(5)债务人的董事、监事和高级管理人员利用职权从公司获取的非正常收入和侵占的应归还于公司的财产;(6)债务人对外投资形成的股权及其收益应当予以追收,对该股权可以出售或者转让,出售、转让所得列入破产人财产。此外,债务人对按份享有所有权的共有财产的相关份额,或者共同享有所有权的共有财产的相应财产权利,以及依法分割共有财产所得部分属于债务人财产;破产申请受理后,因错误执行债务人财产而应当执行回转的财产,应当列入债务人财产。

依据《最高人民法院关于适用〈中华人民共和国企业破产法〉若干问题的规定(二)[以下简称《〈企业破产法〉司法解释(二)》]的规定,下列财产不应认定为债务人财产:(1)债务人基于仓储、保管、承揽、代销、借用、寄存、租赁等合同或者其他法律关系占有、使用的他人财产;(2)债务人在所有权保留买卖中尚未取得所有权的财产;(3)所有权专属于国家且不得转让的财产;(4)其他依照法律、行政法规不属于债务人的财产。对于债务人已依法设定担保物权的特定财产,应被认定为债务人财产。对该特定财产在担保物权消灭或者实现担保物权后的剩余部分,在破产程序中可用以清偿破产费用、共益债务和其他破产债权。

二、与债务人财产相关的几个概念

债务人财产是由法律加以概括规定的。在破产程序进行中,债务人财产的数量往往处于不确定状态,因此,有必要搞清楚与债务人财产相关的几个概念:

(一)破产撤销权

撤销权又称为否认权,是指破产财产的管理人对于破产人在破产案件受理前的法定期间内,与他人进行的欺诈行为或对全体债权人公平清偿有损害的行为,有否认其效力,并申请法院撤销的权利。

制定破产撤销权是各国破产立法的惯例。该制度设立的初衷在于防止债务人在明知自己破产已经不可避免的情况下,隐匿、无偿或以明显不合理的低价处分资产,或者偏袒性清偿债务,进而侵害全体或多数债权人的利益,破坏破产法公平清偿原则的行为。

我国《企业破产法》第31条规定,人民法院受理破产申请前1年内,涉及债务人财产的下列行为,管理人有权请求人民法院予以撤销:(1)无偿转让财产的;(2)以明显不合理的价格进行交易的;(3)对没有财产担保的债务提供财产担保的;(4)对未到期的债务提前清偿的;(5)放弃债权的。第32条又补充规定,人民法院受理破产申请前6个月内,债务人达到破产界限,但仍对个别债权人进行清偿的,管理人有权请求人民法院予以撤销。但是,个别清偿使债务人财产受益的除外。

(二)破产无效行为

破产无效行为是民法上无效行为制度的延伸,是指债务人在破产状态下实施的使破产财产不当减少或违反公平清偿原则,从而使债权人的一般清偿利益受到损害,依破产法的特别规定被确认为无效的财产处分行为。这种行为自始、当然、确定无效。

根据《企业破产法》第33条的规定,涉及债务人财产的下列行为无效:(1)为逃避债务而隐匿、转移财产的;(2)虚构债务或者承认不真实的债务的。这两类行为的目的都是为了隐瞒债务人的真实财产状况。这类行为自始无效,如果据此取得债务人财产的,应当予以追回。

(三) 取回权

在破产宣告时,由破产企业经营管理的财产并非全部属破产企业所有,如他人的寄存、寄售物品,或破产企业租赁的他人财物,其所有权属于他人。当企业被宣告破产时,所有权人有权通过管理人取回该物。这种由所有权人行使的权利,称为取回权。《企业破产法》对此进行了明确规定。

(四) 别除权

不依破产程序而能从破产企业的特定财产上得到优先受偿的权利,称为别除权。只要在破产申请受理时破产企业已经以自己的特定财产向债权人设定了担保,并且担保关系合法有效,那么,债权人就可以对担保债权的财产依法行使别除权,对所担保的标的物有优先受偿的权利。

(五) 抵销权

破产债权人在破产申请受理时,对破产企业负有债务的,享有在破产清算前以其债权充抵其债务的权利,这种由破产债权人享有的权利称为抵销权。《企业破产法》第40条规定:债权人在破产申请受理前对债务人负有债务的,可以向管理人主张抵销。由于破产抵销权的行使,不仅关系抵销权人和破产人的利益,而且涉及其他破产债权人受偿数额的多少,因此,有必要依据破产法的宗旨,对破产抵销权的行使进行必要的限制。借鉴国外经验并结合我国破产实践,《企业破产法》规定了不得进行抵销的情形:(1)债务人的债务人在破产申请受理后取得他人对债务人的债权的;(2)债权人已知债务人有不能清偿到期债务或者破产申请的事实,对债务人负担债务的;但是,债权人因为法律规定或者有破产申请1年前所发生的原因而负担债务的除外;(3)债务人的债务人已知债务人有不能清偿到期债务或者破产申请的事实,对债务人取得债权的;但是,债务人的债务人因为法律规定或者有破产申请1年前所发生的原因而取得债权的除外。

第六节 破 产 程 序

一、破产申请的提出与受理

(一) 破产申请

破产申请的提出是当事人请求法院宣告债务人破产所作出的意思表示。根据法律规定,有权提出破产申请的当事人包括债权人、债务人以及依法负有清算责任的人。

对债权人来说,提出破产申请,是其一项法定权利。债务人不履行义务时,债权人向法院提出对债务人进行重整或破产清算的申请,是请求法院保护其实体权利的一种司法上的途径。

对债务人来说,向法院提出重整、和解或破产清算的申请,亦是其法定权利。一般而言,在民事诉讼程序上,债务人不能自己对自己提起诉讼,但在破产程序上,债务人可以对自己提起破产申请,这是破产法的一项特别安排。凡依法具有破产能力和破产原因的债务人,均可申请破产。这种规定的原理在于:债务人既然已经知道自己没有偿还能力或资不抵债,再继续维持这种实际上已经破产的状况,对债务人而言,可能是沉重的包袱。而申请破产清算、重整或和解后,就可以使其从沉重的债务负担中解放出来,为债务人创造经济复兴的可能。

此外,依法负有清算责任的人亦可提出破产申请,这对负有清算责任的人而言,应当是一种特别的法定义务。根据我国《公司法》的规定,公司不论是自愿解散还是非自愿解散,都应当成立清算组对公司的债权债务进行清算,清算时发现公司财产不足以清偿债务的,清算组应当立即向法院申请宣告破产,依法进行破产清算。这种规定对于确保债权人的债权公平受偿,具有积极意义。

破产申请人应当以书面方式向债务企业住所地的人民法院提出申请,并提交有关证据或资料。这里所说的"住所地"通常被解释为该企业主要办事机构所在地。破产申请书应当载明下列事项:申请人、被申请人的基本情况;申请目的;申请的事实和理由;人民法院认为应当载明的其他事项。债务人提出申请的,还应当向人民法院提交财产状况说明、债务清册、债权清册、有关财务会计报告、职工安置预案以及职工工资的支付和社会保险费用的缴纳情况。

申请人提出申请后,在人民法院受理破产申请前,申请人可以请求撤回申请;但人民法院已经裁定受理破产申请的,申请人不能请求撤回破产申请。

(二) 破产受理

破产申请的受理,是指法院在收到破产案件申请后,认为申请符合法定条件而予以接受,并因此开始破产程序的司法行为。《企业破产法》对于法院裁定受理的审查期限进行了明确的规定。首先,债权人提出破产申请的,人民法院应当自收到申请之日起5日内通知债务人。债务人对申请有异议的,应当自收到人民法院的通知之日起7日内向人民法院提出。人民法院应当自异议期满之日起10日内裁定是否受理。其次,对于债权人以外的人提出破产申请的,即由债务人自己或者依法负有清算责任的人向法院提出申请的,人民法院应当自收到破产申请之日起15日内裁定是否受理。最后,对于债权债务关系复杂,一时难以查明,或资产评估困难等情况,需要延长裁定受理期限的,经上一级人民法院批准,可以适当延长,延长的期限最多为15日。

法院接到破产申请后,应立即进行审查,以决定是否受理。审查包括两方面的内容,一是审查一般破产要件,即债务人有无破产能力、申请人有无诉讼能力、申请人以及法定代表人和诉讼代理人资格是否适当、法院有无管辖权、破产申请书及其他材料是否齐备等;二是审查破产界限存在与否、申请人所述情况是否属实等。经审查,具备破产要件的,应决定接受破产申请,并开始对破产案件进行审理;不具备破产要件的,应驳回申请。

一旦法院裁定受理破产申请,就将产生以下几方面的效力:

(1) 法院应负的义务：① 指定破产管理人；② 确定第一次债权人会议召开的日期；③ 通知有关当事人并公告。

(2) 破产企业的义务：① 不得无偿转让财产，这是为了最大限度地保护债权人的利益；② 不得对个别债权人清偿债务，否则势必影响其他债权人的利益；③ 如果破产申请是债权人提出，债务人应当在收到人民法院关于受理破产案件的通知后15日内，向人民法院提交财产状况说明、债务清册、债权清册、有关财务会计报告以及职工工资的支付和社会保险费用的缴纳情况。

(3) 破产企业相关人员应承担的义务：① 妥善保管其占有和管理的财产、印章和账簿、文书等资料；② 根据人民法院、管理人的要求进行工作，并如实回答询问；③ 列席债权人会议并如实回答债权人的询问；④ 未经人民法院许可，不得离开住所地；⑤ 不得新任其他企业的董事、监事、高级管理人员。这里的相关人员主要是指企业的法定代表人，在特定情况下，经法院决定，可以包括企业的财务管理人员和其他经营管理人员。

(4) 债务人的债务人或财产持有人的清偿行为应向破产管理人履行。根据《企业破产法》规定，人民法院裁定受理破产案件，应当同时指定管理人，由管理人代表债务人对外接受债务清偿和财产交付。因此，债务人的债务人必须向管理人清偿债务，财产持有人也必须向管理人交付财产方能产生法律上的效果。如果债务人的债务人或者财产持有人故意违反规定向债务人清偿债务或者交付财产，使债权人受到损失的，不免除其清偿债务或者交付财产的义务。

(5) 对未履行完毕的合同的处理。人民法院受理破产申请后，管理人对破产申请受理前成立而债务人和对方当事人均未履行完毕的合同有权决定解除或者继续履行，并通知对方当事人。管理人自破产申请受理之日起2个月内未通知对方当事人，或者自收到对方当事人催告之日起30日内未答复的，视为解除合同。管理人决定继续履行合同的，对方当事人应当履行；但是，对方当事人有权要求管理人提供担保。管理人不提供担保的，视为解除合同。

(6) 破产程序的优先效力。① 保全措施的解除和执行程序的中止；② 已经开始而尚未终结的有关债务人的民事诉讼或者仲裁应当中止，在管理人接管债务人的财产后，该诉讼或者仲裁继续进行；③ 有关债务人的民事诉讼应由受理破产申请的法院管辖。

二、重整与和解

（一）重整

破产法上的重整是指对已经具有破产原因或有破产原因之虞而又有再生希望的债务人实施的旨在拯救其生存的积极程序，其目的不在于公平分配债务人的财产，而在于恢复债务人的经营能力。在重整期内，债务人可以继续经营，以经营所得逐步偿还债务，最终使债权人获得最大利益。此时，实行重整的企业必须按照重整计划改进经营。重整制度的主要功能在于维护企业的"营运价值"，保留就业机会，实现现代社会所要求的秩序、效率和公平。

1. 重整申请人

(1) 债权人提出申请。重整程序中的债权人应当包括有财产担保的债权人、附期限或附条件的债权人以及普通债权人。

(2) 债务人提出申请。各国重整立法均将债务人列为重整的申请人。首先,债务人了解自己的财务状况,最清楚自己有无再建的希望和继续经营的价值;其次,债务人提出重整申请,在很大程度上反映出债务人对重整的诚意,这对于重整程序而言,极为必要;最后,当债务人出现重整原因时,特别是出现不能支付的危险时,只有债务人最清楚,而债权人难以知晓,此时,由债务人提出程序申请,能及时开始重整程序,以达到挽救企业、避免职工失业的目的。根据《企业破产法》,债务人可以直接向人民法院申请重整,也可以在债权人申请对其进行破产清算,人民法院受理后,宣告破产前,向人民法院申请重整。

(3) 债务人的股东提出申请。这是重整与破产清算、和解明显的区别之一。允许股东提出重整,充分反映了重整程序旨在调动各方面积极因素以实现挽救企业的目的。然而,为了使股东提起的重整程序在申请时就具有较为有力的股东支持,增强重整程序成功的可能性,我国《企业破产法》要求提出重整程序的出资人的出资额需占债务人注册资本 1/10 以上。

2. 重整期间各利益相关人的权利与义务

(1) 关于债务人财产与营业事务的处理权。自人民法院裁定债务人重整之日起至重整程序终止,为重整期间。在重整期间,经债务人申请,人民法院批准,债务人可以在管理人的监督下自行管理财产和营业事务,此时,已接管债务人财产和营业事务的管理人应当向债务人移交财产和营业事务,由债务人行使破产法中规定的管理人的职权。当然,如果是由管理人负责管理重整期间的债务人财产和营业事务的,可以聘任债务人的经营管理人员负责营业事务。

(2) 关于担保权人行使权利的限制。在重整期间,对债务人的特定财产享有的担保权暂停行使。但担保物有损坏或者价值明显减少的可能,足以危害担保权人权利的,担保权人可以向人民法院请求恢复行使担保权。

(3) 关于股权行使的限制。在重整期间,债务人的出资人不得请求投资收益分配。债务人的董事、监事、高级管理人员除非经人民法院同意,否则不得向第三人转让其持有的债务人的股权。

此外,债务人合法占有的他人财产,该财产的权利人在重整期间要求取回的,应当符合事先约定的条件。

3. 重整计划的制订、批准

重整计划是指以维持债务人继续营业、清理其债务、谋求其再生为内容的协议。它既是重整程序中各方利益主体通过协议彼此让步寻求债务处理的协议,也是他们共同争取公司复兴的行动纲领,是贯穿重整程序的核心内容。

(1) 重整计划草案的提出。根据"谁管理谁制订重整计划草案"的原则,债务人自行管理财产和营业事务的,由债务人制作重整计划草案;管理人负责管理财产和营业事务的,由管理人制作重整计划草案。债务人或者管理人应当自人民法院裁定债务人重整之日起 6 个月内,同时向人民法院和债权人会议提交重整计划草案。期限届满,经债务人或者管理人请求,有正当理由的,人民法院可以裁定延期 3 个月。债务人或者管理人未按期提出重整计划草案的,人民法院应当裁定终止重整程序,并宣告债务人破产。根据我国《企业破产法》规定,重整计划草案应当包括:债务人的经营方案、债权分类、债权调整方案、债权受偿方案、重整计划的执行期限、重整计划执行的监督期限、有利于债务人重整的其他方案。

(2) 重整计划的通过。重整计划草案实行分组表决的制度。所谓分组表决,是指将债权人按不同的标准分为若干小组,再以小组为单位分别对重整计划草案进行表决,然后按各组表决的结果计算债权人会议表决的结果。分组表决是由于实体法赋予不同性质的债权的权利内容不同所致,"对在实体法上具有同一性质的债权人平等对待,而对不同性质的债权人则根据其差异来对待的做法是符合公平理念的"[①]。我国对于分组表决制度采取了强制性分组的做法,即将债权分为以下几组:对债务人的特定财产享有担保权的债权;债务人所欠职工的工资和医疗、伤残补助、抚恤费用,所欠的应当划入职工个人账户的基本养老保险、基本医疗保险费用,以及法律、行政法规规定应当支付给职工的补偿金;债务人所欠税款;普通债权。除债权人外,当重整计划草案涉及重整企业出资人权益调整事项的,应当设出资人组,对该事项进行表决。出席会议的同一表决组的债权人过半数同意重整计划草案,并且其所代表的债权额占该组债权总额的 2/3 以上的,即为该组通过重整计划草案。各表决组均通过重整计划草案时,重整计划即为通过。部分表决组未通过重整计划草案的,债务人或者管理人可以同未通过重整计划草案的表决组协商,该表决组可以在协商后再表决一次。双方协商的结果不得损害其他表决组的利益;未通过重整计划草案的表决组拒绝再次表决或者再次表决仍未通过重整计划草案,在特定条件下,债务人或者管理人可以申请人民法院批准重整计划草案。

(3) 重整计划的批准。自重整计划通过之日起 10 日内,债务人或者管理人应当向人民法院提出批准重整计划的申请。人民法院经审查认为符合法律规定的,应当自收到申请之日起 30 日内裁定批准,终止重整程序,并予以公告。经人民法院裁定批准的重整计划,对债务人和全体债权人均有约束力。重整计划草案未获得通过,或者已通过的重整计划未获得批准的,人民法院应当裁定终止重整程序,并宣告债务人破产。

4. 重整计划的执行

考虑到债务人在企业经营上的优势,应当赋予债务人在重整计划执行中较大主动权,以期更加符合实际情况。因此,《企业破产法》规定,重整计划由债务人负责执行。人民法院裁定批准重整计划后,已接管财产和营业事务的管理人应当向债务人移交财产和营业事务。在重整期间,由管理人监督重整计划的执行,债务人应当向管理人报告重整计划执行情况和债务人财务状况。

[①] 参见〔日〕伊藤真:《破产法》(新版),刘荣军、鲍荣振译,肖贤富译校,中国社会科学出版社 1995 年版,第 8 页。

如果债务人不能执行或者不执行重整计划的,人民法院经管理人或者利害关系人请求,应当裁定终止重整计划的执行,并宣告债务人破产。此时,债权人在重整计划中作出的债权调整的承诺失去效力,但债权人因执行重整计划所受的清偿仍然有效,债权未受清偿的部分作为破产债权继续受偿(但此时债权人只有在其他同顺位债权人所受的清偿同自己达到同一比例时,才能继续接受分配)。

如果重整计划顺利执行完毕,则按照重整计划减免的债务,自重整计划执行完毕时起,债务人不再承担清偿责任。

(二) 和解

和解是指具备破产原因的债务人,为避免破产清算,而与债权人会议达成以让步方法了结债务的协议,该协议经法院认可后生效的法律程序。

1. 和解申请的提出

一般而言,和解只能由债务人提出。提出和解申请的有效时间有两个:一是债务人提出破产申请时;二是人民法院受理破产申请后、宣告债务人破产之前。这种制度设计使得破产兼有预防破产和简化破产程序的双重目的。人民法院经审查认为和解合法的,应当裁定和解,予以公告,并召集债权人会议讨论和解协议草案。

2. 和解协议草案的提出、通过及认定

债务人申请和解,应当提出和解协议草案。和解协议草案的内容主要包括减免债务清偿的数量、延期清偿债务的期限等。为保护债权人利益,债务人提出的和解协议草案,必须经债权人会议通过,即由出席会议的有表决权的债权人过半数同意,并且其所代表的债权额占无财产担保债权总额的 2/3 以上。此时,需注意的是有担保的债权人就此事项无表决权。债权人会议通过和解协议的,由人民法院裁定认可,终止和解程序,并予以公告。此时,管理人应当向债务人移交财产和营业事务,并向人民法院提交执行职务的报告。和解协议草案经债权人会议表决未获得通过,或者虽经债权人会议通过但未获得人民法院认可,人民法院应当裁定终止和解程序,并宣告债务人破产。

3. 和解协议的效力

经人民法院裁定认可的和解协议,对债务人和全体和解债权人均有约束力。所谓和解债权人是指人民法院受理破产申请时对债务人享有无财产担保债权的人。此时,对债务人的特定财产享有担保权的权利人,自人民法院裁定和解之日起可以行使权利。和解债权人未依照本法规定申报债权的,在和解协议执行期间不得行使权利;在和解协议执行完毕后,可以按照和解协议规定的清偿条件行使权利。债务人应当按照和解协议规定的条件清偿债务。按照和解协议减免的债务,自和解协议执行完毕时起,债务人不再承担清偿责任。

因债务人的欺诈或者其他违法行为而成立的和解协议,人民法院应当裁定无效,并宣告债务人破产。此时,和解债权人因执行和解协议所受的清偿,在其他债权人所受清偿同等比例的范围内,不予返还。债务人不能执行或者不执行和解协议的,人民法院经和解债权人请求,应当裁定终止和解协议的执行,并恢复已经中断的破产程序,宣告债务人破产。

人民法院裁定终止和解协议执行的,和解债权人在和解协议中作出的债权调整的承诺失去效力。和解债权人因执行和解协议所受的清偿仍然有效,和解债权未受清偿的部分作为破产债权。同样,为保证各债权人公平受偿,该债权人只有在其他债权人所受的清偿同自己达到同一比例时,才能继续接受分配。此时,为和解协议的执行提供的担保继续有效。

人民法院受理破产申请后,债务人与全体债权人就债权债务的处理自行达成协议的,可以请求人民法院裁定认可,并终结破产程序。

三、破产宣告

法院在对债务人破产案件进行审查后,认为符合破产条件的,即裁定宣告破产。一旦企业被宣告破产,破产清算程序即行开始,并产生一系列法律效力。破产宣告意味着破产程序转变为纯以清算分配为目的,此时的中心任务就是实现破产财产的变价和公平分配。

依照《企业破产法》,人民法院宣告债务人破产的,应当自裁定作出之日起5日内送达债务人和管理人,自裁定作出之日起10日内通知已知债权人,并予以公告。一般而言,公告应当包括以下内容:被宣告破产的企业的财务状况、宣告企业破产的理由和适用的法律、宣告企业破产的日期。

四、破产清算

破产清算是破产宣告后,管理人在有关当事人的参加下,对破产企业的财产依法进行保管、清理、估价、处理和分配,以了结破产企业债务的程序。

(一) 破产财产的变价

破产财产的变价是破产分配的前提条件,是保证破产财产分配公正与合理的技术措施。其目的是实现破产财产的同质化,即把破产财产变为货币。各国立法一般规定,破产管理人是破产财产变现的实施主体,当然,破产管理人在进行破产财产变现行为时,应当征得债权人会议或者监督人的同意。为此,《企业破产法》第111条规定:管理人应当及时拟订破产财产变价方案,提交债权人会议讨论。管理人应当按照债权人会议通过的或者人民法院裁定的破产财产变价方案[①],适时变价出售破产财产。破产财产变价的方式主要有拍卖与变卖两种,其中应当以拍卖为主要方式。

(二) 破产财产分配的顺位

破产财产分配的顺位是指将破产财产分配给债权人的先后顺序,是破产财产分配的关键问题之一。由于破产分配是破产清算程序的关键性阶段,是所有破产法上制度的终点和债权人的终极关怀,它关系到破产案件的各方当事人特别是债权人的利益,因此破产法必须予以明确。

---

① 《企业破产法》第65条第1款规定,对于债务人财产的管理方案或者破产财产的变价方案,经债权人会议表决未通过的,由人民法院裁定。

我国《企业破产法》第113条规定,破产财产在优先清偿破产费用和共益债务后,依照下列顺序清偿:(1)破产人所欠职工的工资和医疗、伤残补助、抚恤费用,所欠的应当划入职工个人账户的基本养老保险、基本医疗保险费用,以及法律、行政法规规定应当支付给职工的补偿金;(2)破产人欠缴的除前项规定以外的社会保险费用和破产人所欠税款;(3)普通破产债权。破产财产不足以清偿同一顺序的清偿要求的,按照比例分配。前一顺序的债权受偿后,没有剩余财产的,后一顺序的债权不能受偿,破产程序也就此宣告终结。

这里需要对破产费用和共益债务进行特别说明。破产费用是在破产程序中,为全体债权人共同利益而支付的各项费用的总称。依照我国《企业破产法》的规定,属于破产费用的主要包括:破产案件的诉讼费用;管理、变价和分配债务人财产的费用;管理人执行职务的费用、报酬和聘用工作人员的费用。而共益债务是指在破产程序中,为全体债权人利益所负担的各种债务的总称。它主要包括:因管理人或者债务人请求对方当事人履行双方均未履行完毕的合同所产生的债务、债务人财产受无因管理所产生的债务、因债务人不当得利所产生的债务、为债务人继续营业而应支付的劳动报酬和社会保险费用以及由此产生的其他债务、管理人或者相关人员执行职务致人损害所产生的债务、债务人财产致人损害所产生的债务。破产费用和共益债务由债务人财产随时清偿。债务人财产不足以清偿所有破产费用和共益债务的,先行清偿破产费用。债务人财产不足以清偿所有破产费用或者共益债务的,按照比例清偿。债务人财产不足以清偿破产费用的,管理人应当提请人民法院终结破产程序。

另外,值得注意的是对同样作为职工的董事、监事和高级管理人员的工资如何认定,对此,《企业破产法》规定得很明确,即董事、监事和高级管理人员的工资按照该企业职工的平均工资计算。

(三)破产财产的分配方案

破产财产的分配方案是指如何将破产财产用于对破产债权进行清偿的说明性文件,它是管理人分配破产财产的基础和依据。

破产财产分配方案一般由管理人依法拟订。为保护债权人的合法权益,监督管理人分配财产的行为,法律赋予债权人对破产财产分配方案的审查权。根据《企业破产法》规定,关于破产财产分配方案的表决,需由出席会议的有表决权的债权人过半数通过,并且其所代表的债权额占无财产担保债权总额的1/2以上。此时,应当明确有担保的债权人对此事项无表决权。对于破产财产的分配方案,经债权人会议两次表决仍未通过的,由法院裁定。同时,经债权人会议表决通过的破产财产分配方案并不具有当然的法律效力,须经过人民法院的审查确认,由人民法院以裁判的方式予以认可。

(四)破产财产的分配

破产财产分配方案经人民法院裁定认可后,即发生法律效力,具有了执行力,由管理人具体负责执行。如果破产分配方案涉及多次分配的,管理人必须将每一次分配的破产财产种类、总额以及待清偿的债权人的债权数额进行公告。破产财产的分配主要有三种方式,即货币分配、实物分配及债权分配,其中以货币分配为主。

在破产财产分配中,要注意特殊债权的清偿:

(1) 附条件债权的清偿。对于附生效条件或者解除条件的债权,管理人应当将其分配额提存。在最后分配公告日,生效条件未成就或者解除条件成就的,应当分配给其他债权人;在最后分配公告日,生效条件成就或者解除条件未成就的,应当交付给债权人。

(2) 未受领的破产财产分配额的处理。债权人未受领的破产财产分配额,管理人应当提存。债权人自最后分配公告之日起满2个月仍不领取的,视为放弃受领分配的权利,管理人或者人民法院应当将提存的分配额分配给其他债权人。

(3) 对未决债权的清偿。破产财产分配时,对于诉讼或者仲裁未决的债权,管理人应当将其分配额提存。自破产程序终结之日起满2年仍不能受领分配的,人民法院应当将提存的分配额分配给其他债权人。

五、破产终结

破产终结是指破产企业无破产财产可分或破产财产分配完毕,由破产管理人提请法院结束破产程序,并向破产企业原登记机关办理注销登记的程序。人民法院在收到管理人的报告和终结破产程序申请后,认为符合破产程序终结规定的,应当在15日内裁定终结破产程序。破产程序终结后,由管理人向破产企业原登记机关办理企业注销登记。

破产终结产生四个方面的法律效力:(1) 注销破产人的工商登记;(2) 破产管理人终止执行职务;(3) 破产债权人未得到清偿的债权不再清偿;(4) 破产人的保证人和连带债务人依法继续承担清偿责任。

六、追加分配

破产程序终结后出现可供分配的财产的,应当追加分配。破产财产的追加分配,体现了对债权人利益充分保护的精神。我国《企业破产法》规定自破产程序终结之日起两年内,债权人可以请求法院按照破产财产分配方案进行追加分配。能够用于追加分配的财产,主要包括:(1) 人民法院受理破产申请前1年内,债务人财产处理行为无效涉及的财产或资产,包括:无偿转让的财产、以明显不合理的价格进行交易的财产、对没有财产担保的债务提供担保的财产、对未到期的债务提前清偿的财产、放弃的债权;(2) 人民法院受理破产申请前6个月内,债务人达到破产界限,但仍对个别债权人进行清偿的清偿数额;(3) 债务人隐匿的财产或者虚构的、不真实的债务;(4) 债务人的有关人员利用职权从企业获取的非正常的收入和侵占的企业财产,包括破产企业的董事、监事和高级管理人员利用职权从企业获取的非正常收入和侵占的企业财产;(5) 应当供分配的其他财产。

一般情况下,出现上述情况后,在法定的期间内,债权人应当有权利要求追加分配,但如果追加的财产数量不足以支付分配费用的,基于经济效率的考虑,此时,不再进行追加分配,而是由人民法院将其上交国库。

第七节 破产中的法律责任

破产中的法律责任是为维护破产法律秩序,遏制破产违法行为而设立的不利后果。为防止债务人的相关人员以及破产管理人滥用破产程序,损害债权人利益,各国均从立法上强化了对于破产违法行为的制裁。具体而言,破产中的法律责任主要包括以下几类:

一、破产企业董事、监事、高级管理人员及相关人员的法律责任

(一)破产企业董事、监事及高级管理人员的法律责任

《企业破产法》第125条规定:"企业董事、监事或者高级管理人员违反忠实义务、勤勉义务,致使所在企业破产的,依法承担民事责任。有前款规定情形的人员,自破产程序终结之日起3年内不得担任任何企业的董事、监事、高级管理人员。"第131条进一步规定:"违反本法规定,构成犯罪的,依法追究刑事责任。"据此,董事、监事、高级管理人员可能承担的法律责任有三种:民事责任、任职资格限制以及刑事责任。

(二)破产企业相关责任人员的法律责任

为保证破产程序的顺利进行,各国破产法均规定了妨碍破产程序行为的相关法律责任。我国《企业破产法》规定,债务人以及相关责任人有义务列席债权人会议,并对债权人等有关方面的询问作出真实陈述与回答;有义务向人民法院提交财产状况说明书、债务清册、债权清册和有关财务报告,向管理人移交财产和与财产有关的印章和账簿、文书等资料。债务人及相关义务人经人民法院传唤,无正当理由拒不列席债权人会议的,或者拒不陈述、回答,作虚假陈述、回答的,人民法院可以对其采取必要的强制措施,如拘传、罚款等,构成犯罪的,依法追究刑事责任。

债务人在法院受理破产申请前1年内,无偿转让财产的、以明显不合理的价格进行交易的、对没有财产担保的债务提供财产担保的、对未到期的债务提前清偿的、放弃债权的;或者在人民法院受理破产申请前6个月内,债务人达到破产界限,但仍对个别债权人进行清偿的;又或者为逃避债务而隐匿转移财产的、虚构债务或者承认不真实的债务的,债务人的法定代表人和其他直接责任人员应依法承担赔偿责任。

此外,债务人的有关责任人员违反《企业破产法》规定,擅自离开住所地的,人民法院可以予以训诫、拘留,可以依法并处罚款。

二、破产管理人的法律责任

管理人应当勤勉、忠实地履行自己的义务,否则人民法院可以依法处以罚款;给债权人、债务人或者第三人造成损失的,管理人还应依法承担赔偿责任。

在追究管理人行政责任(罚款)或者民事责任(损害赔偿)时,应当根据具体情况确定管理人在行为时按照忠实义务和勤勉义务所应有的行为标准。这个标准应当以"善良管理人"的标准来确定。也就是说,应以一个合格的管理人在当时情形下,所应达到的诚信

管理和妥善管理的标准来确定该管理人的行为是否违反法定义务。在确定责任时,应当注意在促使管理人忠实而勤勉地履行职责与合理控制管理人职业风险以保持破产管理对专业人员的吸引力这两个目标之间的平衡。

三、刑事责任的特别说明

我国《企业破产法》第131条规定:"违反本法规定,构成犯罪的,依法追究刑事责任。"作为最为严厉的法律责任,这里需要对于破产犯罪进行一个简单的阐述。

破产犯罪的主体包括单位和自然人;主观方面为故意;客观方面大多数表现为积极的作为,行为人往往采用欺诈、隐匿、伪造、转移、销毁等各种手段损害债权人及其他参与人的合法权益或妨害破产程序顺利进行,且情节严重,当然,这里也有消极的不作为,如不说明有关情况、不提交财产状况说明书等;侵害的客体为对债权人财产权益的损害及对于破产程序顺利进行的妨碍。

结合我国《企业破产法》和我国《刑法》的相关规定,涉及破产犯罪的罪名主要有:虚假破产罪,妨害清算罪,隐匿、故意销毁会计凭证、会计账簿、财务会计报告罪等。

第十一章 有限责任公司

第一节 有限责任公司概述

一、有限责任公司的定义

有限责任公司(Company by Limited Liability,也简称为有限公司),是一种依照法律规定的条件设立,由不超过一定人数的股东出资组成,每个股东以其所认缴的出资额为限对公司承担责任,公司以股东认缴资本和自身经营所形成的资产对公司债务承担责任的法人实体。

值得注意的是,有限责任公司在设立后,它必须以其自身全部资产对债权人的债务承担无限责任,公司的对外责任可追究至有限责任公司因破产清算而被终结法人实体资格为止。就此而言,有限责任公司的有限责任并不是指公司责任的有限性,而是指有限责任公司股东责任的有限性,即股东在完成对公司的出资义务后,这些股东仅以对公司的出资额(非投资总额,因为股东对公司的投资也可以通过股东贷款方式实现)为限承担出资风险,股东们不对有限责任公司经营过程所产生的对外债务承担连带赔偿责任(除非出现"公司法人格否认"情形)。我国《公司法》第3条就明确规定:"公司是企业法人,有独立的法人财产,享有法人财产权。公司以其全部财产对公司的债务承担责任。有限责任公司的股东以其认缴的出资额为限对公司承担责任……"

二、有限责任公司的特征

我国《公司法》仅选择股份有限公司、有限责任公司两种形式进行规范。这两种公司的共同特点是:依法从事营利活动、具有法人资格、其股东承担有限责任。但有限责任公司也具有许多不同于股份有限公司的特点。这些特点包括:

(一)人资两合性

有限责任公司的性质介于股份有限公司与合伙企业之间,兼具资合性和人合性,当然由于股东毕竟承担的是有限责任,因而还是以资合性为主。在有限责任公司中,股东人数有限,强调股东间的相互信任,可以协调一致地对公司进行经营,从而避免了股份有限公司股东人数多、变动快、难以形成聚合力的缺陷。可以说,除了股东向公司出资外,出资人之间应当具有良好的合作伙伴关系,资金的联合与股东间的信任是有限责任公司两个不可或缺的信用基础。

(二)封闭性

有限责任公司属于封闭性公司。这主要表现在:

(1) 公司设立时,出资总额全部由发起人认购;在我国,发起人数一般不得超过50人。

(2) 公司不得向社会公众公开募集股份、发行股票;出资人在公司成立后领取出资证明书。

(3) 出资不能像股份那样自由对外转让;股东相对稳定。

(4) 出资证明书不能像股票那样上市交易。

(5) 正因为公司没有公开发行股票,股东的出资证明书也不能上市交易,公司的财务会计等信息资料就无须向社会公开。

(三) 规模可大可小,适应性强

与股份有限公司不同,有限责任公司的人合性和封闭性决定了其股东人数往往是有上限限制的。而股东人数的多寡在一定程度上影响到有限责任公司规模的大小。股东多,资金就多,设立公司的规模相对则大。反之,股东少,资金就少,设立公司的规模相对则小。但有时也不尽然,由于经济生活中出现了越来越多的公司参加有限责任公司的设立,当公司尤其是大公司成为股东时,尽管股东人数可能较少,但聚集的资金仍然可以很多,设立公司的规模也可能较大。

总之,有限责任公司规模的可塑性,适应了现实经济生活开办各种规模不等的企业,尤其是中小型企业的需要。因而,它成为现代西方国家采用最多的公司形式,其数量占公司总数的首位。

(四) 设立程序简单

在具有人合因素和封闭性的有限责任公司中,股东之间的关系更多地依靠内部契约来调节,资金的筹集、出资的转让对社会公共利益影响较小,政府干预相对较少。这在有限责任公司的设立程序上自然也有反映。有限责任公司作为封闭性公司,只能采取发起设立的方式。在我国当前对公司设立采取准则主义的情况下,除从事特殊行业的经营外,只要符合法律规定的条件,公司登记管理机关都应当给予注册,而没有烦琐的审查批准程序。

(五) 组织设置灵活

从各国的实际考察,因有限责任公司多数属于中小型企业,股东会、董事会、监事会等组织机构的设置往往根据需要选择。

(1) 股东会不是必设机构。日本、英国、法国等国法律均规定:除非章程另有规定,股东会决定有限责任公司所有事务。所谓章程另有规定,是指任一公司均可依章程规定选择事务的决策机构。法律适用的实际情况往往是,有限责任公司的决策机构是董事会。只有在章程未加规定的情况下,股东会才成为法定的决策机构。

(2) 设置了股东会,可不设董事会。规模较小的有限责任公司,股东会行使决定权,往往可任命或聘请1—2名执行董事或经理执行,而不再设置董事会。如法国没有关于有限责任公司董事会的规定,执行经理由股东会任命和撤换;意大利的法律则规定有限责任公司从其股东中任命1名或数名董事。

(3) 监事会是任意机构。有限责任公司是否设置监事会,各国法律要求不同。有的国家规定,有限责任公司达到一定规模时必须设置监事会,如荷兰、奥地利等。奥地利法律规定:当股本超过 20 万奥地利先令且股东达 50 人以上时,或当雇员在 300 人以上时必须设置监事会。有的国家规定,当有限责任公司规模较小时,可以不设监事会而只是设 1—2 名监事。

(六) 公司与股东的直接关联程度高

有限责任公司大多人数少、规模小,公司的生存、发展与股东个人利益休戚相关。股东们往往积极参与公司的管理,当公司面临危机时,股东们更不会袖手旁观。公司的决定基本上掌握在股东手里。设股东会时,其权限远比股份有限公司要大;不设股东会时,股东往往都是公司董事会的成员。公司的日常管理由股东推荐的执行董事或经理负责,不执行业务的股东可以行使监督权。

三、有限责任公司的分类

(1) 按人数划分,有限责任公司可以分为多人投资的有限责任公司和一人有限责任公司。多人投资的有限责任公司是指由 2 人以上股东出资设立的有限责任公司;一人有限责任公司是指仅有一个股东出资设立的有限责任公司。一人有限责任公司的存在是对公司法传统理论中有限责任公司中"人合性"要素的有限度突破,也是对公司"社团性"理论的突破。

(2) 按股东责任划分,虽然有限责任公司股东的有限责任是其一大特点,但法律也不排斥股东在法定义务之外对公司责任的主动承担。因此,在西方国家,有限责任公司还可以分为保证有限责任公司和无保证有限责任公司。保证有限责任公司亦称担保责任有限公司,这种公司的股东(或成员)不仅以其出资额对公司承担缴付责任,而且以其承诺的除出资额以外的担保金额在公司清算时对公司承担责任;或者股东实际不出资,仅以其承诺的担保金额在公司清算时对公司承担责任。因此,保证有限责任公司可以拥有资本,也可以没有资本。如属于后者,清算时,公司股东(或成员)仅须按照公司章程中各自承诺的担保数额出资,以清偿公司的债务和支付公司清算的费用。每个股东(或成员)的责任仅限于担保中规定的金额,此点有别于合伙企业的无限责任。

(3) 按资本性质划分,有限责任公司可以分为国有有限责任公司(包括独资与控股)和非国有有限责任公司。国有有限责任公司是指国有资本全资拥有或控股的有限责任公司,其运营同时受制于国有资产管理的法律法规;非国有有限责任公司是指不存在国有资本或国有资本仅处于参股地位的有限责任公司。

第二节 有限责任公司的设立

一、有限责任公司设立的条件

设立有限责任公司应当具备法律规定的条件。各国公司法对此均有较为详细的规定。我国《公司法》第23条明确规定了设立有限责任公司的五项条件：

（一）股东符合法定人数

有限责任公司一般由1名以上50名以下股东共同出资设立。对股东人数做上限限制的立法目的主要在于使有限责任公司符合"人合性"的要求，能反映股东间彼此信任的特点。

（二）股东认购章程规定的出资

我国2013年修正的《公司法》取消了公司最低注册资本的要求，同时，允许公司采取完全的认缴制，即公司注册资本的数额及股东出资的缴纳期限、缴纳方式均由公司章程自治。股东只要按照公司章程规定的出资要求向公司履行出资义务即可。当然，公司章程载明的注册资本数额必须在公司设立时，由全部的发起人一次性认购完毕。因此，尽管现行《公司法》取消了对股东出资缴纳期限的法定要求，但我国仍然实施的是法定资本制，因为公司的注册资本需要在公司设时，一次性发行完毕，并一次性认购完毕，只是可以分期缴纳而已。当然，如果法律、行政法规、国务院决定对特殊行业或特殊经营范围的有限责任公司的注册资本实缴、注册资本最低限额另有规定的，从其特殊规定。

需要特别说明的是，股东承诺的出资虽然可以根据公司章程规定分期缴纳，但其只要认缴，未缴部分的缴纳义务在公司存续过程中的任何阶段都是不能免除的，即使未完全缴纳出资时，公司已经被宣告破产，根据《企业破产法》第35条的规定，此时，股东仍然负有缴足出资的义务。

（三）股东共同制定公司章程

有限责任公司章程是记载公司组织规范及其行动准则的书面文件，须由全体股东共同订立和签署。如果股东因特别原因不能亲自参加，他应通过书面形式委托代理人进行。有限责任公司章程体现着全体股东的共同意志，对全体股东、公司的组织机构和经营管理人员均有约束力。

各国有关有限责任公司的法律均对章程内容作了规定。通常要求记载下列主要条款：(1)公司名称；(2)所营事业；(3)注册住所；(4)股东；(5)各股东应缴付的股款；(6)实物作价与折股；(7)对出资转让的限制；(8)盈余分配的原则；(9)其他必要条款；(10)股东签名；(11)签署时间。有的国家还要求有存续期条款，如德国、意大利、法国等。

我国《公司法》规定，有限责任公司章程应载明如下事项：(1)公司名称和住所；(2)公司经营范围；(3)公司注册资本；(4)股东的姓名或者名称；(5)股东的出资方式、出资额和出资时间；(6)公司的机构及其产生办法、职权、议事规则；(7)公司法定代表人；(8)股东会会议认为需要规定的其他事项。

（四）有公司名称，建立符合有限责任公司要求的组织机构

公司名称通常应有四部分组成：(1)行政区划名称。即企业所在地省（包括自治区、直辖市）或者市（包括州）或者县（包括市辖区）行政区划名称。除全国性公司、国务院或其授权的机关批准的大型进出口企业或企业集团、国家市场监督管理局批准的企业外，公司不得使用有"中国""中华"或"国际"等字样的名称。(2)字号。这是一个公司独有的标

志,如"四通""飞乐"等。依据我国现行制度规定,企业字号应当使用汉字,且不得对公众造成欺骗或者误解、不得使用外国国家(地区)名称或国际组织名称、不得使用政党名称、党政军机关名称、群众组织名称、社会团体名称及部队番号、不得有损于国家、社会公共利益。(3)经营业务。企业应当根据其主营业务,依照国家行业分类标准划分的类别,在企业名称中标明所属行业或者经营特点。名称上标明所营业务,便于社会了解公司,扩大公司的知名度。(4)组织形式。设立有限责任公司,必须在名称上标明"有限责任公司"或者"有限公司"字样。公司名称应严格依照法律、行政法规的要求确定,并依法受保护。他人假借公司名称进行活动,属于侵害公司的企业名称权,公司有权制止,并要求其赔偿公司因此所受的损失。

有限责任公司的股东在很大程度上尽管可以直接参加公司经营管理,但是公司作为一个企业法人与股东个人毕竟是两个完全相区别的法律主体,股东个人并不是在任何情况下都能从公司的整体利益出发,他有自己的独立意志和利益。因此,公司应当有自己独立的法人治理机构,如股东会、董事会、监事会,以及董事会下设的经理,由这些机构在法律或章程规定的职权范围内,从公司利益出发,形成公司的独立意志,并代表公司进行经营管理活动。

(五) 有公司住所

公司住所是公司的主要办事机构所在地。与公司住所有关联的另一概念是"生产经营场所"。生产经营场所是公司进行生产经营等业务活动的所在地。公司的生产经营可以有多个场所,但住所只能有一个。公司住所是公司章程必须记载的事项。确定公司住所是为了实行国家有关机关对公司的行政管理和司法管辖,确定某些法律对该公司的适用以及便于他人与公司的民商事活动往来等。

二、有限责任公司设立的程序

(一) 发起人发起

有限责任公司只能由发起人发起设立。发起人首先要对设立有限责任公司进行可行性分析,确定设立公司的意向。发起人有数人时,应签订发起人协议或签订发起人会议决议。协议或决议是明确发起人各自在公司设立过程中权利义务的书面文件。发起人协议(或决议)在法律上被视为合伙协议。发起人在公司未成立前,应对他人承担连带的无限责任。

(二) 制定章程

章程主要是规范公司成立后各方行为的,它与发起人协议不同。制定章程必须严格按照法律、法规的规定进行。国外公司法大多数要求有限责任公司章程应予以公证,我国没有这种规定。但我国法律要求,章程须经设立有限责任公司的全体发起人同意并签名盖章,报登记主管机关批准后,才能正式生效。

(三) 必要的行政审批

并不是所有有限责任公司的设立均要经过行政审批,大多数情况下,只要不涉及法律、法规的特别要求,直接注册登记就可以。在我国现行法律框架下,公司设立实行准则主义,去除了政府主管部门对公司法人成立的审批,但是公司登记机关对于申请人提交的设立文件还是需要进行审查。为保证公司的成立符合公司法规定的条件,公司登记机关的形式审查仍是必要的。从公司设立的特许主义到公司设立的行政许可主义,再从公司设立的行政许可主义到公司设立的准则主义,每一次过渡,都在纠正市场准入的限制竞争方面迈出了一步。公司设立的准则主义,可以说是在市场准入方面反对限制竞争的一大飞跃。因为,它不再给任何一个投资者以设立公司的特权;同时,由于设立公司的准则是载入法律的,最容易使社会公众知晓。

当然,在实行公司设立的准则主义之后,特殊行业的营业许可仍可存在。我国《公司法》第6条第2款规定:"法律、行政法规规定设立公司必须报经批准的,应当在公司登记前依法办理批准手续。"如设立经营证券业务的有限责任公司,就应事先经证券主管机关批准,不经批准,就不得申请登记。

(四)认缴或缴纳出资

发起人在签署章程时,就应当一次性认缴完毕公司的注册资本。当章程约定股东在设立阶段就负有实缴义务时,发起人应当履行真实出资义务,如果发起人是以货币出资的,应当将货币出资足额存入准备设立的有限责任公司在银行开设的临时账户;以实物、知识产权或者土地使用权出资的,应当依法办理其财产权的转移手续。

(五)申请设立登记

发起人在公司设立条件满足后,应由指定代表或者共同委托的代理人向公司登记机关申请设立登记,提交公司登记申请书、公司章程等文件。法律、行政法规规定需要经有关部门审批的,应当在申请设立登记时提交批准文件。设立有限责任公司的同时设立分公司的,应当就所设分公司向公司登记机关申请登记。

(六)登记发照

公司登记机关对设立登记申请进行审查,对符合法律、法规规定条件的,予以核准登记,发给公司营业执照;对不符合法律、法规规定条件的,不予登记。

公司营业执照签发之日,为有限责任公司成立之日。公司自成立之日起,取得法人资格,开始对外营业。

有限责任公司的分公司经审查领取营业执照后,有权对外开展营业活动,但其责任要由公司法人承担。

第三节　有限责任公司的股东及股东出资

一、有限责任公司的股东

一般地说,有限责任公司的股东是向公司投入资金并依法享有权利、承担义务的人。但是,这一定义在许多情况下是不确切的。第一,并不是任何人向公司投入资金就可以成为有限责任公司的股东;第二,有的人并不向公司投入资金,如因受赠、继承等原因取得的股权,也可成为公司的股东。第三,没有体现有限责任公司股东身份上的特点。因此,我们有必要对有限责任公司的股东构成及资格予以特别考察。

(一) 股东的构成

有限责任公司的股东可以由以下几方面的主体构成:

(1) 凡是在公司章程上签名盖章且认购了公司资本的发起人。我国《公司法》有关有限责任公司的规定中未使用"发起人"这一概念,而统一使用"股东"概念。严格说来,有限责任公司在发起设立过程中,因为公司尚未成立,使用"发起人"概念比"股东"概念更为严谨。但"发起人"与"股东"毕竟是不同的。发起人在公司设立过程中受发起人协议约束,在公司成立后,才具有股东身份。而股东可能是在公司设立后才基于受让、继承、捐赠等原因取得公司股份,并非公司的发起人。

(2) 公司存续期间依法继受取得股权的人。这种继受取得通常受到公司章程的约束。

(3) 公司增资时的新股东。

(二) 股东资格的限制

下列主体通常不能作为有限责任公司的股东:

(1) 法律、行政法规禁止兴办经济实体的党政机关及其工作人员。这些主体作为股东,往往会以权经商、强买强卖、垄断经营,这对加强党的建设和政权建设、建立社会主义市场经济极为不利。

(2) 公司自身。在我国,除法律规定公司可以回购自己股份的情形外,公司原则上不能作为自己的股东。公司无论通过什么途径掌握自身的股权,实际上都可能会构成未经许可的资本减少,也会给处理公司与股东关系带来麻烦。

(3) 公司章程约定不得成为股东的人。为了保持公司的人合性,公司章程往往会对股东加以严格限制。如,限制未成年人、未经董事会一致同意的人成为公司股东。

(三) 股东资格的丧失

正常情况下,公司存续,股东资格一直保持。但有下列情况之一的,虽然公司仍存在,但股东资格会丧失:

(1) 自然人股东死亡或法人股东终止;

(2) 股东将其所持有的股份转让;

(3) 不依章程约定履行股东义务,而受到除名处置;

(4) 股份被人民法院强制执行;

(5) 因违法受政府处罚(如没收财产)而被剥夺股权;

(6) 股份被公司依法回购;

(7) 法律规定的其他情形(如赠与、纳税、被善意取得等)。

(四) 股东名册

有限责任公司应当置备股东名册。股东名册应记载如下事项:(1) 股东的姓名或者名称及住所;(2)股东的出资额;(3)出资证明书编号。

股东名册的效力在于:

(1) 推定效力:股东名册并非以其记载来确定股东权本身,不是确定真正股东的"权利所在的根据",但却是可以确定谁无须举证地主张股东权的"形式上资格的根据"。公司有权认定记载于股东名册上的股东享有股东的各项权利。

(2) 对抗效力:除公司或所有股东明知以外,凡是没有在股东名册上记载的人,均不能视为是公司股东。虽股东出资发生转让,而未将受让人的姓名或名称及住所记载于名册,不得以其转让对抗公司。

(3) 免责效力:由于股东名册具有权利推定效力,因此,公司只需向股东名册上记载的股东发出会议通知、分配红利、分配剩余财产、确认表决权,即使股东名册上所记载的股东并非公司的实际出资人,公司也得以被免责。但公司明知股东名册上记载的并非真正股东的除外。

二、股东出资

股东出资是有限责任公司营运资金的最重要来源,须符合法律规定的要求。

(一) 出资的构成

有限责任公司出资的构成是指公司股东的出资方式。

股东可以用货币出资,也可以有用实物、知识产权、土地使用权作价出资。对作为出资的实物、知识产权或者土地使用权等非货币出资,必须进行评估作价,核实财产,不得高估或低估作价。土地使用权的评估作价,依照法律、行政法规的规定办理。

西方少数国家允许以劳务和信用向有限责任公司出资。由于这两种出资难以评估,且无法实现转让,不符合我国《公司法》对股东出资的基本要求,因此,我国没有认可。

(二) 出资的违约

出资的违约主要是两种情况:(1) 承诺出资而未出资;(2) 未足额出资。

股东应当足额缴纳公司章程中规定的各自所认缴的出资额,不依承诺实际缴纳出资,须向已足额缴纳出资的股东承担违约责任。

有限责任公司成立后,发现作为出资的实物、知识产权、土地使用权等非货币财产的实际价额显著低于公司章程所定价额的,应当由交付该出资的股东补交其差额。不能补交时,其他发起人承担补交的连带责任。

(三) 出资证明书

出资证明书是一种证明文书,不能流通。对股东出资,公司在成立后应以公司的名义签发出资证明书。出资证明书应记载如下事项:(1) 公司名称;(2) 公司成立日期;(3) 公司注册资本;(4) 股东的姓名或者名称、缴纳的出资额和出资日期;(5) 出资证明书的编号和核发日期。出资证明书由公司盖章。

三、股东的权利和义务

任何人依法取得出资证明书并列入股东名册即将成为公司股东,依法享有股东的权利,履行股东的义务。

(一) 股东的权利

有限责任公司的股东主要享有以下权利：

(1) 出席股东会,参与公司重大决策和选择管理者；
(2) 被选举为董事会成员和监事会成员；
(3) 按照出资比例或者章程规定的比例分取红利；
(4) 依法转让出资、优先购买其他股东转让的出资；
(5) 查阅股东会会议记录、公司财务会计报告、会计账簿等文件；
(6) 对公司的经营活动进行监督；
(7) 提议召开临时股东会、特定情况下召集与主持股东会；
(8) 公司利益受到侵害而公司怠于诉讼时,代表公司进行诉讼；
(9) 公司经营发生严重困难,继续存续会使公司利益受到重大损失,通过其他途径不能解决时,请求法院解散公司；
(10) 公司解散清算时,分配剩余资产；
(11) 其他依法应享有的权利。

(二) 股东的义务

有限责任公司的股东主要应履行以下义务：

(1) 依照章程规定的方式和期限足额缴纳出资；
(2) 在向公司缴纳出资后,不得抽回出资；
(3) 遵守公司章程；
(4) 对公司及其他股东诚实守信；
(5) 依法定程序行使权利；
(6) 其他依法应履行的义务。

第四节　有限责任公司的组织机构

一、有限责任公司组织机构的定义

有限责任公司组织机构是依法行使公司决策、执行和监督权能的机构的总称。有限责任公司根据三种管理权能,分设三种不同的机构,这三种机构分别是权力机构、执行机构和监督机构。从广义上说,公司组织机构还包括工会组织等。

二、有限责任公司的权力机构

(一) 权力机构的性质

有限责任公司的权力机构是股东会,它是由全体股东所组成的形成公司意思的非常设机构。在我国,除了一人公司以外,有限责任公司都应当设立股东会,形成公司自身的意思。但是,股东会对外不代表公司,对内也不管理公司事务。

(二)股东会的职权

我国《公司法》规定,有限责任公司的股东会行使的职权包括:

(1) 决定公司的经营方针和投资计划;
(2) 选举和更换非由职工代表担任的董事、监事,决定有关董事、监事的报酬事项;
(3) 审议批准董事会或执行董事的报告;
(4) 审议批准监事会或者监事的报告;
(5) 审议批准公司的年度财务预算方案、决算方案;
(6) 审议批准公司的利润分配方案和弥补亏损方案;
(7) 对公司增加或者减少注册资本作出决议;
(8) 对发行公司债券作出决议;
(9) 对公司合并、分立、变更公司形式、解散和清算等事项作出决议;
(10) 修改公司章程;
(11) 公司章程规定的其他职权。

(三)股东会会议的召集

股东会会议有首次会议、定期会议和临时会议之分。首次会议是有限责任公司成立后的第一次会议,由出资最多的股东召集和主持。定期会议是按照章程规定按时召开的、由全体股东出席的例会,通常每年举行一次或两次。临时会议是根据公司需要在定期会议间隔期召开的。根据我国《公司法》,有权提议召开临时会议的人包括:(1) 代表 1/10 以上表决权的股东;(2) 1/3 以上的董事;(3) 监事会或者不设监事会的公司的监事。

有限责任公司设立董事会的,股东会会议由董事会召集,董事长主持;董事长不能履行职务或者不履行职务的,由副董事长主持;副董事长不能履行职务或者不履行职务的,由半数以上董事共同推举一名董事主持。有限责任公司不设董事会的,股东会会议由执行董事召集和主持。

如果董事会或者执行董事不能履行或者不履行召集股东会会议职责的,由监事会或者不设监事会的公司的监事召集和主持;监事会或者监事不召集和主持的,代表 1/10 以上表决权的股东可以自行召集和主持。

召开股东会会议,应在会议召开一定日期前通知全体股东,以便股东提前了解议案内容,做好决议准备。根据我国《公司法》的规定,有限责任公司召开股东会会议,应当在会议召开 15 日前通知全体股东。有的国家规定,经全体股东同意,亦可不经过召集手续而召开股东会。我国《公司法》也允许公司章程或者全体股东对会议通知程序作出另行规定。

(四)股东会的议事方式和表决

我国《公司法》第 43 条第 1 款规定:"股东会的议事方式和表决程序,除本法有规定的外,由公司章程规定。"通常情况下,股东会会议由股东按照出资比例行使表决权,但是,考虑到有限责任公司自身的封闭性以及相对较强的自治性,法律允许公司章程作出另行规定。表决权一般应由股东自己行使，但自己不便行使时，能否委托他人代理行使，我国法律没有明确规定。法国法律对代理表决作了这样的限制："股东可以委派其他股东或自己配偶作为自己的代理人，如果委派另外的人作自己的代理人，则应以公司章程有特别规定为限。"[①]股东委托他人代行表决权，应出具委托书，载明授权范围。

股东会行使职权，主要以决议形式定之。股东会决议可分为两种：一种是普通决议。普通决议是对公司一般事项所作的决议，只需经代表 1/2 以上有表决权的股东通过。一种是特别决议。特别决议是对较之公司一般事项更为重要的事项所作的决议，须经 2/3 以上表决权的股东通过。有限责任公司股东会必须以特别决议通过的事项包括：(1) 公司增加或者减少注册资本；(2) 公司合并、分立或者变更公司形式；(3) 公司解散；(4) 修改章程。其他事项是否以特别决议通过，由公司章程规定。我国《公司法》通过特别决议的表决权数比有的西方国家的要求低。例如，在法国，特别决议需要以代表 3/4 股本的股东多数通过；关于改变公司国籍的决议，甚至要求须经全体股东一致同意。[②]

在西方，有限责任公司允许使用书面决议方法。《德国有限责任公司法》规定，如果全体股东对有关决议以书面表示同意或同意举行书面投票时，可不召开股东会。我国实践中也存在这种决议方式。《公司法》并未否认这种决议方式的效力。

股东会会议应当将所议事项的决定作成会议记录，出席会议的股东应当在会议记录上签名。会议记录应妥善保存。

三、有限责任公司的执行机构

（一）执行机构的性质

有限责任公司的执行机构是董事会或执行董事。它是由股东选举产生的，对内执行公司业务、对外代表公司的常设性机构。股东人数较少和规模较小的公司可以不设董事会，仅设一名执行董事。

（二）董事会的职权

我国《公司法》规定，有限责任公司的董事会行使的职权包括：

(1) 召集股东会会议，并向股东会报告工作；

(2) 执行股东会的决议；

(3) 决定公司的经营计划和投资方案；

(4) 制订公司的年度财务预算方案、决算方案；

(5) 制订公司的利润分配方案和弥补亏损方案；

(6) 制订公司增加或者减少注册资本以及发行公司债券的方案；

(7) 制订公司合并、分立、解散或者变更公司形式的方案；

(8) 决定公司内部管理机构的设置；

[①] 《法国商法典》第 L223-28 条。参见《法国商法典（上册）》，罗结珍译，北京大学出版社 2015 年版，第 223 页。

[②] 《法国商法典》第 L223-30 条。参见同上书，第 223—224 页。

(9) 决定聘任或者解聘公司经理及其报酬事项,并根据经理的提名决定聘任或者解聘公司副经理、财务负责人及其报酬事项;

(10) 制定公司的基本管理制度;

(11) 公司章程规定的其他职权。

不设董事会的有限责任公司,其执行董事的职权,参照董事会职权的规定,由公司章程规定。

(三) 董事会的组成

董事会由股东会选举的董事组成。根据我国《公司法》规定,董事会由3—13名董事构成。为防止大股东垄断董事会人选,可选择累积投票制的选举方法,以便小股东有可能选出自己的利益代表进入公司董事会。所谓累积投票制,就是公司股东会选举董事或者监事时,有表决权的每一股份拥有与应选董事或者监事人数相同的表决权,股东拥有的表决权可以集中行使的制度。

两个以上的国有企业或者其他两个以上的国有投资主体投资设立的有限责任公司,其董事会成员中应当有公司职工代表。董事会中的职工代表由公司职工民主选举产生。其他类型的有限责任公司董事会成员是否有职工代表,由公司自主决定,《公司法》并未强行要求。

董事会设一名董事长。董事长可以作为公司的法定代表人。不设董事会的公司,执行董事可以作为公司的法定代表人。公司的法定代表人,是指依照公司法或公司章程规定,代表公司行使职权的负责人。当然,能够代表公司行使职权的不仅仅是法定代表人,如果需要,公司还可以委托授权法定代表人之外的自然人代表公司。

(四) 董事任期和解除

董事任期由公司章程规定,但每届任期不得超过3年。董事任期届满,可连选连任。

对于公司董事的解聘是否需要原因,即解聘公司董事属于有因解除还是无因解除,我国《公司法》未作出明确规定。但是,2019年出台的《〈公司法〉司法解释(五)》第3条第1款规定,董事任期届满前被股东会或者股东大会有效决议解除职务,其主张解除不发生法律效力的,人民法院不予支持。由此可以推定出,在现行司法实践中,对于公司董事职务的解除认可无因解除的思路。认为只要解除董事职务的股东会决议从法律上判断是有效决议即可,至于解除董事职务是否有合理的原因,并不关注。对此,有学者提出不同看法,认为在董事任期届满前,为了保持公司经营管理的稳定性,使公司董事会的正常业务活动不受干扰,股东会不得无故解除其职务。

当然,董事职务被解除之后,可以要求公司予以补偿。如果因补偿与公司发生纠纷时,法院应当依据法律、行政法规、公司章程的规定或者合同的约定,综合考虑解除的原因、剩余任期、董事薪酬等因素,确定是否补偿以及补偿的合理数额。

(五) 董事会会议的召集

董事会会议由董事长召集和主持;董事长不能履行职务或者不履行职务的,由副董事长召集和主持;副董事长不能履行职务或者不履行职务的,由半数以上董事共同推举一名董事召集和主持。1/3以上董事可以提议召开董事会会议。召开董事会会议,应当于会议召开10日以前通知全体董事,以便董事作好出席会议的准备。

(六)董事会的议事方式和表决

我国《公司法》第48条第1款规定:"董事会的议事方式和表决程序,除本法有规定的外,由公司章程规定。"而根据该条第3款的规定,董事会决议的表决,实行一人一票。

董事会应当将所议事项的决定作成会议记录,出席会议的董事应当在会议记录上签名。会议记录应妥善保存。会议记录对于公司董事而言非常重要,是董事是否对违法决议承担法律责任的基本认定依据。依据我国现行《公司法》的规定,当董事会的决议违反法律、行政法规或者公司章程、股东大会决议,致使公司遭受严重损失的,参与决议的董事对公司负赔偿责任。但经证明在表决时曾表明异议并记载于会议记录的,该董事可以免除责任。

(七)经理

经理是公司董事会聘任的主持日常工作的高级管理人员,由董事会选任,对董事会负责。因而,经理机构可称为辅助执行机构,即辅助董事会执行的工作机构。需要说明的是,对于有限责任公司而言,是否设置经理,由公司自己的实际需要决定,立法不做强制性要求。

经理的职权主要包括:(1)主持公司的生产经营管理工作,组织实施董事会决议;(2)组织实施公司年度经营计划和投资方案;(3)拟订公司内部管理机构设置方案;(4)拟订公司的基本管理制度;(5)制定公司的具体规章;(6)提请聘任或者解聘公司副经理、财务负责人;(7)决定聘任或者解聘除应由董事会决定聘任或者解聘以外的负责管理人员;(8)董事会授予的其他职权。当然,上述这些职权并非强制性规定,现行《公司法》允许公司章程对经理职权作出另行规定和安排。

不设董事会的公司,执行董事可以兼任公司经理。

经理列席董事会会议。有限责任公司可以聘任多名经理。有多名经理存在时,董事会可指定其中一人任总经理。根据现代公司的组织结构设置,公司法层面所指的经理层通常由总经理、副总经理、财务总监、法务总监等职位构成。

四、有限责任公司的监督机构

(一)监督机构的性质

有限责任公司的监督机构是监事会或监事。它是对公司执行机构的业务活动进行专门监督的机构。

股东人数较少和规模较小的有限责任公司,基于管理成本考虑,可不设监事会,设一至两名监事。

监事会通常情况下不代表公司对外活动,但是在执行公务时,特定情况下可以对外代表公司。如,对董事、高管提起代表公司诉讼或对外聘请会计师事务所提供专业辅助等。

德国有限责任公司监督机构的性质有所不同。监事会除了进行正常的业务监督外,还具有任命董事、对重大问题给予同意的功能。因此,德国监事会除监督功能外,还具有明显的决策功能,这使得其与我国《公司法》中的监事会制度存在明显差异。

(二) 监事会的职权

(1) 检查公司财务;

(2) 对董事、高级管理人员执行公司职务的行为进行监督,对违反法律、行政法规、公司章程或者股东会决议的董事、高级管理人员提出罢免的建议;

(3) 当董事、高级管理人员的行为损害公司的利益时,要求董事、高级管理人员予以纠正;

(4) 提议召开临时股东会会议,在董事会不履行本法规定的召集和主持股东会会议职责时召集和主持股东会会议;

(5) 向股东会会议提出提案;

(6) 依照《公司法》第151条的规定,对董事、高级管理人员提起诉讼;

(7) 公司章程规定的其他职权。

此外,监事应当列席董事会会议。监事列席董事会会议的目的在于了解董事会会议的讨论情况,对董事会的活动进行监督。

(三) 监事会的组成

监事会由股东和职工分别选举的监事组成。根据我国《公司法》第51条第1款、第2款规定:有限责任公司设监事会,其成员不得少于3人。股东人数较少或者规模较小的有限责任公司,可以设1至2名监事,不设监事会。监事会应当包括股东代表和适当比例的公司职工代表,其中职工代表的比例不得低于1/3,具体比例由公司章程规定。监事会中的职工代表由公司职工通过职工代表大会、职工大会或者其他形式民主选举产生。在德国和奥地利等国,监事会中的股东代表与职工代表的比例是由法律规定的。如德国法律规定,在雇员超过2000人的公司中,监事人数为12—20人,股东代表和雇员代表的比例必须相同,雇员代表中大部分由雇员担任,少部分由工会提名。奥地利法律规定,监事会中2/3的成员代表股东,1/3的成员代表公司雇员。

监事会设主席一人,由全体监事过半数选举产生。监事会主席召集和主持监事会会议;监事会主席不能履行职务或者不履行职务的,由半数以上监事共同推举一名监事召集和主持监事会会议。

此外,公司的董事、经理及财务负责人不得兼任监事。这是为了保持监事会或监事工作的独立性,使监督机构有效地执行监督职务。

(四) 监事任期和解除

监事的任期每届为3年。监事任期届满,可以连选连任。

监事任期届满未及时改选,或者监事在任期内辞职导致监事会成员低于法定人数的,在改选出的监事就任前,原监事仍应当依照法律、行政法规和公司章程的规定,履行监事职务。

在公司经营过程中,如确需解除监事职务,股东代表由股东会依法定程序解除,职工代表由公司职工依法定程序解除。

五、有限责任公司的工会

有限责任公司工会是由职工组成的维护职工合法权益的组织。公司研究决定有关职工工资、福利、安全生产以及劳动保护、劳动保险等涉及职工切身利益的问题,应当事先听取公司工会和职工的意见,并邀请工会或者职工代表列席有关会议。

公司研究决定生产经营的重大问题、制定重要的规章制度时,应当听取公司工会和职工的意见和建议。

第五节 股权转让和增减资本

一、股权转让

有限责任公司的股东对外转让股权受到公司性质的限制。为了维护公司内部的稳定性,保持股东良好的合作关系,股东在转让股权时,应首先考虑在公司现有股东间进行。根据我国《公司法》的规定,股东之间可以相互转让其全部或者部分股权,因股东内部相互转让股权不涉及对有限责任公司人合性的影响,因而不需要其他股东同意,只要通知其他股东即可。但如果转让股权的股东向股东以外的第三人转让股权,则必须经全体股东过半数同意。不同意转让的股东应购买该转让股权,如果既不同意对外转让也不购买,则视为同意转让。股东同意对外转让的股权,在同等条件下,其他股东对该股权有优先购买权。两个以上股东主张行使优先购买权的,协商确定各自的购买比例;协商不成的,按照转让时各自的出资比例行使。

优先购买权的上述规定是出于对有限责任公司人合性的保护,如果公司自身对优先购买权有特别规定,现行《公司法》允许章程进行另外规定。

股东依法转让其股权时,应办理转让手续。公司应将受让人的姓名或者名称、住所以及受让的出资额记载于股东名册。

二、公司增资

增资,是指公司为扩大经营规模、拓展业务、提高公司的资信程度,依法增加注册资本金的行为。公司的资本必须遵循关于资本运用的原则,但并不是说公司的资本是一成不变的。公司资本实际上需要随着公司经营活动的发展变化而发生变化。尤其是公司发展前景看好,资本的需求量必然加大,这时,就要适当调整。增加资本,应依法定程序进行。

(一)增资的程序

首先,由股东会对增资作出特别决议,该决议必须经代表2/3以上表决权的股东通过。对于国有独资公司而言,增资则需由国家授权投资的机构或者国家授权的部门作出决定。

其次,公司应当依法修改公司章程中有关注册资本及股东认缴出资的条款。

最后,公司增资后应依法向公司登记机关办理变更登记。

有限责任公司增加注册资本时,股东认缴新增资本的出资,应当按照《公司法》设立有限责任公司时缴纳出资的规定执行。

(二)增资的方法

有限责任公司在新增资本时,原股东有权优先按照实缴的出资比例认缴出资,即原股东享有优先认购权。当然,这是对原股东的一项权利,如果全体股东约定不按出资比例进行优先认缴的,法律应尊重股东的自治,因此,《公司法》第34条允许股东对优先认购权进行另外约定和安排。

在实践中,有限责任公司增资的方法主要有两种:

(1)邀请出资,改变原出资比例。如:某公司原有出资总额1000万元,股东甲出资500万元(占出资总额50%),股东乙出资300万元(占出资总额30%),股东丙出资200万元(占出资总额20%)。现公司增资500万元,由股东甲认缴100万元,股东乙认缴300万元,股东丙认缴100万元,这就改变了原甲、乙、丙三股东的出资比例。增资后,甲、乙出资分别占总额40%,丙出资占总额20%。邀请出资的对象,可以是原股东,也可以是原股东以外的人。如果是原股东认缴出资,可以另外缴纳股款,也可以采取把资本公积金或应分配给股东的股息红利转化为出资。

(2)按原出资比例增加出资额,而不改变出资比例。仍以上述公司增资500万元为例:股东甲原出资总额50%,现认缴250万元;股东乙原出资占总额30%,现认缴150万元;丙原出资占总额20%,现认缴100万元。增资后,各股东出资比例保持不变。这种方法只能用于在原股东范围内增资。

三、公司减资

减资,是指公司资本过剩或亏损严重,根据经营业务的实际情况,依法减少注册资本金的行为。为了切实贯彻资本确定原则,确保交易安全,保护股东和债权人利益,减资要从法律程序上严加控制。

(一)减资的情形

按照资本不变原则,公司的资本是不允许随意减少的。但是,在实践中,出现下列情形时,公司通常应考虑减资:

一是,原有公司资本过多,形成资本过剩,再保持资本不变,就会导致资本在公司中的闲置和浪费,不利于发挥资本效能。

二是,公司严重亏损,资本总额与其实有资产差距过大,公司资本已失去应有的证明公司资信状况的法律意义,股东也因公司连年亏损得不到应有的回报。

(二)减资的程序

有限责任公司减资的基本程序包括:

(1)股东会决议。有限责任公司减资应由股东会依法作出特别决议,与上述增资一样,必须经代表 2/3 以上表决权的股东通过。国有独资公司减资由国有授权投资的机构或者国家授权的部门作出决定。减资决议或决定的内容大体有:① 减资后的公司注册资本;② 减资后的股东利益、债权人利益的安排;③ 有关修改章程的事项;④ 股东出资及其比例的变化;⑤ 减资的具体方式等。

(2) 编制资产负债表及财产清单。这一程序的目的是摸清家底。

(3) 通知或公告债权人。公司应当自作出减少注册资本决议之日起 10 日内通知债权人,并于 30 日内在报纸上公告。债权人自接到通知书之日起 30 日内,未接到通知书的自公告之日起 45 日内,有权要求公司清偿债务或者提供相应的担保。

(4) 申请登记。公司减少注册资本,应当依法向公司登记机关办理变更登记。

(三) 减资的方法

公司减资的方法也主要有两种:

(1) 减少出资总额,同时改变原出资比例。如,某公司有 2000 万元股本总额,股东甲出资 1000 万元,占总额的 50%;股东乙出资 600 万元,占总额 30%;股东丙出资 400 万元,占总额 20%。现公司减资 1000 万元。股东甲减资 300 万元,股东乙减资 300 万元,股东丙减资 400 万元。减资后股东甲出资比例由原来的 50% 增加到 70%,股东乙出资比例不变,股东丙退出。这种做法可称为"消除"。它要求事先征求股东意见,取消一部分出资,对被取消出资的股东给以适当的补偿。

(2) 以不改变出资比例为前提,减少各股东出资。仍以上述公司减资 1000 万元为例:股东甲原出资占总额 50%,现减资 500 万元;股东乙原出资占总额 30%,现减资 300 万元;股东丙原出资占总额 20%,现减资 200 万元。减资后,各股东出资比例保持不变。这里,有两种做法:① 发还。对已缴足的出资,将其一部分返还给股东。② 合并。在公司亏损时,依出资比例减少每一股东出资,以抵销应弥补的资本亏损。

第六节 一人有限公司

一、一人有限公司概述

一人有限公司又称一人有限责任公司,它是指只有一个自然人股东或者一个法人股东的有限责任公司。一人有限公司的特点在于它突破了有限责任公司传统的"人资两合"特征,将公司股东的有限责任特点和股东人数单一化特点结合在一起。一人有限公司具有以下特点:

(1) 股东的唯一性。一人有限公司在形式上只存在一个股东。至于说,是否在该单一股东背后有多个投资者通过代理或信托的方式持有公司股权则在所不论。但是也要注意的一点是,在美国法的判例法中,也曾出现法院将由一个投资者实际控制的两人以上股东组成的公司视为是实质的"一人公司",原因在于这种形式上的两人以上有限责任公司只是一个自然人或法人利用法律形式行使个人独资的工具。因此,在美国的判例中对一人公司的认定讲究"实质认定"原则。

(2) 股东出资的单一性。即一人有限公司的出资仅为该公司的唯一股东,公司仅向该唯一股东签发股东出资证明或股权凭证,同时公司股东名册上所记录的股东人数单一。

(3) 设立条件的特殊性。与普通有限责任公司相比,各国通常会对一人有限公司的设立制定比普通有限责任公司更为严格的要求,如注册资本要求的提升或者经营范围的限制等。

(4) 运营要求的严格性。一人有限公司的股东和其他有限责任公司的股东同样承担股东有限责任,但法律对一人有限公司的运营要求比有限责任公司更高。一人有限公司虽然可以不设股东会、董事会等普通有限责任公司必设或常设机关,但法律要求一人有限公司的股东在公司运营过程中必须区分股东财产和公司财产,保证公司的独立运营,否则一人有限公司的法人人格就有可能被否认,从而追究到一人有限公司的股东责任。

(5) 一人有限公司与普通有限责任公司存在互换的可能。一人有限公司的单一股东可以通过转让、分散股权,将一人有限公司转变为股东人数两人以上的普通有限责任公司;同样地,当普通有限责任公司的股东人数因转让、继承、合并而归并于同一人所有时,普通有限责任公司也可转变为一人有限公司。

二、一人有限公司的法律性质

一人有限公司首先在本质上仍然是有限责任公司,公司股东在完成出资后,仍是以其出资额为限承担有限责任,公司还是以其全部资产对外承担责任。但一人有限公司与存在两个以上股东的普通有限公司不同的是,普通有限公司是由于人合的特点而具备社团的性质。由于一人有限公司是单一股东,不存在人合性,因此它突破了原有的公司具备社团性的特点。但是一人有限公司仍然是法人组织,是被法律认可的具有法律人格、享有民事权利并承担民事义务的法人。

三、我国对一人有限公司的规制手段

在我国,为确保债权人与一人有限公司交易的安全,《公司法》对一人有限公司进行了特别规定:

一是,为限制自然人利用多个一人有限公司逃避法律责任,我国《公司法》规定一个自然人只能投资设立一个一人有限责任公司,且该一人有限责任公司不能再投资设立新的一人有限责任公司。

二是,为提示债权人注意一人有限公司的存在,我国的一人有限公司应当在公司登记中注明自然人独资或者法人独资,并在公司营业执照中载明。

三是,由于一人有限公司股东承担有限责任的前提是公司运营需要遵守法定的流程以保证一人有限公司独立于公司股东,因此公司股东必须制定公司章程,必须按照公司章程的规定行使职权。

四是,在组织结构上,一人有限公司不设股东会。但股东在作出如同普通有限公司股

东会的决议事项时,应当采用书面形式,并由股东签字后置备于公司。

五是,一人有限公司应当在每一会计年度终了时编制财务会计报告,并经会计师事务所审计。

六是,在一人有限公司的股东不能证明公司财产独立于股东自己财产时,应当对公司债务承担连带责任。

第十二章 国有独资公司

第一节 国有独资公司概述

一、国有独资公司的定义

依据我国《公司法》的界定,国有独资公司是指国家单独出资、由国务院或者地方人民政府授权本级人民政府国有资产监督管理机构履行出资人职责的有限责任公司。但实际上,在法律上代表国家作为国有独资公司投资人的不仅仅是国有资产监督管理机构,根据《中华人民共和国企业国有资产法》第 11 条第 1 款、第 2 款的规定,除了国务院国有资产监督管理机构和地方人民政府按照国务院的规定设立的国有资产监督管理机构,根据本级人民政府的授权,代表本级人民政府对国家出资企业履行出资人职责以外,国务院和地方人民政府根据需要,还可以授权其他部门、机构代表本级人民政府对国家出资企业履行出资人职责。因此,能够作为国有独资公司法律意义上的股东还包括经政府授权的其他部门和机构。为便于表达,本章将其统称为"国家授权投资的机构或者国家授权的部门"。

国有独资公司是我国《公司法》专门针对中国国情而规定的一种特殊类型的有限责任公司。其地位与一人有限责任公司相同。由于其他国家的公司法中并没有专门针对资本来源和资本性质将具有国有投资背景的公司单列为有限责任公司的一种类型,因此,本章国有独资公司围绕我国的立法和司法实践展开论述。

二、国有独资公司的立法背景

在我国,国有独资公司之所以成为《公司法》所规定的有限责任公司的一种类型,是与我国国有企业的改制进程密不可分的。追溯到国有企业改革,在 1993 年《公司法》通过之前,我国经济的主导力量是国有企业,在当时的法律制度下,国有企业名义上是一种法人组织类型(通常以"厂""公司"形式出现)[1],但因为企业的所有资产属于国家,因此国家在事实上承担起企业责任"最后买单人"的角色,企业法人地位并不独立,国家实际上承担了无限责任。在从计划经济向市场经济转轨过程中,中央政府感觉到旧有的以承包经营责任制为特点的企业经营机制和国家统包企业管理的制度已经不适应现代市场经济的需求,生产力水平的提高倒逼生产关系的改革,因此在承包经营责任制成为激励国有企业进一步发展的瓶颈后,在 20 世纪 90 年代左右出现了大规模的企业改制风潮。[2] 当时改制的

---

[1] 这种公司只是具有"公司"的名称,不是真正意义上独立承担责任的法人。
[2] 有关该阶段中国国有企业改革的介绍,参见史焕章等:《中国国有企业改革的历史沿革及其分析》,载顾功耘主编:《新兴市场中的法律问题研究》(第一卷),世界图书出版社 1997 年版,第 14—53 页。

思路是将原先政府大包大揽的国有企业管理机制转变为以公司制为代表的现代企业制度,从而促进企业自我生存、自我发展。① 在这样的改革动机下,有限责任公司作为现代企业制度的标志理所当然地成为国有企业改革转型的载体。但由于担心转型过程中的国有资产流失,为保证《宪法》所规定的国有资产"全民所有"的特点,立法者特地比照"全民所有制企业"的"全民所有制"特点设计出"国有独资公司"这种企业类型。这样既不担心改革反对派对改革过程中国有资产流失的谴责,又可以利用有限责任形式切割国家责任与企业责任。1993年《公司法》确立"国有独资公司"这种公司形式后,国有独资公司和国有控股公司成为我国国有资产管理的重要载体。

三、国有独资公司的作用

(一)国家对企业责任由承担无限责任改变为有限责任

在按照《公司法》进行改制前的我国国有企业,其利润不是作为企业财产,而是作为国家财产由国家调拨和分配,而亏损又是以挂账、财政补贴、减免税费等方式处理,而且企业不能自由破产或解散,企业的破产或解散需要有国家的破产指标,因为只有在破产指标内的企业才会被安排破产补偿的费用。因此,在企业法人的外表下,国有企业及其所有者国家对职工、对债权人承担着事实上的无限责任,企业经营亏损负担由国家承受。而国有独资公司制度建立后,企业的劳动用工关系依据劳动法产生,对外经营依据合同法进行,资不抵债适用破产法的规定,这样,在企业独立、规范运营的前提下,就将国家出资的责任与国家责任割裂开来,国家作为股东仅以出资为限对公司承担责任,这可彻底切断企业和国有企业管理者对国家的依赖,促使国有独资公司作为市场主体参与竞争,同样面对市场优胜劣汰的考核。

(二)所有者代表从外部行使职权转变为在企业内部行使职权

国有企业在改制前,国有企业实施的是厂长(经理)负责制,有关国有企业内部管理事务是以厂长(经理)为主的管理委员会进行决策并报请上级主管机关批准,各级政府作为所有者的代表只能在企业外部行使监督权,而且这种监督权仅流于审核书面申请文件的形式,各级政府或授权主管机构没有成为企业的有机组成部分,这样形成了我国国有企业

---

① 1993年11月14日,中国共产党第十四届中央委员会第三次全体会议通过的《中共中央关于建立社会主义市场经济体制若干问题的决定》第2条"转换国有企业经营机制,建立现代企业制度"(4)中指出:以公有制为主体的现代企业制度是社会主义市场经济体制的基础。十几年来,采取扩大国有企业经营自主权、改革经营方式等措施,增强了企业活力,为企业进入市场奠定了初步基础。继续深化企业改革,必须解决深层次矛盾,着力进行企业制度的创新,进一步解放和发展生产力,充分发挥社会主义制度的优越性。建立现代企业制度,是发展社会化大生产和市场经济的必然要求,是我国国有企业改革的方向。其基本特征,一是产权关系明晰,企业中的国有资产所有权属于国家,企业拥有包括国家在内的出资者投资形成的全部法人财产权,成为享有民事权利、承担民事责任的法人实体。二是企业以其全部法人财产,依法自主经营,自负盈亏,照章纳税,对出资者承担资产保值增值的责任。三是出资者按投入企业的资本额享有所有者的权益,即资产受益、重大决策和选择管理者等权利。企业破产时,出资者只以投入企业的资本额对企业债务负有限责任。四是企业按照市场需求组织生产经营,以提高劳动生产率和经济效益为目的,政府不直接干预企业的生产经营活动。企业在市场竞争中优胜劣汰,长期亏损、资不抵债的应依法破产。五是建立科学的企业领导体制和组织管理制度,调节所有者、经营者和职工之间的关系,形成激励和约束相结合的经营机制。

常见的"内部人控制"现象,国有资产流失严重。而改制为国有独资公司后,国有资产授权管理机构对董事会按照业绩行使监督权,各级政府依据国有独资公司的投资收益对国有资产授权管理机构进行绩效考核,这样就参照有限责任公司"三会分立、互相监督"的组织架构,落实了对国家投入形成资本的监督管理机制。

(三)企业由名义的法人变为实际上的法人

企业成为独立法人,必须拥有法人财产权,并能够以法人财产对外独立承担民事责任。在国有企业原有的产权理论中,笼统地将凡是国家投入资本所形成的资产都称之为国有资产。相对应的,在国有资产管理理论中,国有资产除了对国有资本投入形成的投资权益外,还涵盖了国有投资所形成的资产本身。如,国有企业必须进行国有固定资产编号并设置国有资产管理台账,这样有利于上级主管机关通过现场考核和台账查阅方式判断是否存在国有资产的流失。这些所有权存在观念在1993年《公司法》中仍得到体现,如1993年《公司法》第4条在提及公司享有由股东投资形成的全部法人财产权,依法享有民事权利,承担民事责任的前提下,仍规定"公司中的国有资产所有权属于国家"。由此可见,在原有的管理方式中,国有企业中的资产并不是法人资产,仍属国家所有,因此,国家自然而然就要承担起企业经营管理不善而造成的损失。改变为国有独资公司后,国家不能对投入资本所形成的国有独资公司的资产行使所有权,国家所有权转换为对国有独资公司的股权,国家拥有的是对公司的权益而不是公司的资产;公司的资产归公司本身拥有,由董事会进行运营管理。国家只通过对国有独资公司权益的保值、增值来实现国有资产的保值和增值。这种管理区分,使得国家股权所有权和企业法人财产所有权区分开来,企业成为实际上的法人对外独立承担责任。基于此,2005年《公司法》修改过程中删除了"公司中的国有资产所有权属于国家"的描述。

(四)有利于政企分开

在传统的国有企业制度中,政府或政府授权管理部门实际上执行的是"企业主"的职能,企业成为政府的附属物,出现了政府在行政管理职能行使过程中因资源(主要是经济资源)不足而任意向企业"摊派"的现象。在国有企业及其资产是"国有资产"的理解下,各级政府将国有企业当成政府的"第二财政"和"小金库"而随意支配国有企业资产。而在国有独资公司中,政府或政府授权部门不能干涉企业的自主经营,它的权限被限制在法定权利范围之内,它通过委派董事、享受分红、进行企业重大决策等方式行使管理权,不能涉足于企业的日常经营管理之中,企业的经营由其委派的董事通过董事会完成。公司法意图对国有独资公司通过法定的职能划分,避免政府对企业经营的过度干预,实现政企分开。

(五)有利于借鉴现代企业制度完善公司法人治理结构

国有企业改制为国有独资公司还有一个重要的目的就是借鉴有限责任公司合理的组织结构模式,为企业创造效益,为股东创造财富。前已提及,有限责任公司通过股东会、董事会、监事会和经理的设置,将公司运营划分为不同的机构,各个机构各司其职,互相监督。而原有的国有企业主要是厂长(经理)负责制,而厂长(经理)又负有行政级别,要么容易形成厂长(经理)一言堂,将企业变成"内部人控制"的机器;要么基于对提高行政级别的渴望而对上级领导唯命是从,无法尽职管理企业。通过改制为国有独资公司,董事、经理对国有独资公司的管理职权以法律明文的形式得以确定,同时国有持股单位通过行使股东权利行使监督职责,这样的制度安排既增加了董事、经理对国有独资公司的积极性,又克服了国有企业存在的管理低效、监督不力的缺点。

四、国有独资公司的特点

(一)投资者责任的有限性

国有独资公司是有限责任公司的一种特殊形态,但其股东责任承担方式与有限责任公司一致:即公司以国有资本投入所产生的资产对外承担无限责任,作为投资者的国家在其国有资产出资范围内承担有限责任。这样就最大限度上降低了国家为整个国有企业经营不善买单的风险。

(二)投资主体的单一性

国有独资公司由国家单独出资、由国家授权投资的机构或者国家授权的部门代表国家行使投资者权利。除国家或国家授权机构外,公司不存在其他投资方或股东。因而,其本质上是"特殊的一人公司",特殊是因为其股东只能是国家授权投资的机构或者国家授权的部门,并由其代表国家履行出资人职责。

(三)股权的国有性

国有独资公司是以国有资产投资设立的一人有限责任公司。公司全部资本均由国有资产构成,因而,由国有资产投资所形成的股权,自然属于国有。

(四)公司组织机构的特殊性

一般公司的组织机构是由股东会、董事会和监事会所构成,形成科学有效的法人治理结构。而国有独资公司股东仅为国家一人,国有资产授权管理部门可直接行使投资者决策权利,无须成立股东会。在国有独资公司中,公司设立董事会、监事会,董事、监事也是由国家授权投资的机构或者国家授权的部门委派或任命。

五、国有独资公司的投资领域

国有独资公司发展至今,其经营范围应严格限定于必须由国家垄断经营的特殊行业。其他领域应通过国有控股和参股的方式,实现国有资产经营体制的转换。

根据2015年9月,国务院发布的《国务院关于国有企业发展混合所有制经济的意见》,国有独资公司主要是在下列行业及领域存在:(1)重要通信基础设施、枢纽型交通基础设施、重要江河流域控制性水利水电航电枢纽、跨流域调水工程等领域;(2)重要水资源、森林资源、战略性矿产资源等开发利用领域;(3)江河主干渠道、石油天然气主干管网、电网等领域;(4)核电、重要公共技术平台、气象测绘水文等基础数据采集利用等领域;(5)国防军工等特殊产业,从事战略武器装备科研生产、关系国家战略安全和涉及国家核心机密的核心军工能力领域。

实际上,根据我国新一轮国企混合所有制改革的基本思路,即使在上述领域,也并非一定是采取国有独资公司形式,而是允许国有资本以控股或者说绝对控股的公司形态存在。

第二节 国有独资公司的国有资产运作

一、国有独资公司的设立

在过往的国有资产管理实践中,国有独资公司的设立多为原国有企业依据《公司法》改制而来。由改制而来的国有独资公司必须经过:改制申请——清产核资——债权债务清理及方案确认——上级主管机关核准——公司登记机关设立审批、登记。

未来,随着大多数国有企业完成公司化的改制进程,国有独资公司的设立也会像普通的有限责任公司那样,国有独资公司也应由作为股东的国家授权投资的机构或者国家授权的部门按照《公司登记管理条例》规定的公司设立、登记程序新设国有独资公司。

二、国有独资公司股权管理

国家授权投资的机构或者国家授权的部门完成对国有独资公司的出资后,其不再拥有出资财产的所有权,转而拥有对国有独资公司的股权。国家对国有独资公司的控制、监督是通过行使对国有独资公司的股权方式实现。

对国有独资公司的股权管理首先体现在必须对国家所拥有的国有独资公司股权进行登记备案,各级国有资产监督管理机构及国有资产授权经营单位必须汇总所持有的国有独资公司的数量、所投资的国有独资公司名称、行业性质和出资额等信息,以便国家全局掌握国家所投资的国有公司的基本信息;其次,国家通过各级国有资产监督管理机构及其授权单位行使《公司法》所赋予的股东权利,如重大决策权、表决权、分红权等股东权利。同时,通过每一年度对国有股权持有单位和经营者的业绩考核保证国家在国有独资公司中的投资因为公司资产价值或资产质量的提高而得到提升。

国有独资公司的股权管理模式大致可以分为"二级模式"和"三级模式"。二级模式下,国家授权投资的机构或者国家授权的部门直接持有各具体从事产业经营的国有独资公司的股权;三级模式下,国家授权投资的机构或者国家授权的部门不直接持有从事产业经营的国有独资公司的股权,而是主要根据行业类别设立国有资本投资运营公司并通过这些国有资本投资运营公司作为国资代表持有从事产业经营的国有独资公司的股权。在三级模式下,作为政府代表的国家授权投资的机构或者国家授权的部门不直接行使对产业公司的管理权,管理部门的决定和决策是通过国有资本投资运营公司行使对产业公司的股东权的形式传递到产业公司,从而减少了行政干预的色彩。在我国2013年重启的新一轮国企改革中,三级模式受到认可。2013年,党的十八届三中全会明确要求改组或组建国有资本投资运营公司,构建新的国有资本管理及授权运营体系。随后《中共中央、国务院关于深化国有企业改革的指导意见》《国务院关于改革和完善国有资产管理体制的若干意见》《国务院关于推进国有资本投资、运营公司改革试点的实施意见》相继出台,全面阐述了国有资本投资运营公司的具体运行规则。至此,"三级模式"架构逐渐形成。

国有独资公司股权管理的另外一个重要方面就是对国有独资公司股权的处置(包括国有股权划转、出让、变更、拍卖)。根据现行的国有资产管理规则,国有股权的处置必须遵循"公开、公正、公平"的原则进行。原则上,所有国有独资公司股权的转让均应"进场交易"(即进入产权交易市场公开挂牌交易),按照价格优先的原则进行转让。在转让过程中,国有股权必须经过具有国有资产评估资质的评估机构评估作价,而且对国有股权的评估必须报国有资产监督管理机关审批或备案。通常情况下,股权转让价格应以经核准或备案的评估结果为基础确定。

第三节 国有独资公司的组织机构

国有独资公司作为一种独立的企业法人经营组织,应具有包括决策、执行和监督功能在内的健全的治理机制。

一、国有独资公司的权力机构

国有独资公司不设立股东会,严格说来,国有独资公司没有权力机构进行决策。决策职能只能由国有独资公司的唯一股东,即国家授权投资的机构或者国家授权的部门行使。

我国《公司法》第66条规定:国有独资公司不设股东会,由国有资产监督管理机构行使股东会职权。同时,法律规定,国有资产监督管理机构可以授权公司董事会行使股东会的部分职权,决定公司的重大事项。但需要特别强调的是,涉及下列事项时,必须由国有资产监督管理机构决策:(1)国有独资公司的合并、分立、解散、增加或者减少注册资本和发行公司债券,必须由国有资产监督管理机构决定;其中,重要的国有独资公司合并、分立、解散、申请破产的,应当由国有资产监督管理机构审核后,报本级人民政府批准。(2)国有独资公司章程由国有资产监督管理机构制定,或者由董事会制定报国有资产监督管理机构批准。(3)董事长、副董事长由国有资产监督管理机构从董事会成员中指定。

二、国有独资公司的执行机构

国有独资公司的执行机构是董事会。由于投资者授权,公司的董事会又具有一定的决策权。董事会除行使我国《公司法》关于有限责任公司董事会的所有职权外,还可以行使国有资产监督管理机构授权其行使的股东会部分职权,决定公司的重大事项。

国有独资公司的董事由国家授权投资的机构或者国家授权的部门委派或者更换,但董事会成员中的职工代表由公司职工民主选举产生。董事会设董事长一人,可以设副董事长。董事长、副董事长由国家授权投资的机构或者国家授权的部门从董事会成员中指定。

国有独资公司设经理,由董事会聘任或者解聘。经理依照《公司法》第49条的规定行使职权。经国有资产监督管理机构同意,董事会成员可以兼任经理。

国有独资公司的董事长、副董事长、董事、高级管理人员,未经国有资产监督管理机构同意,不得在其他有限责任公司、股份有限公司或者其他经济组织兼职。

三、国有独资公司的监督机构

(一) 关于国有独资公司监督的一般规定

根据《公司法》第70条第1款、第2款规定:国有独资公司监事会成员不得少于5人,其中职工代表的比例不得低于1/3,具体比例由公司章程规定。监事会成员由国有资产监督管理机构委派;但是,监事会中的职工代表由公司职工代表大会选举产生。监事会主席由国有资产监督管理机构从监事会成员中指定。

(二) 关于国有企业监事会的特别规定

在国务院2000年3月15日颁布的《国有企业监事会暂行条例》第5条中明确规定,监事会的职责包括:(1)检查企业贯彻执行有关法律、行政法规和规章制度的情况;(2)检查企业财务,查阅企业的财务会议资料及与企业经营管理活动有关的其他资料,验证企业财务会计报告的真实性、合法性;(3)检查企业的经营效益、利润分配、国有资产保值增值、资产运营等情况;(4)检查企业负责人的经营行为,并对其经营管理业绩进行评价,提出奖惩、任免建议。《国有企业监事会暂行条例》还规定,监事会与公司是监督与被监督的关系,监事会不参与、不干预企业的经营决策和经营管理活动。除上述职权外,国有独资公司监事会还应根据《公司法》的规定行使一般有限责任公司监事会的职权。

第十三章　股份有限公司

第一节　股份有限公司概述

一、股份有限公司的概念及特点

股份有限公司，作为人类社会生产力发展到一定阶段的产物，总体上来说，是与现代化大生产及市场经济体制相结合的一种企业组织形式。但它在不同的国家有不同的称谓，如西欧一些国家或称其为 Company Limited by Shares，或称其为 Public Company；美国称其为 Stock(Share) Corporation，也有称 Open Corporation 的；日本则谓之"株式会社"。

在我国，"股份有限公司"常被简称为"股份公司"，是指由2个以上200个以下的发起人发起，公司资本分为等额股份，股东以其所持股份为限承担责任，公司以其全部资产对公司债务承担责任的企业法人。

股份有限公司除具有公司人格独立、股东责任有限等基本特征外，还具有以下特点：

（1）公司性质的资合性。股份有限公司是最典型的资合公司。股份有限公司对外信用的基础不在于股东个人信用如何，而在于公司资本总额的多少。正因为如此，公司对股东个人的身份、地位并不计较，任何承认公司章程，愿意出资一股以上的人，都可以在履行了相应的法律手续后成为公司股东。正是公司的资合性，才使"分散在世界各地的股东们的不大的零星资本"得以集合成公司经营所需的巨额资本。

（2）股东人数的开放性。股东人数开放性的含义是：各国立法通常对股份有限公司的股东人数有法定最低限额的要求，但无最高人数的限制。这是由股份有限公司的资合性所决定的。因为一定人数的股东的联合，才能实现资本的集合。从有关国家公司法的规定来看，股东人数不得少于2人的有比利时、奥地利等国；不得低于3人的有丹麦、瑞士、西班牙等国；不得低于7人的有法国等国。我国《公司法》第78条关于"设立股份有限公司，应当有2人以上200人以下为发起人"的规定，实际上是强调股份有限公司的股东人数不得低于2人。至于股东人数的上限，一般立法都不作限制，我国也同样未予限制。按我国现行法律规定，即使某股份有限公司是由法定最高限额200个发起人共同发起设立的，也不意味着该公司的股东人数就不得超过200人。因为"发起人"与"股东"的法律内含并不完全相同。200个发起人发起设立的公司，成立后，可因股份的转让而导致公司股东人数超出200个。法律不限制股份有限公司股东人数的上限，目的是为了满足公司最大可能的筹资需求。这也许是股份有限公司常常是由成千上万个互不相识的股东组成的原因。

(3) 公司资本的股份性。股份有限公司的资本总额划分为金额相等的股份,且每股金额均等,这是股份有限公司区别于其他各种公司的最突出的特点。在股份有限公司里,各股东所持股份数可以不同,但每股所代表的资本额必须完全相同。股东行使表决权、股利分配请求权等各项股东权时,均以其所持股份数为标准计算。公司发行的股份总数乘以每股金额即是公司资本总额。这也是公司被称为"股份有限公司"的主要原因。

(4) 股份形式的证券性。不同种类的公司,其股份的表现形式是不同的。有限责任公司以"出资证明书"作为股东出资的凭证。而在股份有限公司,法律明确规定:公司的股份采取股票的形式。股票是公司签发的证明股东所持股份的凭证(《公司法》第125条第2款)。公司股票不是一般的权利证书,而是法定的有价证券,该种有价证券具有极强的流通性,可以在证券市场依法自由转让。

二、股份有限公司的种类

(一) 依设立方式的不同为标准,可将股份有限公司分为发起设立的股份有限公司与募集设立的股份有限公司

此种分类的意义在于两者的设立程序不同。发起设立的股份有限公司,设立成本低,设立程序简单,相对于募集设立而言,公司易于成立。而募集设立的股份有限公司,因为设立过程中的公众认股行为,而使公司的设立程序复杂化、设立成本提高,从而也使成立后的公司因公众投资者的加入而成为规模相对较大的公司。

(二) 依公司股票是否上市流通为标准,可将股份有限公司分为上市公司和非上市公司

上市公司,是指其股票在证券交易所上市交易的股份有限公司。由于成为上市公司必须具备法定的上市资格,所以,并非所有的股份有限公司都能成为上市公司。

(三) 依公司是否受除《公司法》以外的其他特别法调整为标准,可将股份有限公司分为《公司法》上的公司和特别法上的公司

此处所谓《公司法》上的公司,是指依《公司法》设立、仅受《公司法》调整的股份有限公司;而特别法上的公司,是指主要依特别法设立、受特别法调整的公司,如特别法没有规定,则适用《公司法》的股份有限公司。如,保险类股份有限公司、商业银行类股份有限公司、证券类股份有限公司等都属于特别法上的股份有限公司。

第二节 股份有限公司的设立

一、股份有限公司的设立条件

根据我国《公司法》第76条的规定,设立股份有限公司,必须具备以下法定条件:

1. 发起人符合法定人数

设立公司必须得有发起人,否则,公司将无法成立。但我国《公司法》却没有直接给发

起人下定义。不过,根据《公司法》第 76 条第 2 项、第 76 条第 4 项及第 79 条的规定可知,发起人是参与制定公司章程、依法认购其应认购的股份、并承担公司筹办事务的人。由于制定公司章程本质上属于筹办公司的事务之一,因此,依我国《公司法》的规定,发起人的基本构成要件主要有两项:一是认购一定数量的股份;二是承担包括制定公司章程在内的筹办事务。凡不同时具备上述两个要件的,就不是公司发起人,从而不享有发起人的权利,也不必承担发起人的义务和责任。

公司发起人可以是自然人,也可以是法人,甚至是合伙组织[①];既可以是本国人,也可以由外国人担当。至于公司发起人的资格问题,各国及各地区公司法的规定虽不尽一致,但不外乎是围绕以下几方面来规定的:

一是关于发起人的行为能力问题。自然人作为公司发起人的,该自然人是否必须具备完全的行为能力?对此,各国及各地区的规定可说是大相径庭。有的要求自然人作为公司发起人的,该自然人应该具有完全行为能力。无行为能力或限制行为能力的人不得作为公司发起人。[②] 美国有些州的公司法亦对行为能力欠缺者充任公司发起人有限制。此外,在比利时、葡萄牙等国的法律中,规定未成年人无商事行为能力,由此,自然否定了其成为公司发起人的可能性。[③] 而有的则并无此要求,无行为能力者,亦得为发起人。[④]

二是关于部分特殊人群的公司发起人资格问题。有些国家和地区的公司法明令禁止一些人的发起人资格。如,《法国商事公司法》第 74 条规定:丧失管理或经营公司权利的人或被禁止行使管理或经营公司职责的人,不得成为发起人。[⑤]

三是关于发起人的人数问题。对此,更是规定不一。如,《德国股份公司法》允许一名以上的发起人发起设立公司[⑥],台湾地区"公司法"要求股份有限公司应有二人以上为发起人[⑦],法国则规定不得低于 7 人[⑧]。

我国《公司法》并未就发起人的资格问题作出详细规定。但通说认为:无行为能力或限制行为能力的自然人及被特别法律、法规明令禁止从事营利性投资行为的自然人、法人不能成为公司发起人。

至于股份有限公司发起人的人数,按我国《公司法》的规定,应该为 2 人以上 200 人以下,其中须有半数以上的发起人在中国境内有住所。

---

① 参见卞耀武主编:《特拉华州普通公司法》,左羽译,法律出版社 2001 年版,第 1 页。
② 参见柯芳枝:《公司法论》,中国政法大学出版社 2004 年版,第 135 页。
③ 转引自蒋大兴:《行为能力欠缺者的公司发起人资格——基于法解释学的一般套路》,载《甘肃政法学院学报》2005 年第 3 期。
④ 参见〔日〕末永敏和:《现代日本公司法》,金洪玉译,人民法院出版社 2000 年版,第 38 页。
⑤ 参见卞耀武主编:《法国公司法规范》,李萍译,法律出版社 1999 年版,第 55 页。
⑥ 参见卞耀武主编:《德国股份公司法》,贾红梅、郑冲译,法律出版社 1999 年版,第 5 页。
⑦ 参见柯芳枝:《公司法论》,中国政法大学出版社 2004 年版,第 135 页。
⑧ 参见卞耀武主编:《法国公司法规范》,李萍译,法律出版社 1999 年版,第 55 页。

2. 有符合公司章程规定的全体发起人认购的股本总额或者募集的实收股本总额

这实际上包括了两种情况：一是股份有限公司采取发起设立时，全体发起人认购公司章程规定的股本总额，此时，采取的是完全的认缴制，发起人只要在公司设立时，一次性认购完注册资本即可，无须缴纳完毕，缴纳期限由公司章程自行决定；二是股份有限公司采取募集设立时，发起人和认股人需一次性缴纳股款总额。根据我国现行《公司法》规定，募集设立的情况下，公司资本制度采取的仍然是严格的实缴制，即不允许分期缴纳，而是必须将公司注册资本在公司设立时，一次性缴足。

3. 股份发行、筹办事项符合法律规定

我国法律关于股份有限公司股份发行及筹办事项的规定，除了《公司法》上的规定外，还散见于其他相关单行法律、法规中，如《证券法》《股票发行与交易管理暂行条例》等。从法律规定的具体内容来看，既有股份发行的原则、条件、方式、价格等实体方面的规定，也有股份发行的审批、募集等程序方面的规定。因此，这个条件的实质是要求股份有限公司的发起人在履行股份发行、筹办事项的过程中要遵循所有相关法律法规的规定。

4. 发起人制定公司章程，采用募集方式设立的经创立大会通过

根据《公司法》第81条的规定，股份有限公司的章程应当载明下列事项：(1) 公司名称和住所；(2) 公司经营范围；(3) 公司设立方式；(4) 公司股份总数、每股金额和注册资本；(5) 发起人的姓名或者名称、认购的股份数、出资方式和出资时间；(6) 董事会的组成、职权和议事规则；(7) 公司法定代表人；(8) 监事会的组成、职权和议事规则；(9) 公司利润分配办法；(10) 公司的解散事由与清算办法；(11) 公司的通知和公告办法；(12) 股东大会会议认为需要规定的其他事项。

如果公司采取发起设立的方式，那么公司章程在发起人签字盖章后，可以在向公司登记管理机关申请设立登记时，直接提交登记；但如果公司是采取募集设立方式，则发起人草拟的公司章程，必须经过由发起人和认股人参加的创立大会的审议，只有创立大会通过后，方可向公司登记管理机关提交登记。

5. 有公司名称，建立符合股份有限公司要求的组织机构

公司名称是此公司区别于彼公司的标记，是公司的设立要件之一。公司依法定要求确定了自己的名称并经核准登记后，就享有了名称专用权，并以此名称从事生产经营活动及承担各种法律责任。股份有限公司作为典型的法人企业，其权利能力及行为能力的实现是通过其组织机构来完成的。公司从获得营业执照这一刻起，法人的权利能力及行为能力同时产生，这就要求其相应的组织机构也同时开始运行，以保证其权利能力及行为能力的充分实现。所以"建立符合股份有限公司要求的组织机构"是设立公司的必要条件之一。

6. 有公司住所

虽然各国法律对公司住所的解释不同，但我国《公司法》第10条明确规定："公司以其主要办事机构所在地为住所。"所谓"主要办事机构所在地"是指：决定和处理公司全部事务的机构(亦即中枢机构)的所在地。因此，将公司管理机构所在地确认为公司住所地是合乎情理的。

我国《公司登记管理条例》第 12 条规定:"……经公司登记机关登记的公司的住所只能有一个。公司的住所应当在其公司登记机关辖区内。"公司设立人为完成设立行为而申请设立登记时,必须提交"公司住所证明",亦即"能够证明公司对其住所享有使用权的文件"。公司住所一旦依法确定后,不得随意变更。确实需要"变更住所的,应当在迁入新住所前申请变更登记,并提交新住所使用证明"。与此同时,我国《公司法》第 14 条规定:公司可以设立分公司,而《公司登记管理条例》第 45 条、第 46 条及第 47 条又分别指出:分公司是指公司在其住所以外设立的从事经营活动的机构;分公司的登记事项包括:名称、营业场所、负责人、经营范围;设立分公司,应当向公司登记机关提交……营业场所使用证明。由此可见,我国法律是严格区分"住所"与"营业场所"这两个既有联系又有区别的概念的。而且,国家法律并不禁止公司拥有两个以上的"营业场所",但强调一个公司只能拥有一个法定"住所"。

在设立股份有限公司时,上述六个条件是必须同时具备、缺一不可的。否则,公司将不能获准成立。

二、股份有限公司的设立程序

设立股份有限公司,既可以采取发起设立方式也可以采取募集设立方式。至于何时用何种方式设立公司,法律不作强制性规定,而是由股份有限公司的发起人根据具体情况进行选择。

(一) 发起设立与募集设立的共同规则

1. 发起人发起

股份有限公司的设立程序始于发起人的发起。2 个以上 200 个以下的发起人确立了共同设立公司的目标后,应签订发起人协议,明确各自的权利、义务和责任,并将发起人协议付诸实施。

2. 制定公司章程

全体发起人应共同参与公司章程的制定。除《公司法》第 81 条规定必须载明的事项外,在不违背其他有关法律法规的前提下,发起人还可根据拟设立公司的具体情况,在公司章程中记载一些他们认为必要的事项。

3. 发起人认股缴款

股份有限公司采取发起设立的,全体发起人认购的股份总额应等于公司注册资本额,但发起人可以根据公司章程规定的期限,分期缴纳股款;采取募集设立的,发起人只需认购注册资本的一部分,除法律、法规另有规定的外,发起人认购的股份不得少于公司股份总数的 35%。由于现行《公司法》规定,募集设立采取的仍然是实缴制,因此,发起人应当在设立公司时,就缴纳认购的股款。

4. 履行必要的行政审批手续

法律、行政法规或者国务院决定规定设立公司必须报经批准的,或者公司经营范围中有属于法律、行政法规或者国务院决定规定在登记前须经批准的项目的,应当在登记前取得行政主管部门的审批许可。

5. 申请公司的设立登记

设立股份有限公司,应当向公司登记机关申请设立登记。以募集方式设立股份有限公司的,应当于创立大会结束后30日内向公司登记机关申请设立登记。申请设立股份有限公司,应当向公司登记机关提交下列文件:(1)公司法定代表人签署的设立登记申请书;(2)董事会指定代表或者共同委托代理人的证明;(3)公司章程;(4)募集设立时,依法设立的验资机构出具的验资证明;(5)发起人是非货币财产的,应当在公司设立登记时提交已办理其财产权转移手续的证明文件;(6)发起人的主体资格证明或者自然人身份证明;(7)载明公司董事、监事、经理姓名、住所的文件以及有关委派、选举或者聘用的证明;(8)公司法定代表人任职文件和身份证明;(9)公司住所证明;(10)国家工商行政管理总局规定要求提交的其他文件。

公司登记机关面对股份有限公司的设立登记申请,经依法审核、并作出准予登记的决定后公司正式成立。

(二) 发起设立与募集设立的主要不同

发起设立与募集设立的主要不同在于,募集设立的程序和成本远比发起设立复杂,其中,最主要的是,募集设立因涉及向社会公众融资,属于公开发行,因而,需要满足《证券法》规定的相关要求。总体来说,募集设立与发起设立的差异主要体现在以下三个程序:

1. 公开募集股份的申请与审批

公开募集股份需要向国务院证券监督管理机构或者国务院授权的部门提出募股申请,并报送相关文件,主要包括:批准设立公司的文件;公司章程;经营估算书;发起人姓名或者名称、发起人认购股份数、出资种类及验资证明;招股说明书;代收股款银行的名称及地址;承销机构名称及有关的协议。除上述文件外,还应当提交国务院证券监督管理机构或者国务院授权的部门规定的有关文件。国务院证券监督管理机构或者国务院授权的部门应当自受理股份发行申请之日起3个月内作出决定,不予注册的应当作出说明。未经国务院证券监督管理机构注册,任何人不得自行对外公开募集股份。

2. 募集股份

公开募集股份的申请经注册后,发起人应当依照法律、行政法规的规定,在股份公开募集前,公告公开募集文件,并将该文件置备于指定场所供公众查阅。发起人应当制作认股书,由认股人填写认购股数、金额、住所,并签名、盖章。认股人按照所认购股数缴纳股款。

3. 召开创立大会

当股份有限公司采取募集设立的方式时,发起人应自股款缴足之日起30日内主持召开创立大会。创立大会也就是股份有限公司的首次股东大会。创立大会应有代表股份总数过半数的发起人、认股人出席,方可举行。创立大会行使下列职权:(1)审议发起人关于公司筹办情况的报告;(2)通过公司章程;(3)选举董事会成员;(4)选举监事会成员;(5)对公司的设立费用进行审核;(6)对发起人用于抵作股款的财产的作价进行审核;

(7) 发生不可抗力或者经营条件发生重大变化直接影响公司设立的,可以作出不设立公司的决议。创立大会对上述所列事项作出决议,必须经出席会议的认股人所持表决权的过半数通过。董事会应于创立大会结束后 30 日内,向公司登记机关申请设立登记。

第三节 股份有限公司的股份与股票

一、股份的定义、特点及表现形式

(一) 股份的定义及特点

"股份"一词虽无法定定义,但依我国《公司法》第 125 条的规定,可从学理上作如下定义:所谓股份,是指均分股份有限公司全部资本的最小单位。"股份"在法律上有两层意义:第一,股份是股份有限公司资本的构成单位。公司全部资本分为金额均等的若干份股份,全部股份金额的总和即为公司资本总额。第二,股份是股东行使权利、履行义务的基本依据。股份的基本特点是:

(1) 金额性。股份既然是公司资本的构成单位,也就表示它代表一定量的公司资本,而一定量的公司资本通常是以一定的货币金额来表示的。所以,金额性是股份最直观的一个特征。

(2) 平等性。股份的平等性是指每份股份所代表的公司资本额相等。因此,同次发行的同种类股份,每股的发行条件和价格应当相同。任何单位或个人所认购的股份,每股应当支付相同价额。股份的平等性是股份最重要的特征之一。

(3) 不可分性。股份既然是均分公司全部资本的最小单位,也就表明每一份股份都不能再行分割了,否则,即失去了其所谓"最小"及"均等"的本质。但股份的不可分性,并不排斥数人共有一份股份的可能性。若因继承法律关系而导致若干名继承人共有一份股份时,这种共有股份的现象并不违背股份的不可分性。但此时的共有人不能主张分割股份,只能推荐一人行使股东权,以保持这一股份与其他股份在金额上的相等性,从而维持住这一股份作为公司资本"最小"构成单位的完整性。股份的不可分性与股份的拆细是两个完全不同的概念。股份的拆细属于公司资本最小计量单位的划分,各国法律对此一般不予禁止,故不能将股份的不可分性与股份的拆细混为一谈。

(4) 可转让性。由于股份有限公司是典型的资合公司,公司以其资本而非股东个人的身份与地位为其对外信用的基础。所以,股份原则上均可自由转让。当然,不同种类的股份,其转让的条件、方式及程序亦有所不同。

(二) 股份的表现形式——股票

股份的表现形式是股票,这有《公司法》第 125 条第 2 款的规定为证:"公司的股份采取股票的形式。股票是公司签发的证明股东所持股份的凭证。"由此可知,股份与股票的关系形同表里,股票不能离开公司股份而存在,没有股份也就没有股票。正因为两者间的密切关系,当涉及股份的种类、发行及转让问题时,无论是法律规定还是我们的学术研究,

往往将它与股票的种类、发行及转让问题合并阐述。但股票毕竟是股份的表现形式,因而有其不同于股份的固有特征。这些特征是:

(1) 股票只能是股份有限公司成立后签发给股东的证明其所持股份的凭证。除了股份有限公司,其他各种公司都不以股票来证明股份。股票本身是非设权证券,股东权并非股票所创,股票仅仅是把已经存在着的股东权表现出来而已。而且,股份有限公司只有在其登记成立后,才能向股东正式交付股票,"公司成立前不得向股东交付股票"(《公司法》第132条)。

(2) 股票是一种有价证券。股票是股份的表现形式,而股份的获得是以一定的财产为对价的。拥有股票,不仅表明持有者已经付出了相应的对价,而且表明持有者还可进一步凭此获得相应的股息、红利等经济利益,从而使股票具有一定的投资价值和市场价格。

(3) 股票是一种要式证券。根据《公司法》第128条的规定,股票采用纸面形式或者国务院证券监督管理机构规定的其他形式。股票应当载明下列主要事项:① 公司名称;② 公司成立日期;③ 股票的种类、票面金额及代表的股份数;④ 股票的编号。股票由法定代表人签名,公司盖章。发起人的股票,应当标明发起人股票字样。

(4) 股票是一种无限期证券。股票没有固定期限,除非公司终止,否则,它将一直存在。股票的持有者可以依法转让股票,却不能要求公司到期还本付息,因为股票是没有到期日的,这也是股票与公司债券这种有价证券的最大区别之一。

二、股份的种类

股份有限公司的股份可作多种分类,各国立法的规定虽有差异,但较具代表性的分类有下列几种:

(一) 依股份所代表的股东权的内容的不同,可将股份分为普通股和特别股

(1) 普通股。普通股是指股东拥有的权利、义务相等、无差别待遇的股份。它是各国股份有限公司发行的股份中最为普通的一种股份,也是构成公司资本的最基本部分。普通股的最大特点是资产收益率不固定,随公司营利的多少而变化,且收益权的行使次序排在优先股后;但普通股通常享有表决权。

(2) 特别股。特别股是指股份所代表的权利、义务不同于普通股而享有特别内容的股份。特别股主要可分为优先股与劣后股两类。以普通股为基准,凡在分配收益及分配剩余资产等方面比普通股股东享有优先权的股份,即为优先股;而在分配收益及分配剩余资产方面逊后于普通股的股份,即为劣后股。优先股通常没有表决权,虽有优先于普通股参与公司分配的权利,但其收益率固定且一般较低,故其投资风险要小于普通股。但当公司盈利丰厚时,则可能出现其收益率显著低于普通股的情况。劣后股因参与分配的顺序须排在优先股及普通股之后,故其风险更大。但若公司某年度经营状况极佳,劣后股股东的收益亦颇可观。

我国《公司法》没有对发行特别股作出直接规定,但《公司法》第131条规定:"国务院可以对公司发行本法规定以外的其他种类的股份,另行作出规定。"这说明我国《公司法》

并不绝对禁止公司发行特别股。在 2014 年 3 月，证监会专门发布了针对上市公司的《优先股试点管理办法》，正式开始在上市公司推行特别股制度。

（二）依股东姓名是否记载于股票上为标准，可将股份分为记名股与无记名股

记名股是将股东的姓名或名称记载于股票上的股份。无记名股是股票上不记载股东姓名或名称的股份。两者的主要区别在于：

（1）权利的依附程序不同。无记名股的权利完全依附于股票之上，持有股票者即享有股东权。而记名股的权利并不全依附于股票之上，股票实际持有人若非股票上载明之人，则无资格行使股东权。

（2）股份转让的方式不同。无记名股的转让只需交付股票，转让即发生法律效力。记名股的转让必须将受让人的姓名或名称记载于公司股票之上，并将受让人的姓名或名称记载于公司股东名册之中，否则，转让不发生法律效力。可见，无记名股的转让方便，记名股转让手续较烦琐。

（3）安全性不同。记名股比无记名股更安全。因为一旦记名股票被盗、遗失或者灭失，股东可以依照《民事诉讼法》规定的公示催告程序，请求人民法院宣告该股票失效。人民法院宣告该股票失效后，股东可以向公司申请补发股票。而无记名股票被盗、遗失或者灭失的话，股东却无法按照类似程序获得补救。

我国《公司法》第 129 条允许公司发行记名股和无记名股，并明确规定，公司向发起人、法人发行的股票，应当为记名股票，并应当记载该发起人和法人的名称或姓名，不得另立户名或者以代表人姓名记名。

（三）依股份是否以金额表示为标准，可将股份分为额面股（也称金额股）和无额面股（亦称比例股或分数股）

额面股，是指在股票票面上标明了一定金额的股份。无额面股，是指股票票面上并不标明具体金额，而只标明每股占公司资本总额的一定比例的股份。如 1/1000000 股。根据我国现行《公司法》第 127 条、第 128 条的相关规定，目前不允许股份有限公司发行无额面股。

（四）依持股主体的不同为标准，可将股份分为国有股、法人股、个人股及外资股

（1）国有股。国有股又可依投资主体和产权管理主体的不同分为"国家股"和"国有法人股"。国家股是指有权代表国家投资的机构或部门向股份有限公司出资形成或依法定程序取得的股份。在股份有限公司股权登记上记名为该机构或部门持有的股份。国有法人股是指具有法人资格的国有企业、事业及其他单位以其依法占用的法人资产向独立于自己的股份有限公司出资形成或依法定程序取得的股份。在股份有限公司股权登记上记名为该国有企业或事业及其他单位持有的股份。

（2）法人股。法人股是指一般的法人企业或具有法人资格的事业单位和社会团体以其依法可支配的资产向股份有限公司出资形成或依法定程序取得的股份。

（3）个人股。个人股是指单个自然人以其合法财产向股份有限公司投资形成或依法定程序取得的股份。在我国的股份制试点过程中，个人股又被进一步分为社会个人股和

企业内部职工股。这种区分的主要目的是为了提高职工对企业资产的关切度,调动职工的积极性和创造性,以提高企业的劳动生产率。

(4) 外资股。外资股是指由外国和我国香港、澳门、台湾地区的投资者向公司投资形成或依法定程序取得的股份。

依投资主体的不同,把股份有限公司的股份分为国家股、法人股、个人股及外资股,可说是一种具有中国特色的股份分类方法,从1992年至今,就国家所颁布的一系列关于股份有限公司的政策、法律及法规的规定来看,区分国家股、法人股、个人股、外资股的目的,并不是想使它们成为不同类别的股份,因为不同类别的股份(如普通股和优先股)的权利和义务是不同的。这样分类,主要是通过区分投资主体的经济性质来把握公司的股权结构,以便国家进行宏观调控。

(五) 依股票的上市地和所面对的投资者不同为标准,可将股份分为人民币普通股、人民币特种股、境外上市外资股

(1) 人民币普通股,又称A股,是指由中国境内公司发行,供境内机构、组织或个人(从2013年4月1日起,境内居住的港、澳、台居民可开立A股账户)以人民币认购和交易的普通股股票。

(2) 人民币特种股,又称B股,是以人民币标明面值,以外币认购和买卖,在中国境内证券交易所上市交易的外资股。B股公司的注册地和上市地都在境内,供境内外投资者买卖。

(3) 境外上市外资股,主要包括H股、N股、S股等。境外上市外资股是在境内注册,但到境外上市融资的股份。H股指注册地在内地、上市地在香港的外资股,因香港英文(Hong Kong)首字母而称H股;N股是指在美国纽约(New York)证券交易所上市的外资股票,取纽约首字母N为名称;S股是指在新加坡(Singapore)证券交易所上市的外资股票,取其首字母S作为名称。

股份的种类应该不止本书所提到的这些。我们研究股份的分类也不仅仅是为了分类而分类,而是想通过对股份种类的研究达到全面掌握并理解公司内部各种关系的处理准则,并进而指导我们的实践。

三、股份的发行

(一) 股份发行概述

股份的发行,是指股份有限公司为筹集资金、或为其他目的而向投资者出售或分配自己股份的行为。股份发行制度是股份有限公司资本制度中的重要组成部分。在股份发行关系中,为筹集资金而出售股份的公司(亦即资金需求者)即是股份发行人,应发行人邀请而购买股份的人(亦即资金供应者)则称为认股人或股东。股份有限公司发行股份时,可以选择不同的投资者作为发行对象。凡发行人通过中介机构向不特定的社会公众公开售股份的,称为股份的公开发行;而发行人只对少数特定的投资者出售或分配股份的,叫股份的定向募集。理论上讲,股份的公开发行与股份的定向募集是利弊兼具的。公开发

行的好处是筹资功能强,不利因素是:发行程序复杂、发行费用较高,而且,因投资者的范围不确定,拟发行的股份能否顺利发行完后果不确定;而定向募集的优点是有确定的投资人,发行手续简单,发行费用低、发行时间短,但其不足之处是:因投资者数量有限而使该种发行方式的筹资功能降低。另外,对扩大发行人的社会影响作用有限。

至于股份发行的具体原因和主要目的不外乎有以下几种:

(1) 为设立公司而筹集资本。为设立股份有限公司而在设立过程中发行股份的,称为设立发行。设立发行的目的是筹集到足够的资本以达到成立公司的目的。

(2) 为追加投资而扩充股本。为追加投资而在公司成立后发行股份以扩充股本的,称为增资发行,又叫新股发行。当然,增资发行只是新股发行的一种原因,除增资发行外,新股发行还可能因其他原因而起。

(3) 为其他目的而发行股份。如,用发放股票股利来代替现金分红时的股份发行及为实现换股合并而进行的股份发行就属于此类发行。

(二) 股份的发行原则

我国《公司法》第126条第1款规定,股份的发行,实行公平、公正的原则。

(1) 公平原则。公平原则,是指发行人在发行同种性质的股份时所提供的条件、价格完全相同,不因认股人的不同而设置差异的原则。公平原则从认股人的角度来看,主要体现为同股同价,即:公司同次发行的同种类股票,每股的发行条件和价格应当相同;任何单位或者个人所认购的股份,每股应当支付相同价额。这是股权平等原则的客观要求,也是股份顺利发行的保证。

(2) 公正原则。公正原则,是指申请发行股份的股份有限公司或发起人,依法应当受到政府的公正对待。由于发行股份须经证监会的核准,所以,当发行人向证监会提出发行申请时,政府应当公正地对待不同的申请人,无论其作出核准与否的决定,依据只能是一个,即申请人是否实质上具备法定的发行资格和条件。只有政府首先做到公正地对待所有的股份发行人,才能促使发行人公平、公正地对待所有的认股人,从而保证整个发行过程的公正有序。

(三) 股份的发行价格

股份的发行价格与股份的表现形式——股票的票面金额往往是不一致的。股票的票面金额是每一单位股份所代表的资本额,而股票的发行价格则是发行人(即发行公司)在向投资者出售(即发行)股票时所收取的价格。所有的发行人在发行股票前都会面临一个按什么价格来发行的问题。因为发行价格不仅与发行公司的利益密切相关,而且也直接影响到投资者(即认股人)的利益。因此,各国公司法对此都有一些具体规定。纵观各国的有关规定,股份的发行价格不外乎有平价发行、溢价发行及折价发行三种价格。

(1) 平价发行。平价发行也称面额发行,是指发行人以票面上所记载的金额作为发行价格而实施的股票发行。如,面额1元的股票以1元的价格发售就属于平价发行。平价发行,因其低廉的发行价格而较易吸引投资者,但对发行公司而言,其主要缺陷是发行人筹集的资金较少。

(2)溢价发行。溢价发行是指发行人以高于股票票面金额的价格发行股票。如,面额1元的股票,以5元的价格发行就属溢价发行。溢价发行,能使公司以少量股票筹措到较多的资金。因此,筹资成本低是溢价发行的长处。但对投资者来讲,投资风险明显增加。

(3)折价发行。折价发行是指发行人以低于股票票面金额的价格发行股票。如,面额1元的股票以0.85元的价格发售即属折价发行。折价发行时折扣率的确定取决于发行公司的业绩和承销商的承受力。折价发行一般是在发行困难,但发行公司确有一定的发展前途的情况下,发行人所采取的吸引投资者的一种发行价格。

股票发行价格的选择与确定,除了取决于国家法律法规的规定、发行人与承销商的约定外,具体发行价格的制定往往还要考虑多种其他因素。如,发行人所属的行业及发行人的业绩、市场利率行情及证券市场上的供求关系等。

我国《公司法》第127条规定:"股票发行价格可以按票面金额,也可以超过票面金额,但不得低于票面金额。"这就是说,在我国,股票的平价发行和溢价发行都是允许的,但折价发行却是违法的。公司发行新股,可以根据公司经营情况和财务状况,确定其作价方案。

四、股份的转让

股份的转让是通过股票的转让而实现的。股票的转让,是指股票所有人把自己持有的股票让与他人,从而使他人成为公司股东的行为。

(一)股份转让的地点

股东转让其股份,应当在依法设立的证券交易场所进行,或者按照国务院规定的其他方式进行。

(二)股份转让的方式

记名股票,由股东以背书方式或者法律、行政法规规定的其他方式转让;转让后由公司将受让人的姓名或者名称及住所记载于股东名册。无记名股票的转让,由股东将该股票交付给受让人后即发生转让的效力。

(三)股份转让的限制

股份转让的积极作用是显而易见的。对潜在的投资者来说,可以通过受让转让人转让出去的股份而成为公司股东;对已有的股东来说,通过股份转让,或可以随时转移投资风险,撤回其投资,或可以通过受让增加其所持股份,从而实现控制公司的目的。基于股份有限公司的资合性、开放性等特征,一般而言,股份的转让是自由的,但为了更周全地保护公司及全体股东的利益,各国法律大都在原则上允许股份自由转让的同时,又对特殊情况下的股份转让作了一些限制性规定。我国也是如此。按我国《公司法》的规定,股东持有的股份可以依法转让。但下列情况下的股份转让应遵循特殊规则:

(1)发起人持有的本公司股份,自公司成立之日起1年内不得转让。

(2)公司公开发行股份前已发行的股份,自公司股票在证券交易所上市交易之日起1

年内不得转让。

（3）公司董事、监事、高级管理人员所持有的本公司的股份，在任职期间每年转让的股份数不得超过其所持有本公司股份总数的25％；所持本公司股份自公司股票上市交易之日起1年内不得转让。上述人员离职后半年内，不得转让其所持有的本公司股份。公司章程可以对公司董事、监事、高级管理人员转让其所持有的本公司股份作出其他限制性规定。

（4）上市公司、股票在国务院批准的其他全国性证券交易场所交易的公司持有5％以上股份的股东、董事、监事、高级管理人员，将其持有的该公司的股票或者其他具有股权性质的证券在买入后6个月内卖出，或者在卖出后6个月内又买入，由此所得收益归该公司所有，公司董事会应当收回其所得收益。

（四）公司回购本公司股份的规则

由于公司与股东是各自独立的法律主体，为避免出现公司因持有自己公司的股份而成为自己的股东的身份混同现象，因此，我国《公司法》第142条特别规定，一般情况下公司不得收购本公司股份。但是，有下列情形之一的除外：

（1）公司需要减少注册资本时。

当公司需要减少其注册资本时，可以以公司名义收购本公司股份，但应当自收购之日起10日内注销其收购的本公司股份，以确保达到减资的目的。

（2）与持有本公司股份的其他公司合并时。

与"持有本公司股份的其他公司"合并，实质上是指公司与其一个或一个以上的法人股东合并。因合并而导致公司持有本公司股份的，公司应当在6个月内转让或者注销该部分股份。

（3）为了将股份用于员工持股计划或者股权激励时。

公司可以用股份来奖励本公司职工。当公司需要用股份来实施员工持股计划或者股权激励时，可以以公司名义收购部分已发行在外的股份。但公司因为本项原因或下文第(5)项、第(6)项原因而回购时，公司合计持有的本公司股份数不得超过本公司已发行股份总额的10％，并应当在3年内转让或者注销。

（4）异议股东行使股份回购请求权时。

股东因对股东大会作出的公司合并、分立决议持异议，要求公司收购其股份的，公司应回购其股份。但公司应当在回购股份后的6个月内转让或者注销。

（5）将股份用于转换上市公司发行的可转换为股票的公司债券时。

可转换公司债给了债权人一个选择权，其可以在债权到期日选择是否将其债权转换为公司同等价值的股权，如果其选择转换，公司必须接受。此时，用以转换债权的股票从何而来？对此，可以通过公司股份回购的方式进行解决。

（6）上市公司为避免公司遭受重大损害，维护公司价值及股东权益所必需时。

从境外成熟资本市场的立法和实践看，上市公司股份回购已成为资本市场的基础性制度安排。因此，在总结实践经验、借鉴国外有益做法的基础上，我国现行《公司法》基于促进上市公司提升公司质量,特别是稳定资本市场预期等因素的考虑,允许此种情况下进行股份回购。当然,为防止上市公司滥用股份回购制度,引发操纵市场、内幕交易等利益输送行为,上市公司在回购本公司股份时应当依照《证券法》的规定履行信息披露义务,且除国家另有规定外,应当通过公开的集中交易方式进行回购。

第四节 股份有限公司的组织结构

公司组织机构是指公司内部权力机构、经营决策机构及监督机构的总称。《公司法》所体现的公司内部组织机构的设置及运行原则是:重视股东作为公司所有者的地位、强调股东在公司治理中的作用,并在各国立法由股东会中心主义向董事会中心主义演化的过程中,坚持对董事、经理等经营管理层的激励与约束并举的权力制衡原则及利益相关者参与公司治理的原则,以促使股份有限公司内部达到决策及管理的民主性、科学性及效率性的完美结合。

一、股东大会

(一)股东大会的性质

股东大会,是股份有限公司的法定必设机构,是公司内部的权力机构,享有一系列法定职权。其基本特征是:

(1)股东大会由全体股东所组成。公司在法律上虽具有独立人格,但股东是公司实际上的所有者。而且,股东除被选为董事、监事或管理者外,几乎无机会参与公司的经营活动。因此,股东大会就成了绝大多数股东参与公司重大决策的唯一场合。各国公司法一般都确认股东作为股东大会成员的当然资格,我国也不例外。股东,不论其持有的股份多少,都是股东大会这个公司内部权力机构的当然成员。

(2)股东大会是集中反映股东意志的公司内部权力机构。对于每一个股东来说,其对公司事务的权利,主要是通过参加股东大会并行使表决权、以形成股东大会决议的方式实现的。股东大会决议并非全体股东个别意志的简单相加,而是通过法定表决制所形成的代表多数股东意愿的决定。故其一经作出,就被认为是代表全体股东的共同意愿而对全体(包括持有不同意见的)股东产生约束力,从而体现了股东大会作为公司内部最高权力机构的权威性。

(3)股东大会是非常设机构。股东大会虽是公司的权力机构,但它却不是一个常设机构,而是依《公司法》或公司章程规定的时间或条件定期或不定期召集的一个议会式机构。

(二)股东大会的职权

股东大会的职权,是指依法或者依公司章程规定必须由股东大会决定的事项。由于股东是公司实际上的所有者,所以,从理论上说,股东大会对公司的一切重要事务均可作出决议。但若公司的所有事宜都要由股东大会来决定的话,公司决策的民主性是有保证了,但决策的科学性及效率性会大大降低。因为股东并不都是经营能手,且在股东人数众多的公司里,不仅股东意见难以统一,而且股东大会的召集须遵循一定的程序,无论大事小事、不分轻重缓急都得由股东大会来决策的话,会因决策效率的低下而错失良机,反而不利于股东利益的保护。有鉴于此,各国立法目前的通行做法是,只把与股东利益密切相关的重要问题交由股东大会来决定,其他问题都交给股东大会上选出的董事组成的董事会来决策。我国《公司法》所规定的股东大会的法定职权是:

(1) 决定公司的经营方针和投资计划;
(2) 选举和更换非由职工代表担任的董事、监事,决定有关董事、监事的报酬事项;
(3) 审议批准董事会的报告;
(4) 审议批准监事会的报告;
(5) 审议批准公司的年度财务预算方案、决算方案;
(6) 审议批准公司的利润分配方案和弥补亏损方案;
(7) 对公司增加或者减少注册资本作出决议;
(8) 对发行公司债券作出决议;
(9) 对公司合并、分立、变更公司形式、解散和清算等事项作出决议;
(10) 修改公司章程;
(11) 公司章程规定的其他职权。

至于股东大会的职权是否仅限于上述法定范围?或者说,除了上述法律赋予公司股东大会的职权外,各公司股东大会是否还可以根据本公司章程或本公司股东大会决议的规定行使职权?我们认为,股东大会的职权,来源于法律的规定和公司内部的授权。除了法定职权外,公司章程或股东大会决议当然可以授权本公司股东大会行使法定职权以外的其他权力。

(三) 股东大会的种类

股份有限公司的股东大会可以分为定期会议和临时会议。

1. 定期会议

定期会议,是指公司依照法律或公司章程规定的期限定期召开的股东大会。根据现行《公司法》规定,股份有限公司的定期股东大会"应当每年召开一次年会"。由于股份有限公司的定期会议通常一年召开一次,所以,股份有限公司的定期股东大会又称作股东大会年会。但《公司法》对股东大会年会的召开时间及不按时召开时的法律责任等问题没作具体规定。2016 年,证监会修订了《上市公司股东大会规则》,对上市公司年度股东大会的召开问题作了较为明确的要求。按《上市公司股东大会规则》第 4 条的规定,上市公司年度股东大会每年召开一次,应当于上一会计年度结束后的 6 个月内举行。公司在上述期限内因故不能召开年度股东大会的,应当报告公司所在地证监会派出机构、公司股票挂牌交易的证券交易所,说明原因并公告。第 47 条规定,在上述期限内,公司无正当理由不召开股东大会的,证券交易所有权对该公司挂牌交易的股票及衍生品种予以停牌,并要求董事会作出解释并公告。该规定虽在一定程度上弥补了《公司法》的不足,但其适用范围仅限于上市公司。不上市的股份有限公司股东大会年会的时间限制及不按时召开时的法律责任等问题仍然有待立法的进一步明确。

其实,关于股东大会年会的召集时限及不按时召集的法律责任问题,我国台湾地区的相关规定也可让我们借鉴。根据我国台湾地区"公司法"第170条规定:股东常会应于每营业年度终结后6个月内召集之。但有正常事由经报请主管机关核准者,不在此限。代表公司之董事违反前项召开期限之规定者,处新台币1万元以上5万元以下罚款。

股东大会年会的主要议题是讨论决定公司的常规性事务,如年度财务预决算方案、年度利润分配或亏损弥补方案、重大投资计划等。

2. 临时会议

临时股东大会,是指在两次定期会议之间,因法定事由的出现而临时召开的股东大会。我国《公司法》第100条就股份有限公司临时股东大会的召集事由作了规定。按该规定,股份有限公司有下列情形之一的,应当在两个月内召开临时股东大会:(1)董事人数不足《公司法》规定人数或者公司章程所定人数的2/3时;(2)公司未弥补的亏损达实收股本总额1/3时;(3)单独或者合计持有公司10%以上股份的股东请求时;(4)董事会认为必要时;(5)监事会提议召开时;(6)公司章程规定的其他情形。

(四)股东大会的召集

1. 召集权人

从各国公司法的规定来看,股东大会通常是由董事会召集的,特别情况下,监事会、代表一定股权比例的股东、清算人、重整人等也可依法律或公司章程的规定召集股东大会。我国《公司法》第101条就股份有限公司股东大会的召集权人作了规定。按该规定,股东大会的召集权人依次如下:

(1)董事会。股份有限公司的股东大会由董事会召集,董事长主持;董事长不能履行主持职责或者不履行主持职责的,由副董事长主持;副董事长不能履行主持职责或者不履行主持职责的,由半数以上董事共同推举一名董事主持。

(2)监事会。董事会不能履行或者不履行召集股东大会会议职责的,监事会应当及时履行召集和主持股东大会的职责。

(3)法定比例的股东。董事会和监事会都不履行召集和主持股东大会职责的,连续90日以上单独或者合计持有股份有限公司10%以上股份的公司股东可以自行召集和主持股东大会。

由此可知,在我国,股份有限公司股东大会的第一顺序召集权人是公司董事会,第二顺序召集权人是公司监事会,符合法定要求的股东是第三顺序召集权人。只有当第一顺序权利人不履行职权时,才轮到第二顺序权利人行使职权,在第一、第二顺序权利主体都不履行职权时,第三顺序召集权人召集的股东大会才是合法有效的。

2. 召集通知

由于股东大会并非公司常设机构,股东也非公司工作人员,为确保股东都能按时出席会议、真正行使参与公司决策的权力而不是搞走过场式的形式主义,更为了提高股东大会开会的效率，我国《公司法》对股东大会召开前的通知规则作出了明确规定。

根据《公司法》第 102 条第 1 款、第 2 款规定，股份有限公司召开股东大会会议，应当将会议召开的时间、地点和审议的事项于会议召开 20 日前通知各股东；临时股东大会应当于会议召开 15 日前通知各股东；发行无记名股票的，应当于会议召开 30 日前公告会议召开的时间、地点和审议事项。单独或者合计持有公司 3% 以上股份的股东，可以在股东大会召开 10 日前提出临时提案并书面提交董事会；董事会应当在收到提案后 2 日内通知其他股东，并将该临时提案提交股东大会审议。临时提案的内容应当属于股东大会职权范围，并有明确议题和具体决议事项。

（五）股东大会决议

1. 股东大会的表决方式

理论上讲，股东大会的表决方式可以是传统的会议现场表决，也可以通过由股东在需决议的文件上以签名、盖章的方式表决，还可以用电话、传真、网络等现代通讯方式表决。股份有限公司因股东人数众多，显然不适宜用由全体股东在需决议的文件上以签名、盖章的方式表决，而传统的会议现场表决方式及网络等现代通讯方式表决无疑是较合适的。但需注意的是，用不同的方式表决，应遵循的具体规则是不同的。如，《上海证券交易所上市公司股东大会网络投票实施细则》第 6 条规定，股东大会股权登记日登记在册的所有股东，且有权出席会议行使表决权的股东，均有权通过本所网络投票系统行使表决权。第 26 条规定，同一表决权通过现场、本所网络投票平台或其他方式重复进行表决的，以第一次投票结果为准。第 19 条第 1 款规定，A 股股东、B 股股东、优先股股东、恢复表决权的优先股股东应当按照其股东类型及优先股品种分别进入对应的投票界面投票。

2. 股东行使表决权的依据

股东大会决议以股东表决的方式通过。而股东行使表决权的依据，则取决于法律的规定。我国《公司法》第 103 条第 1 款规定："股东出席股东大会会议，所持每一股份有一表决权。但是，公司持有的本公司股份没有表决权。"由此可见，我国股份有限公司股东行使表决权的依据是法定的，即：按照股东所持股份数的多少决定其拥有的表决权数。由于所持每一份股份便拥有一票表决权，故持股数越多，拥有的表决权数也就越多。但这一规则的例外是：股份有限公司持有的本公司股份没有表决权。因此，无论股份有限公司因何原因而持有本公司自己的股份时，该部分股份都是没有表决权的。

3. 股东表决权的运用

股东出席股东大会，对其参与表决的重大事项，享有依法自主运用表决权的权利。原则上股东表决权既不能被随意剥夺，也不能无故受限制，更不能重复计算和使用。但下列情况下，股东表决权将突破上述一般原则而按特殊规则运用。

（1）股东表决权的剥夺。

为公平地保护所有股东的合法权益，在坚持一股一权、一股一票原则的前提下，不少国家的立法都设置了特殊情况下的特殊股东表决权剥夺制度，我国也一样。按我国《公司法》的规定，下列两种情况下，股东的表决权将被剥夺：一是利害关系股东表决权的剥夺，二是公司自有股份表决权的剥夺。

所谓利害关系股东表决权的剥夺是指:与表决事项有利害关系的股东,在公司股东大会就该利害事项表决时,其表决权将被剥夺。如,按《公司法》第 16 条第 2 款、第 3 款规定,公司为公司股东或者实际控制人提供担保的,必须经股东会或者股东大会决议。拟被担保的公司股东或者受拟被担保的实际控制人支配的股东,不得参加有关担保事项的表决。该项表决由出席会议的其他股东所持表决权的过半数通过。

所谓公司自有股份表决权的剥夺是指:公司因各种合法原因而持有的本公司的股份,在股东大会上没有表决权。这对防止内幕交易、操纵股价等违法行为有积极的意义和作用。

(2) 股东表决权的累积运用。

股东表决权的累积运用,主要是指公司股东大会在选举董事、监事时所采取的一种特别表决机制,又叫累积投票制。我国《公司法》第 105 条规定,股东大会选举董事、监事,可以根据公司章程的规定或者股东大会的决议,实行累积投票制。所谓累积投票制,是指股东大会选举董事或者监事时,每一股份拥有与应选董事或者监事人数相同的表决权,股东拥有的表决权可以集中使用。累计投票制创造、形成于 19 世纪的美国,20 世纪为其他发达国家的公司法普遍采用。① 我国引入累计投票制,有利于中小股东的代言人被选进董事会,从而使董事会的决策能体现包括中小股东在内的所有股东的意愿。

(3) 双层股权结构中,特殊股东表决权的加倍行使。

这便是双层股权结构制度。它是将公司股份划分为 A 类股与 B 类股两类股份,A 类股每股一个表决权,B 类股每股多个表决权。该制度的目的在于解决公司融资需求与公司控制权被稀释之间的矛盾,从而使公司在公开融资的同时,保证公司创始人或管理层对公司的控制权不会丧失。2019 年科创板在我国上海证券交易所推出,开始了双层股权结构的试点。根据《上海证券交易所科创板股票上市规则》,上市公司章程应当规定每份特别表决权股份的表决权数量,且不得超过每份普通股份的表决权数量的 10 倍。

4. 股东大会决议种类及决议效力

股份有限公司的股东大会决议可以分为普通决议和特别决议。普通决议是指决定公司普通事项时采用的以股东表决权的简单多数通过的决议。所谓"简单多数通过"是指经出席会议的股东所持表决权过半数通过;特别决议是指决定公司重要事项时采用的以股东表决权的绝对多数通过的决议。不同国家的公司法,对"特别事项"的范围及"绝对多数"的数量要求是不同的。依我国《公司法》第 103 条第 2 款的规定是,股东大会会议作出修改公司章程、增加或者减少注册资本的决议,以及公司合并、分立、解散或者变更公司形式的决议的,必须经出席会议的股东所持表决权的 2/3 以上通过。除此之外,股东大会可以按照公司章程的规定决定必须以普通决议或特别决议通过的决议事项。

公司股东大会的决议内容违反法律、行政法规的无效。只要股东大会决议不存在内

---

① 参见赵旭东主编:《公司法学》,高等教育出版社 2003 年版,第 337 页。

容违法或程序违规现象的,一经通过,即对全体股东具有约束力。

根据现行《公司法》的规定,股东大会的会议召集程序、表决方式违反法律、行政法规或者公司章程,或者决议内容违反公司章程的,股东可以自决议作出之日起60日内,请求人民法院撤销。根据《〈公司法〉司法解释(一)》,股东拟诉请撤销股东大会决议的,应当在规定的时效内向人民法院提起诉讼,超过公司法规定期限的,人民法院将不予受理。股东依法提起诉讼的,人民法院可以应公司的请求,要求股东提供相应担保。若公司根据股东大会决议已办理变更登记的,人民法院宣告该决议无效或者撤销该决议后,公司应当向公司登记机关申请撤销变更登记。

5. 股东大会会议记录

股份有限公司的股东大会应当对所议事项的决定作成会议记录,主持人、出席会议的董事应当在会议记录上签名。会议记录应当与出席股东的签名册及代理出席的委托书一并保存,以便必要时供股东及有关人员查阅。

二、董事会及经理

(一) 董事会的概念及特点

董事会,是公司依法选举产生的若干名董事所组成的、负责执行股东大会决议、对外代表公司,并享有公司经营决策权的常设机构。其基本特点如下:

(1) 董事会是公司的常设机关。作为注册登记事项之一,公司首届董事会实际上是在公司注册登记前就选举产生的,自公司正式登记成立之日起,董事会即作为一个稳定的机构存在。

(2) 董事会是公司的业务执行机关。董事会主要是由股东大会选举产生的董事组成的,所以,其首要任务就是执行股东大会的各项决议,并对股东大会负责。

(3) 董事会是公司的经营决策机关。董事会不仅负责执行股东大会的决议,各国立法还从公司经营活动的实际需要出发,赋予了董事会对公司事务的广泛决策权。尤其是在董事会中心主义治理模式下,除法律和公司章程规定必须由股东大会决议的事项外,公司的其他一切事务都由董事会行使经营决策权。

(4) 董事会是公司的对外代表机关。由董事会而不是股东大会作为公司的对外代表机关,几乎是各国公司法的共同之处。我国《公司法》也赋予了董事会对外代表公司,对内经营管理公司的权力。

(二) 董事会的职权

关于董事会的职权范围,各国立法不外乎采取列举式(即在公司法中明确列举董事会的职权)及排除式(即除由股东大会行使的权力之外的一切职权)等方式规定。我国《公司法》对董事会职权的规定总体上属于列举式。依《公司法》第108条的规定,我国股份有限公司董事会的法定职权与有限责任公司相同,主要包括:(1)召集股东大会会议,并向股东大会报告工作;(2)执行股东大会的决议;(3)决定公司的经营计划和投资方案;(4)制订公司的年度财务预算方案、决算方案;(5)制订公司的利润分配方案和弥补亏损方案;

(6)制订公司增加或者减少注册资本以及发行公司债券的方案;(7)制订公司合并、分立、变更公司形式、解散的方案;(8)决定公司内部管理机构的设置;(9)决定聘任或者解聘公司经理及其报酬事项,并根据经理的提名决定聘任或者解聘公司副经理、财务负责人及其报酬事项;(10)制定公司的基本管理制度;(11)公司章程规定的其他职权。

上述职权是属于整个董事会的,至于董事会中的每个成员享有哪些职权,《公司法》并未直接规定。因此,包括董事长、副董事长在内的所有公司董事,都不能把属于整个董事会的职权直接看成是每个董事个人的职权。事实上,董事们都只能通过参加董事会、以董事会成员的身份共同参与属于董事会职权范围的决策。当然,若某个董事受董事会委托行使某项属于董事会的职权的,应属合法。

虽然,作为董事会成员的董事长、副董事长在参与董事会决策过程中并不享有更多的权利,但《公司法》还是赋予了公司董事长、副董事长一些不同于一般董事的特殊职责。这些职责主要是指召集、主持会议的职责。依《公司法》第109条第2款的规定,董事长召集和主持董事会会议,检查董事会决议的实施情况。副董事长协助董事长工作,董事长不能履行职务或者不履行职务的,由副董事长履行职务;副董事长不能履行职务或者不履行职务的,由半数以上董事共同推举一名董事履行职务。

(三)董事会的组成

董事会由符合法定任职资格的若干名董事所组成。

1. 董事的概念及种类

董事,是公司经营决策机构的成员。但到底何谓"董事",我国《公司法》并未给出明确的界定。但《布莱克法律大辞典》(以下简称《辞典》)的解释,能为我们提供一个有关董事的学理上的概念。该《辞典》指出:董事是指根据法律被任命或选举并授权管理和经营公司事务的人。[①]

董事可因其产生方式、在公司中的地位及与公司的关系等的不同而被分成不同的种类。从我国《公司法》的规定来看,我国董事可作以下几种分类:

(1)根据董事的产生方式的不同,可把董事分为由股东大会选举产生的代表股东利益的董事及由职工大会(或职工代表大会)选举产生的职工董事。这种分类的意义在于,确保不同利益代表都能参与公司的决策和管理。但在董事会内部,无论是代表股东的董事,还是职工董事,法律地位是平等的。

传统意义上考察,公司董事会是由股东大会选举产生的若干名董事组成的行使经营决策权和管理权的公司常设机关。但为了体现利益相关者参与公司治理的原则,现代各国公司法都强调职工在公司治理中的地位和作用,职工董事制度由此而生。我国《公司法》亦明确规定,国有独资公司、两个以上的国有企业或者其他两个以上的国有投资主体投资设立的有限责任公司,其董事会成员中应当有公司职工代表;其他有限责任公司、股份有限公司董事会成员中也可以有公司职工代表。董事会中的职工代表由公司职工通过

---

① *Black' Law Dictionary*, Fifth Edition, West Publishing Co., 1979, p.415.

职工代表大会、职工大会或者其他形式民主选举产生。因此,在我国,国有有限责任公司的董事会中,必须有一定数量的职工董事;至于其他公司是否建立职工董事,则由公司自主决定。当然,在建立职工董事制度的公司,职工董事占公司董事会总人数的比例问题,法律并未作明确规定,这可以由公司章程加以确定。不过董事会成员中代表股东的董事占绝大多数、代表职工的董事占少数似乎是毋庸置疑的。

(2) 根据董事是否享有公司法定代表人的身份为标准,可把董事分为法定代表人董事和普通董事。这种分类的意义在于:取得法定代表人身份的董事,享有直接对外代表公司行为的权利,而普通董事只有在得到法定代表人的授权后,才能在授权范围内对外代表公司。根据我国《公司法》第13条的规定,公司法定代表人可以依照公司章程的规定,由董事长、执行董事或者经理担任。一个公司只能有一个法定代表人,所以,在董事会中,享有公司法定代表人身份的董事只能是董事长,其他董事都是普通董事。

(3) 根据担任董事职务的人是否是本公司的股东为标准,可以把董事分为持股董事和非持股董事。这种分类的意义在于:持股董事除了享有董事的权利、承担董事的义务和责任外,还得根据其所持股份的多少享有股东的权利、并承担股东的义务和责任;而非持股董事,则只享有董事的权利、并承担董事的义务和责任。我国现行《公司法》并未将持有一定数量的任职公司的股份作为取得董事身份的先决条件,所以,我国各类公司的董事会中往往同时存在着持股和非持股两大类董事。

(4) 根据董事与公司之间的关系不同为标准,可以把董事分为独立董事与非独立董事。独立董事是指不在公司担任除董事职务以外的其他任何职务,并与其所受聘的上市公司及其主要股东不存在可能妨碍其进行独立客观判断的一切关系的特定董事。非独立董事是指除独立董事外的其他一般董事。我国相关法律法规强制性要求上市公司必须建立独立董事制度,且独立董事人数不得少于上市公司董事会席位的1/3,而对非上市公司,并无强制性规定,是否设立独立董事由公司自主决定。

2. 董事的人数及任期

法律虽然可以统一规定董事会的产生方式,但却不能统一规定董事会的具体人数。因为董事会成员应该多少才合适,这取决于公司的实际需要。正因为如此,我国《公司法》第108条只规定了股份有限公司董事会人数的下限和上限,即:5人至19人,董事会成员的具体人数由各公司依其实际需要在法定范围内决定。为避免董事会表决时陷入同意者与反对者的人数相同的僵局,保证董事会决议的顺利通过,公司在确定董事会成员的具体人数时,应取上述法定范围内的奇数为好。

董事的任期由公司章程规定,但每届任期不得超过3年。董事任期届满,可以连选连任。董事任期届满未及时改选,或者董事在任期内辞职导致董事会成员低于法定人数的,在改选出的董事就任前,原董事仍应当依照法律、行政法规和公司章程的规定,履行董事职务,以确保董事会的工作能正常进行。

3. 董事长的产生

董事会设董事长一人,可以设副董事会长。我国《公司法》规定,股份有限公司的董事长和副董事长由董事会以全体董事的过半数选举产生。

(四) 董事会会议的召集及议事规则

1. 董事会会议的召集

因有限责任公司的规模通常较小,股东人数也较少,法律对其内部机构的运行规则也相对宽松,很多问题允许公司以章程的形式来规定。而股份有限公司就不一样了。在董事会会议的召集问题上,《公司法》对股份有限公司的规定要比对有限责任公司的规定具体明确得多。

按《公司法》第110条的规定,董事会每年度至少召开两次会议,每次会议应当于会议召开10日前通知全体董事和监事。代表1/10以上表决权的股东、1/3以上董事或者监事会,可以提议召开董事会临时会议。董事长应当自接到提议后10日内,召集和主持董事会会议。董事会召开临时会议,可以另定召集董事会的通知方式和通知时限。

董事会会议由董事长召集和主持,董事长不能召集或者不召集的,由副董事长召集和主持;副董事长不能召集或者不召集的,可以由半数以上董事共同推举一名董事召集和主持董事会会议。

2. 董事会会议的议事规则

我国《公司法》明确规定了股份有限公司董事会会议的议事规则,主要有:

(1) 董事会会议,应有过半数的董事出席方可举行。

(2) 董事会会议,应由董事本人出席;董事因故不能出席时,可以书面委托其他董事代为出席董事会,委托书中应载明授权范围。

(3) 经理及监事均应列席董事会会议。

(4) 董事会研究决定改制以及经营方面的重大问题、制定重要的规章制度时,应当听取公司工会的意见,并通过职工代表大会或者其他形式听取职工的意见和建议。

(5) 董事会决议的表决,实行一人一票。

(6) 董事会作出决议,必须经全体董事的过半数通过。列席人员无表决权。

(7) 董事会应当对会议所议事项的决定作成会议记录,出席会议的董事应在会议记录上签名。

董事应当对董事会的决议承担责任。董事会的决议违反法律、行政法规或者公司章程、股东大会决议,致使公司遭受严重损失的,参加决议的董事对公司负赔偿责任。但经证明在表决时曾表明异议并记载于会议记录的,该董事可以免除责任。

(五) 经理

经理是法定的公司内部辅助执行业务机关。股份有限公司应当设置经理。经理是受聘于董事会、负责公司日常事务管理的高级行政管理人员。经理对董事会负责,执行董事会的决议。当公司规模较大时,公司董事会可以下设总经理、副总经理及部门经理和副经理等若干经理人,以便分工协作、各司其职,共同完成公司日常事务的管理。董事会成员可以兼任经理。

根据《公司法》第113条第2款及第49条第1款、第2款的规定,公司经理行使下列职权:(1)主持公司的生产经营管理工作,组织实施董事会决议;(2)组织实施公司年度经营计划和投资方案;(3)拟订公司内部管理机构设置方案;(4)拟订公司的基本管理制度;(5)制定公司的具体规章;(6)提请聘任或者解聘公司副经理、财务负责人;(7)决定聘任或者解聘除应由董事会决定聘任或者解聘以外的负责管理人员;(8)董事会授予的其他职权。公司章程对经理职权另有规定的,从其规定。

三、监事会

(一)监事会的概念及性质

股份有限公司监事会是公司依法设立的、对公司经营管理机构及经营管理者的经营行为进行监督、并直接对股东大会负责的公司必设机关。

监事会的性质表现为:

(1)它是法定的公司内部监督机构。我国《公司法》第117条第1款明确规定股份有限公司设监事会,因此,凡是依我国《公司法》设立的股份有限公司,都应当依法建立监督机构。

(2)它是独立于公司董事会、并直接对股东大会负责的机构。监事会有独立的法律地位,其行使职权不受董事会的制约,监事会直接对权力机构股东大会负责。

《公司法》之所以规定公司必须设置监事会是因为:在公司里,经营者(包括董事、经理)并不拥有整个公司,有时甚至不拥有公司的任何股权。经营者的个人利益与公司的利益经常会发生冲突。为了防止公司经营者为了个人利益而牺牲公司或股东的利益,也为了及时发现并纠正经营者可能作出的错误决策,设置一个专门的机构来负责监督经营者的经营行为就显得很有必要。监事会这个机构的设立,有助于在公司内部建立起一个权力制衡和制约机制,保证公司行为的规范及实现公司和股东利益的最大化。

(二)监事会的组成

依我国《公司法》的规定,公司监事会成员不得少于3人,由股东代表和适当比例的公司职工代表组成,其中职工代表的比例不得低于监事会成员的1/3,具体比例由公司章程规定。监事会中的股东代表由股东大会选举产生,职工代表由公司职工通过职工代表大会、职工大会或者其他形式民主选举产生。无论是股东大会选举的监事,还是职工大会选出的职工监事,都应当具备相应的任职资格。上述关于董事消极资格的规定,适用于监事。即凡是属于《公司法》第146条列举的人员,都不得担任公司监事。此外,本公司的董事、高级管理人员也不得兼任监事。

监事会设主席一人,可以设副主席。监事会主席和副主席由全体监事过半数选举产生。监事(包括监事会主席、副主席)的任期每届为3年。监事任期届满,可以连选连任。

监事任期届满未及时改选,或者监事在任期内辞职导致监事会成员低于法定人数的,在改选出的监事就任前,原监事仍应当依照法律、行政法规和公司章程的规定,履行监事职务。

(三) 监事会的职权

股份有限公司监事会的法定职权主要包括：(1) 检查公司财务；(2) 对董事、高级管理人员执行公司职务的行为进行监督，对违反法律、行政法规、公司章程或者股东大会决议的董事、高级管理人员提出罢免的建议；(3) 当董事、高级管理人员的行为损害公司的利益时，要求董事、高级管理人员予以纠正；(4) 提议召开临时股东大会会议，在董事会不履行本法规定的召集和主持股东大会会议职责时召集和主持股东大会会议；(5) 向股东大会会议提出提案；(6) 依照《公司法》第151条的规定，对董事、高级管理人员提起诉讼；(7) 公司章程规定的其他职权。

监事可以列席董事会会议，并对董事会决议事项提出质询或者建议。

监事会发现公司经营情况异常，可以进行调查；必要时，可以聘请会计师事务所等协助其工作。监事会行使职权所必需的费用由公司承担。

(四) 监事会的议事规则

股份有限公司的监事会，每6个月至少召开一次会议。监事可以提议召开临时监事会会议。

监事会会议由监事会主席召集和主持；监事会主席不能召集和主持或者不召集和主持会议的，由监事会副主席召集和主持监事会会议；监事会副主席也不能召集和主持或者不召集和主持会议的，由半数以上监事共同推举一名监事召集和主持监事会会议。

监事会决议应当经半数以上监事通过。监事会的议事方式和表决程序，除《公司法》有规定的外，可由公司章程作具体规定。

监事会应当对所议事项的决定作成会议记录，出席会议的监事应当在会议记录上签名，并对监事会决议承担责任。

第五节 上市公司

一、上市公司的概念

按我国《公司法》第120条的规定：上市公司，是指其股票在证券交易所上市交易的股份有限公司。由此可知，上市公司只能是股份有限公司而不可能是其他种类的公司。并且，不是所有的股份有限公司都能上市，只有那些具备上市条件的股份有限公司才能成为上市公司。

二、公司的上市条件

按照我国《证券法》第47条的规定，申请证券上市交易，应当符合证券交易所上市规则规定的上市条件。该条同时规定，证券交易所上市规则规定的上市条件，应当对发行人的经营年限、财务状况、最低公开发行比例和公司治理、诚信记录等提出要求。这一规定赋予了证券交易所设定上市门槛的自治权，能够自主决定本交易所的上市标准和要求。

股份有限公司拟成为上市公司的,应向证券交易所提出申请,由证券交易所依法审核同意,并由双方签订上市协议后,其上市资格才可能获得。上市公司对证券交易所作出的不予上市交易决定不服的,可以向证券交易所设立的复核机构申请复核。

三、上市公司股票上市的终止

上市公司股票上市的终止是指,证券交易所依照有关规定,对上市公司上市交易的股票作出永久停止其挂牌交易的措施。与证券上市条件的规定相似,为尊重和保障证券交易所的自治权,我国《证券法》授权证券交易所自主规定上市公司终止上市的情形。《证券法》第48条第1款明确规定:"上市交易的证券,有证券交易所规定的终止上市情形的,由证券交易所按照业务规则终止其上市交易。"

证券交易所决定终止证券上市交易的,应当及时公告,并报国务院证券监督管理机构备案。上市公司对证券交易所作出的终止上市交易决定不服的,可以向证券交易所设立的复核机构申请复核。

需要指出的是:上市公司股票上市的终止与上市公司法人资格的终止是既有联系又有区别的两个概念。上市公司股票上市的终止并不必然导致该上市公司法人资格的终止。股票被终止上市的原上市公司仍然可以作为一个非上市公司而继续存续和经营。但如果某上市公司的法人资格终止了,则必然导致其股票终止上市。

四、上市公司组织机构的特别规定

(一) 独立董事

独立董事是指不在公司担任除董事职务以外的其他任何职务,并与其所受聘的上市公司及其主要股东不存在可能妨碍其进行独立客观判断的一切关系的特定董事。与独立董事概念相近的是外部董事或非执行董事,它们均是指那些本人目前不在公司任职的董事。与外部董事或非执行董事相对应的是既担任董事会成员,同时又在公司内任职的董事,这类董事被称为内部董事或执行董事。外部董事或非执行董事并不都是独立的,只有满足独立条件的外部董事或非执行董事才属于独立董事。非独立的外部董事或非执行董事称为关联外部董事。

独立董事的独立性主要体现在以下三个方面:(1) 法律地位的独立性。独立董事不是由大股东或者公司高级管理层委派,不是大股东或现有公司高级管理层的代言人。(2) 意思表示的独立性。独立董事与公司没有业务关联或物质利益关系,与公司的大股东、董事、高级管理人员没有影响其独立性的利益或者亲属关系,所以他可以从公司利益出发,对董事会的决议作出独立的意思表示。(3) 职能的独立性。独立董事可以就公司董事、高级管理人员的提名、任免、报酬、考核事项以及其认为可能损害中小股东权益的事项发表独立意见;对公司关联交易、聘用或者解聘会计师事务所等重大事项进行审核并发表独立意见。

2001年8月,中国证监会发布了《关于在上市公司建立独立董事制度的指导意见》,

对上市公司独立董事的任职条件及独立性、任免程序及方式、具体职责、报酬机制等问题作出了明确规定。

根据《关于在上市公司建立独立董事制度的指导意见》的规定,担任独立董事应当符合下列基本条件:(1)根据法律、行政法规及其他有关规定,具备担任上市公司董事的资格;(2)具有《关于在上市公司建立独立董事制度的指导意见》所要求的独立性;(3)具备上市公司运作的基本知识,熟悉相关法律、行政法规、规章及规则;(4)具有5年以上法律、经济或者其他履行独立董事职责所必需的工作经验;(5)公司章程规定的其他条件。

独立董事的独立性表现为下列人员不得担任独立董事:(1)在上市公司或者其附属企业任职的人员及其直系亲属、主要社会关系(直系亲属是指配偶、父母、子女等;主要社会关系是指兄弟姐妹、岳父母、儿媳女婿、兄弟姐妹的配偶、配偶的兄弟姐妹等);(2)直接或间接持有上市公司已发行股份1%以上或者是上市公司前10名股东中的自然人股东及其直系亲属;(3)在直接或间接持有上市公司已发行股份5%以上的股东单位或者在上市公司前5名股东单位任职的人员及其直系亲属;(4)最近1年内曾经具有前3项所列举情形的人员;(5)为上市公司或者其附属企业提供财务、法律、咨询等服务的人员;(6)公司章程规定的其他人员;(7)中国证监会认定的其他人员。

独立董事的具体职权包括:(1)重大关联交易(指上市公司拟与关联人达成的总额高于300万元或高于上市公司最近经审计净资产值的5%的关联交易)应由独立董事认可后,提交董事会讨论;独立董事作出判断前,可以聘请中介机构出具独立财务顾问报告,作为其判断的依据。(2)向董事会提议聘用或解聘会计师事务所。(3)向董事会提请召开临时股东大会。(4)提议召开董事会。(5)独立聘请外部审计机构和咨询机构。(6)可以在股东大会召开前公开向股东征集投票权。此外,独立董事还应当对上市公司任免董事及发生可能损害中小股东权益等重大事项发表独立意见。《公司法》第122条也明确规定:"上市公司设独立董事,具体办法由国务院规定。"这也为我国继续探索上市公司独立董事制度留下了空间。

(二)董事会秘书

董事会秘书在上市公司治理与经营管理中发挥着重要作用。董事会秘书具有公司高级管理人员的身份。在公司组织机构中,董事会秘书隶属于董事会,是协助董事会执行业务的助理机构。根据我国现行《公司法》《证券法》的规定,上市公司应当设立董事会秘书,负责公司股东大会和董事会会议的筹备、文件保管以及公司股东资料的管理,办理信息披露事务等事宜。

第十四章　中外合资股份有限公司

第一节　中外合资股份有限公司概述

一、中外合资股份有限公司的定义和特点

所谓中外合资股份有限公司，有时也称外商投资股份有限公司，是指依法设立的，全部资本由等额股份构成，股东以其所认购的股份对公司承担责任，公司以其全部财产对公司债务承担责任，境内和境外投资者共同购买并持有公司股份的企业法人。

中外合资股份有限公司有以下三个特点：

（一）具备股份有限公司的基本属性

中外合资股份有限公司应具备股份有限公司的基本属性，即：全部资本由等额股份构成；股东以其所认购的股份对公司承担责任；公司以其全部财产对公司债务承担责任。

（二）股东分属不同国籍或地区，既有境内投资者，也有境外投资者

按照原《商务部关于设立外商投资股份有限公司若干问题的暂行规定》，外国股东购买并持有的股份应不低于公司注册资本的25%，但是，随着2019年我国《外商投资法》的颁布，上述规定已经失效，依据新法，今后对境外投资者不再强调25%的最低投资比例要求。

（三）依法设立

除了《公司法》以外，我国规范中外合资股份有限公司的设立及公司运作的法律法规还主要包括：(1) 1995年12月，国务院发布的《国务院关于股份有限公司境内上市外资股的规定》；(2) 1996年5月，国务院证券委员会发布的《股份有限公司境内上市外资股规定的实施细则》；(3) 1994年8月，国务院发布的《国务院关于股份有限公司境外募集股份及上市的特别规定》；(4) 1994年8月，国务院证券委员会、国家经济体制改革委员会发布的《到境外上市公司章程必备条款》；(5) 1997年6月，国务院发布的《国务院关于进一步加强在境外发行股票和上市管理的通知》；(6) 1999年3月，国家经济贸易委员会、中国证券监督管理委员会发布的《关于进一步促进境外上市公司规范运作和深化改革的意见》；(7) 1999年9月，中国证监会发布的《境内企业申请到香港创业板上市审批与监管指引》；(8) 2004年7月，中国证监会发布的《关于规范境内上市公司所属企业到境外上市有关问题的通知》；(9) 2012年12月，中国证监会发布的《关于股份有限公司境外发行股票和上市申报文件及审核程序的监管指引》等。

二、中外合资股份有限公司的分类

由于对外开放和中国加入WTO，禁止性和限制性投资领域逐步缩小，外资进入我国

无论是数量上还是范围方面都有迅速扩大之势。特别是《上市公司收购管理办法》等法律的出台，更是有力地保障外资的进入，目前，中国的中外合资股份有限公司越来越多。当然，上市的中外合资股份有限公司还是最为特别，因此，这仍将是我们重点介绍和评析的主要内容。

根据传统的分类，以所发行的外资股上市地的不同为标准，可以将中外合资股份有限公司分为两类：一类是发行境内上市外资股的股份有限公司，另一类是发行境外上市外资股的股份有限公司。

三、中外合资股份有限公司的作用

自改革开放以来，我国经济高速发展。高速的经济增长必然伴随着高储蓄和高投资，由此有巨大的资金需求。而我国的国内资金的供需关系严重失衡。国内资金供给的短缺把中国开始推向国际资本市场，中外合资股份有限公司由此产生，并且对我国的经济乃至企业有显著的促进作用。

（1）中外合资股份有限公司最突出的作用表现在快捷、有效地解决了部分国有大中型企业资金困难，支持了一批重点建设工程和技术改造项目。如上海石化扩大生产规模、仪征化纤三期工程和技术改造、吉林化工的大化肥项目和乙烯装置建设、华能国际和山东华能的电路建设、广深准高速铁路的建设等，都是通过境外上市筹得巨额资金，从而保证建设项目的顺利进行。而且，通过境外上市，企业可以在国际市场上筹集到外币资金以便开展国际性的业务，可以提高企业的声誉，有利于开展国际业务和开拓境外市场。

（2）中外合资股份有限公司对于优化企业资产负债结构、提升企业管理水平发挥了积极作用。从已上市的中外合资股份有限公司的情况看，之前，国有企业在境外发行股票前，普遍存在债务负担过重问题，资产负债比例平均在 70% 以上。发行股票后，企业筹到一笔长期稳定的资金，负债比例通常降至 50% 左右，优化了债务结构；同时，在企业管理方面，境外上市公司普遍感到既有压力，也有动力。抓管理、抓市场、降低成本、接受市场严格监督已成为这些企业转换经营机制的一个重要方面。很多企业通过到境外资本市场上市，不仅筹集了发展所需要的资金，优化了企业资本结构，而且找到了与世界一流企业在技术、管理等方面的差距，更重要的是为加快建立现代企业制度，实现企业的制度创新、技术创新和管理创新增添了外在的压力和内在的动力。

（3）中外合资股份有限公司不仅为企业筹资开拓了新方式、新渠道，而且为国际投资者提供了直接从中国经济快速增长中获益的机会，彼此相促相长。早期的中外合资股份有限公司主要是通过企业境外上市形成的。到境外上市的企业是中国优中选优的企业，一般都是规模较大、管理先进、效益较好，在整个国民经济中有着举足轻重的地位。这些公司在运作中，逐步了解和适应了国际证券市场的运作环境和监管要求，规范化运作水平明显提高。通过它们的示范效应，带动了国内上市公司质量的提高，促进国内证券市场的完善。

第二节 发行境内上市外资股的股份有限公司

境内上市外资股,也称B股,是境内股份有限公司向特定的、非特定的境内上市外资股投资人募集股份,以人民币标明面值,以外币认购、买卖,在境内证券交易所上市交易的股票。境内上市外资股是一种特殊的证券形式,也是我国吸引外资的方式之一。除了投资者、使用货币和交易清算机制存在差异外,持有同一种类股份的B股股东与A股股东,依照《公司法》享有同等权利和履行同等义务。

我国1991年11月30日首次发行了"上海电真空"——第一只B股股票之后,开始向上海、深圳本地上市公司开放B股,进而向全国市场开放。根据2020年4月20日的数据显示,我国目前共有114家公司发行B股并在上海证券交易所和深圳证券交易所上市交易。

一、公司申请发行境内上市外资股的条件

为了规范股份有限公司境内上市外资股的发行及交易,保护投资人的合法权益,根据我国《公司法》的有关规定,国务院制定了《关于股份有限公司境内上市外资股的规定》,随后,国务院证券委员会专门发布了《股份有限公司境内上市外资股规定的实施细则》,对B股市场实行特别管理。

(一) 以募集方式设立公司发行境内上市外资股的条件

以募集方式设立公司,申请发行境内上市外资股的,应当符合下列条件:
(1) 所筹资金用途符合国家产业政策。
(2) 符合国家有关固定资产投资立项的规定。
(3) 符合国家有关利用外资的规定。
(4) 发起人认购的股本总额不少于公司拟发行股本总额的35%。
(5) 发起人出资总额不少于1.5亿元人民币。
(6) 拟向社会发行的股份达公司股份总数的25%以上;拟发行的股本总额超过4亿元人民币的,其拟向社会发行股份的比例达15%以上。
(7) 改组设立公司的原有企业或者作为公司主要发起人的国有企业,最近3年内没有重大违法行为。
(8) 改组设立公司的原有企业或者作为公司主要发起人的国有企业,最近3年连续盈利。
(9) 国务院证券委员会规定的其他条件。

(二) 公司增加资本发行境内上市外资股的条件

公司增加资本,申请发行境内上市外资股的,除应当符合上述以募集方式设立公司发行境内上市外贸股应符合条件中第(1)(2)(3)项的规定外,还应当符合下列条件:

(1) 公司前一次发行的股份已经募足,所得资金的用途与募股时确定的用途相符,并且资金使用效益良好。

(2) 公司净资产总值不低于1.5亿元人民币。

(3) 公司从前一次发行股票到本次申请期间没有重大违法行为。

(4) 公司最近3年内连续盈利。原有企业改组或者国有企业作为主要发起人设立的公司,可以连续计算。

(5) 国务院证券委员会规定的其他条件。

以发起方式设立的公司首次增加资本,申请发行境内上市外资股的,还应当符合以募集方式设立公司发行境内上市外资股条件的第(6)项规定。

二、发行境内上市外资股公司的信息披露

发行境内上市外资股的公司应当依法向社会公众披露信息,除了《关于股份有限公司境内上市外资股的规定》和《股份有限公司境内上市外资股规定的实施细则》另有规定外,发行境内上市外资股的公司应当遵守国家有关法律、法规和中国证监会发布的有关公司信息披露的规定。公司还应当遵守证券交易所有关上市公司信息披露的规定,并且必须在其公司章程中对信息披露的地点、方式等事宜作出具体规定。

(一) 关于信息披露的文本

发行境内上市外资股的公司的信息披露文件,以中文制作;需要提供外文译本的,应当提供一种通用的外国语言文本。中文文本、外文文本发生歧义时,以中文文本为准。公司披露信息时,应当在境内外报刊上或者以其他中国证监会允许的信息披露方式向境内外投资人同时披露,披露内容原则上应当一致。

(二) 关于定期报告

公司在中期报告、年度报告中,除应当提供按中国会计准则编制的财务报告外,还可以提供按国际会计准则或者境外主要募集行为发生地会计准则调整的财务报告。如果按两种会计准则提供的财务报告存在重要差异,应当在财务报告中加以说明。公司按国际会计准则或者境外主要募集行为发生地会计准则调整的年度财务报告,应当经过会计师事务所审计。

(三) 关于股东股份变动报告和公告

任何境内上市外资股股东直接或者间接持有境内上市外资股股份达到公司普通股总股本的5%时,应当自该事实发生之日起3个工作日内向中国证监会、证券交易所和公司作出报告并公告,说明其持股情况和意图;并在其持有该股票的增减变化每达到该公司普通股总股本的2%时,作出类似的报告和公告。境内上市外资股股东在作出前款规定的报告和公告之前及当日,不得再行直接或者间接买卖该种股票。

三、发行境内上市外资股公司的会计和审计

(一) 关于会计师事务所的聘请

发行境内上市外资股的股份有限公司应当按照《企业会计准则》及国家其他有关财务会计法规、规定进行会计核算和编制财务报告,并聘请具有从事证券业务资格的中国注册会计师及其所在的境内事务所进行审计或者复核。除应当聘请具有从事证券业务资格的境内会计师事务所外,还可以根据需要请符合国家规定的境外会计师事务所对其财务报告进行审计或审阅。

公司聘用、解聘或者不再续聘会计师事务所,由股东大会作出决定,并报中国证监会备案。公司聘用会计师事务所的聘期,自公司本次股东大会年会结束时起到下次股东大会年会结束时止。公司解聘或者不再续聘会计师事务所,应当事先通知会计师事务所,会计师事务所有权向股东大会陈述意见。会计师事务所提出辞聘的,应当向股东大会说明公司有无不当情事。

经批准拟设立的公司发行境内上市外资股时,会计师事务所的聘用决定由公司主要发起人或者改组设立公司的原有企业作出。

(二) 关于税后可分配利润的确定

发行境内上市外资股的股份有限公司在分配股利前,应当按国家有关规定计提法定公积金。公司在分配股利时,所依据的税后可分配利润根据下列两个数据按孰低原则确定:(1) 经会计师事务所审计的根据中国会计准则编制的财务报表中的累计税后可分配利润数;(2) 以中国会计准则编制的、已审计的财务报表为基础,按照国际会计准则或者境外主要募集行为发生地会计准则调整的财务报表中的累计税后可分配利润数。

四、其他对发行境内上市外资股公司的要求

(一) 预留股份

与人民币普通股不同的是,境内上市外资股参照国际通行标准,实行预留股份,即经中国证监会批准,公司可以与主承销商在包销协议中约定,在包销数额之外预留不超过该次拟募集境内上市外资股数额15%的股份。预留股份的发行视为该次发行的一部分。

(二) 增资时间间隔

在增资发行的时间间隔方面,境内上市外资股也有优势,按照《关于股份有限公司境内上市外资股的规定》,公司发行境内上市外资股与发行内资股的间隔时间可以少于12个月。

(三) 主承销商

公司发行境内上市外资股,应当委托并经中国证监会依法批准设立的境内证券经营机构作为主承销商或者主承销商之一。

(四) 外汇管理

发行境内上市外资股的公司,应当在具有经营外汇业务资格的境内银行开立外汇账

户。公司向境内上市外资股股东支付股利及其他款项,以人民币计价和宣布,以外币支付。公司所筹集的外币资本金的管理和公司支付股利及其他款项所需的外币,按照国家有关外汇管理的规定办理。

(五)审核和管理

中国证监会对境内上市外资股的发行与上市进行审核和管理,但如果拟发行境内上市外资股的面值总额超过 3000 万美元的,应当报国务院批准。

第三节 发行境外上市外资股的股份有限公司

一、境外上市的方式

境外上市的形式各种各样,根据发行主体、证券种类、上市方式等可进行各种分类。通常以是否直接以自己的名义申请为准,基本上可以归纳为两大类:直接上市和间接上市。

(一)境外直接上市

境外直接上市是指国内企业直接以自己的名义向外国的证券主管机构申请在该国证券市场挂牌上市。具体又可分为以下几种:

1. 股票首次公开发行上市

股票首次公开发行上市是指国内企业直接以自己的名义在海外发行股票并在海外交易所挂牌上市交易。这种模式对上市公司有很大好处:股票发行的范围更广;股价能达到尽可能高的价格;公司可以获得较大的声誉。我国企业境外直接上市通常都是采取首次公开发行的方式进行。

2. 公司可转换债券上市

跨国发行和上市债券是国际融资的重要形式。其中有一种"可转换债券"兼有股票和债券的性质,具有很大的灵活性。可转换债券规定,债券持有人在债券条款规定的未来某一时间内可以将这些债券转换成发行公司一定数量的普通股股票。它是一种信用债券,不需要用特定的抵押物支持其发行,但为了保护投资者,可转换债券上市对企业的信用等级要求极高。对于发行公司来说,可转换债券既降低了融资成本,又增加了财务控制机会;对外国投资者来说,其面临的风险有限,同时又可能获得高收益。正因如此,可转换债券已经成为 20 世纪 90 年代以来国际资本市场上发展最快的一种新型融资工具。我国也已有这方面的实践,20 世纪 90 年代初,中国纺织机械股份有限公司在瑞士发行和上市可转换债券,是中国公司海外上市融资的新探索。

无论是哪一种形式,境外直接上市的一大优点就在于公司是以自己的名义在境外上市,可以非常有力地提高公司在世界范围内的知名度,有利于公司的发展。同时,直接上市为国外投资者了解国内企业的形象提供了平台,这对于像我国这样需要大力发展国际融资的国家十分重要。此外,一旦首次公开发行获得成功,公司股票达到足够高的价格、公司获得较好的声誉、股票发行范围广,这均为公司的进一步融资提供了便利的条件。

境外直接上市的难点是：首先，各国关于公司设立、股票发行和上市交易的法律存在差异。境外直接上市的公司是依据中国《公司法》设立的，如果要到境外上市，公司章程及设立条件等其他事项也必须同时符合上市地的法律规定，否则，境外的投资者就失去兴趣，证券主管机关也很难批准公司上市；其次，境外直接上市审批手续复杂、历时较长；最后，用于编制信息披露财务报表的会计准则上的差异也给境外直接上市增加了困难。

（二）境外间接上市

境外间接上市是指境内企业利用境外设立的公司的名义在境外发行股票和上市，香港的红筹股就是这种方式的典型表现。间接上市又可分为买壳上市、造壳上市和存托凭证上市。

1. 买壳上市

买壳上市是指境内企业直接收购一家已在海外证券市场挂牌上市的公司的部分或全部股权，取得对该境外上市公司的控制地位，然后对其注入资产，达到境内企业在海外间接上市的目的。买壳上市实际上是上市公司国际并购的一种形式，其最大的优点就是方便、快捷，能在很短的时间内实现企业上市的目的。但其缺点也是明显的，如可供选择的境外上市公司壳资源非常有限，收购的代价高昂，失败的风险也很大。

2. 造壳上市

造壳上市是指国内企业到境外设立公司，由该境外公司以收购、股权置换等方式对境内公司形成控股关系，然后将该境外公司在境外交易所上市。根据境内企业与境外公司关联方式的不同，造壳上市又可分为控股上市、附属上市和合资上市等形式。控股上市是指境内的企业在境外注册公司，然后由该公司建立对境内企业的控股关系，再将该境外公司上市；附属上市是指境内企业在境外注册一家由其完全控制的附属机构，然后将境内资产或业务注入该境外附属机构，再将该附属机构上市；合资上市是指境内企业的外方在境外的控股公司申请上市，从而达到境内企业上市的目的。与买壳上市相比，造壳上市的成本和风险都相对较低，但缺点是从公司的设立到上市，其经过的时间相对较长。

买壳上市和造壳上市虽然形式不同，但本质上都是将国内资产通过境外壳公司实现在国际资本市场上筹资的目的。与直接上市相比，间接上市的好处是可以避开国内有关法律的限制和复杂的审批程序，又可以避开股市所在地法律对外来公司严格的条件限制，因而上市成本较低，花费的时间较短。此外，在境外注册的公司适用外国的会计和审计标准，容易获得境外证券市场的认可。因此，境外间接上市已成为我国企业充分利用海外壳资源达到境外上市融资的一种有效途径和方式。

3. 存托凭证上市

（1）存托凭证的概念及基本原理。

存托凭证是国内公司向境外投资者发行的、表明存放在境内的股份的证券形式，是一种可转让的、代表某种证券的证明。其基本原理是：发行公司与发行地国的存托银行签订存托协议，将该公司的股票交给存托银行；后者同发行公司所在国的国内金融机构签订托管协议，将该公司的股票交由国内金融机构集中托管，然后存托银行发行代表这些股票价值的凭证；投资者购买凭证并可以在证券交易所或其他交易场所交易。

(2) 存托凭证的分类。

根据存托凭证发行市场的不同，分为美国存托凭证(ADR)、欧洲存托凭证(EDR)、香港存托凭证(HKDR)、新加坡存托凭证(SDR)、全球存托凭证(GDR)等，其中美国存托凭证出现最早、运作最规范、流通量最大、最具有代表性。美国存托凭证是代表美国投资者对非美国公司、政府或美国公司的海外附属公司发行的证券所有权证书，它以美国持有人记名、以美元标价，并收取红利，在美国证券市场上交易。不论是清算、交割、过户还是所有权，全球存托凭证均可像其他美国证券一样处理。

(3) 存托凭证的优点。

公司发行存托凭证主要基于两个方面的考虑：筹集资金和商业运作。具体来讲，优点包括：① 进入海外资本市场；② 提高该公司产品、服务或金融工具在海外市场的形象和知名度；③ 通过扩大其有价证券市场，增加存托凭证发行公司在外的股东，有助于增加其有价证券之流动性，并维持或提高其价格；④ 提供了一个募集资金或收购兼并的途径。

(4) 美国存托凭证。

美国存托凭证，通常又称美国受托凭证或美国存股单。它是指发行者将其在本国发行的股票交由本国银行或美国银行在本国的分支机构保管(保管银行)，然后以这些股票作为担保，委托美国的银行(存托银行)再发行与这些股票相应的存托凭证，由美国投资者购买和持有，存托银行负责将股息兑换成美元交给美国投资者。美国存托凭证是一种可转让的契约性票据，它代表对非美国公司或政府、或美国公司在国外子公司股票的所有权。美国存托凭证自1927年由美国J.P摩根集团首创以来，因为其通过减少或消除交易拖延、高额交易成本以及跨国交易不便，来方便美国投资者购买非美国证券，并使非美国的股票可在美国交易，而成为各国企业赴美上市的重要形式。1993年8月，我国上海石化的美国存托凭证在纽约证交所挂牌上市，开创了我国国企通过美国证券市场筹资的新纪元。随后，又有上海石化、上海二纺机、上海轮胎橡胶、深房集团、华能国际、山东华能、赣江铃、仪征化纤、上海氯碱、华能发电、东方航空、南方航空、天津钢管、马鞍山钢铁、庆铃汽车等国内上市公司以美国存托凭证的形式在美国上市交易。

我国企业发行美国存托凭证的方式主要有：① 直接在美国市场发行美国存托凭证；② 将所发行的B股或H股转为美国存托凭证的形式在美国上市；③ 在全球配售过程中将在美国发行的部分以美国存托凭证的形式配售并上市。

(5) 全球存托凭证。

全球存托凭证与美国存托凭证之间并无本质区别，用"全球"一词代替"美国"一词，只是为了更好地推销存托凭证。全球存托凭证在全球范围内发行。全球存托凭证一般包括美国144A规则下不公开发行和美国以外国家公开发行的美国存托凭证，比如在欧洲等国市场进行私募配售的美国存托凭证，实际上就是全球存托凭证。全球存托凭证只需发行一种证券，即可同时在多个国际证券市场中进行交易，并以个别市场的币种在保管信托公司、欧洲清算组织和国际清算组织中进行交割。全球存托凭证是一种信息披露和呈报报告要求最低、发行成本和保管费用也较低的筹资方式。由于跨市场交易,信息传播迅速,市场流动性强,交易和结算及时有效,股息易于收取,因而深受全球投资者欢迎。

(6) 中国存托凭证。

中国存托凭证是指由存托人签发、以境外证券为基础在中国境内发行、代表境外基础证券权益的证券。中国存托凭证是在借鉴美国存托凭证的基础上发展而出的金融创新产品。

为了规范中国存托凭证的发行与交易,2018年3月,国务院办公厅下发《关于开展创新企业境内发行股票或存托凭证试点若干意见的通知》,对开展创新企业境内发行股票或存托凭证试点作出规定,就试点企业、试点方式、发行条件、存托凭证基础制度安排以及信息披露等内容进行详细的规定。2018年6月,证监会发布《存托凭证发行与交易管理办法(试行)》及一系列修订的配套文件,《存托凭证发行与交易管理办法(试行)》就存托凭证的发行、上市和交易、信息披露、存托和托管以及投资者保护等内容进行规定。2019年我国《证券法》修改,存托凭证被正式纳入"证券"范畴,由《证券法》进行调整。

中国存托凭证制度的推出,为境外创新企业回归境内资本市场融资奠定了制度基础,有助于完善我国资本市场结构,充分发挥证券市场的投融资功能,从而促进我国资本市场的改革开放和国际化进程。具体而言,中国存托凭证的制度价值体现在以下几个方面:对于国内证券市场,可以丰富证券市场交易品种,改善国内上市公司结构,加快中国证券市场的国际化进程,增加市场创新的基础产品;对于上市公司,企业可以避开直接发行股票的法律要求,发行成本低,同时可以增强投资者基础,改善公司的投资者结构,增强基础股票的流动性,并可能会提升股票的市场影响力;对于存托银行,有利于扩大银行的业务范围,提升银行运营水平,实现中国银行业的国际化发展;对于投资者,可以拓宽投资渠道,优化投资组合,分散投资风险,也可以分享该类企业成长机会和经营成果,培育理性的投资理念。

二、境外上市的要求和程序

企业的境外上市是一个重大的系统工程,并非一蹴而就。往往要经历很长的期限而且必须做大量的工作。企业要有充分的准备并且依照法律法规,做好如下事项:

(一) 申请境外上市的要求

(1) 发行人是依照《公司法》设立的股份有限公司。

(2) 发行人符合境外上市地上市条件。

(3) 境外发行行为符合国家外资准入、宏观调控及产业政策。

(4) 发行人及其下属公司合规经营。

(5) 发行人股权结构合理。

(6) 发行人及其下属公司治理结构完善。

(7) 本次发行履行了完备的内部决策程序和外部批准程序;发行募投项目取得了必要的审批、核准或备案文件,募集资金投向合法。

(二) 申请境外上市的程序

根据中国证监会2012年12月发布的《关于股份有限公司境外发行股票和上市申报文件及审核程序的监管指引》的要求,公司申请境外股票发行和上市,应当履行如下法定程序:

1. 准备公司申请境外上市须报送的文件

(1) 申请报告,内容包括:公司演变及业务概况、股本结构、公司治理结构、财务状况与经营业绩、经营风险分析、发展战略、筹资用途、符合境外上市地上市条件的说明、发行上市方案;

(2) 股东大会及董事会相关决议;

(3) 公司章程;

(4) 公司营业执照、特殊许可行业的业务许可证明(如适用);

(5) 行业监管部门出具的监管意见书(如适用);

(6) 国有资产管理部门关于国有股权设置以及国有股减(转)持的相关批复文件(如适用);

(7) 募集资金投资项目的审批、核准或备案文件(如适用);

(8) 纳税证明文件;

(9) 环保证明文件;

(10) 法律意见书;

(11) 财务报表及审计报告;

(12) 招股说明书(草稿);

(13) 中国证监会规定的其他文件。

2. 正式提请中国证监会审批

(1) 中国证监会对公司提交的申请文件进行受理、审查,作出行政许可决定。

(2) 中国证监会在收到公司申请文件后,可就涉及的产业政策、利用外资政策和固定资产投资管理规定等事宜征求有关部门意见。

(3) 公司收到中国证监会的受理通知后,可向境外证券监管机构或交易所提交发行上市初步申请;收到中国证监会行政许可核准文件后,可向境外证券监管机构或交易所提交发行上市正式申请。

(4) 中国证监会关于公司境外发行股票和上市的核准文件有效期为12个月。

3. 境外发行和上市后应向中国证监会报告

公司应在完成境外发行股票和上市后15个工作日内,就境外发行上市的有关情况向中国证监会提交书面报告。

境外上市公司在同一境外交易所转板上市的,应在完成转板上市后15个工作日内,就转板上市的有关情况向中国证监会提交书面报告。

三、几种境外上市形式的特别要求

(一) 红筹股

红筹股,是指在香港上市,由中资企业控股35%以上的上市股票。1984年,华润和中银集团合组新琼企业有限公司,收购当时因财务危机而濒临倒闭的香港康力电子有限公司,由此成为第一家由中资企业控股的红筹股上市公司。1986年,中国国际信托投资公司又以3.5亿港元注入陷入财务危机的嘉华银行,成为第二家中资扩股的红筹股上市公司。作为间接上市的中资公司,其具体形式目前有两种:即买壳上市方式和造壳上市方式。买壳上市方式是指,内地企业通过直接收购已在香港上市的境外企业的部分或全部股份,使自己成为境外上市公司,然后发行股票达到筹集资金的目的。其代表是被称为"实力红筹股"的中信泰富、粤海投资等。造壳上市方式是指内地希望在香港上市的企业,首先对未上市的香港公司,采取参资控股或直接注册子公司的方式,确定产权关系,然后由该香港公司申请上市,取得上市地位。

1997年6月20日,国务院颁布《关于进一步加强在境外发行股票和上市管理的通知》,主要规范的是以香港为主的境外市场上的红筹股,这些企业,因其中资背景,一般被称为中资公司。

(二) H股

H股是指以人民币标明面值,以外币认购和进行交易,在香港交易所批准上市的股票。1993年7月,青岛啤酒H股在香港上市,拉开了国企海外直接上市的序幕。H股不仅必须遵守中国内地的法律,而且还要符合香港的上市要求。

(三) 香港创业板(GEM)

1999年7月22日,香港联合交易所正式公布《创业板上市规则》,11月15日创业板正式宣告成立,11月25日,经过多年研究酝酿的香港创业板开始交易。香港创业板市场是主板市场以外的一个完全独立的新的股票市场,但其地位并非低于主板市场,而是具有同等的地位,不是一个低于主板或与之配套的市场,在上市条件、交易方式、监管方法和内容上都与主板市场有很大差别。其宗旨是为新兴的、有增长潜力的企业提供一个筹集资金的渠道。它的创建将对中国内地和香港经济产生重大的影响,同样也给予内地企业更多的境外筹资机会。从长远来说,香港创业板目标是发展成为一个成功自主的市场——亚洲的NASDAQ。

创业板的主要目标是为在香港及内地营运的大量有增长潜质的企业,提供方便而有效的渠道来筹集资金,以扩展业务,其中也包括为在大陆投资的香港和台湾的增长公司以及大量的"三资"企业,以及内地的一些有发展前景的大中型国有科技企业和中小型民营科技企业,提供一个集资市场;与现有主板市场相比,创业板市场具有以下特色:以高增长公司为目标,不限行业及规模,注重公司增长潜力及业务前景;市场参与者须自律及自发地履行其责任;买者风险自负:适合有风险容量的投资者;以信息披露为本的监管理念;要求保荐人具有高度专业水平及诚信。

为确保境内企业到香港创业板上市有序进行,中国证监会于1999年9月发布了《境内企业申请到香港创业板上市审批与监管指引》。凡符合《境内企业申请到香港创业板上市审批与监管指引》所列条件的国有企业、集体企业及其他所有制形式的企业,在依法设立股份有限公司后,均可自愿由上市保荐人代表其向中国证监会提交申请。

四、境外上市公司的特别治理

公司治理(Corporate Governance)从广义上讲,是用以处理不同利益相关者即股东、债权人、公司管理人员和公司职工之间的关系的一整套制度安排;从狭义上看,主要指公司董事会的结构与功能、董事长与经理的权利与义务以及相应的聘选、激励与监督方面的制度安排等内容。公司治理是发展资本市场、推进企业改革的重要环节。中国证监会近年来大力推进上市公司的治理建设。涉外业务中,上市公司往往要承担比单纯的国内贸易更多的义务;在涉外融资和重组方面,也由于涉及境外的投资者或资产等因素而相对复杂,并且可能受到多重管辖。这样,进行境外融资或重组的境外上市公司,在公司的治理方面也存在一定的特殊要求,我们称之为特别治理。

我国的证券市场逐步国际化,上市公司的治理参照"国外公司治理实践中普遍认同的标准",即参照经济合作与发展组织(OECD)有关原则。经济合作与发展组织理事会于1999年5月通过的《公司治理原则》主要规定了以下五个方面的内容:(1)保护股东的权利;(2)对股东的平等待遇:包括小股东和外国股东,如果他们的权利受到损害,应有机会得到有效补偿;(3)利害相关者在公司治理结构中的作用:治理结构的框架应当确认利害相关者的合法权利,并且鼓励公司和利害相关者积极地进行合作;(4)信息披露和透明度:治理结构的框架应当保证及时准确地披露与公司有关的任何重大问题;(5)董事会的责任:治理结构的框架应确保董事会对公司的战略性指导和对管理人员的有效监督。2002年1月中国证监会和国家经贸委共同发布了《上市公司治理准则》(证监发[2002]1号),并于2018年9月由中国证监会进行了修订。《上市治理准则》明确了公司治理中各方的角色定位、制衡关系和行为标准,对公司治理中可能出现的问题和风险加以防范,并结合中国国情,确立了公司治理的初步规则,并且,在相关章节中从不同角度体现了上述经济合作与发展组织原则的内容。我国上市公司治理标准与国际接轨,使得境外上市公司与境内上市公司关于公司治理方面除了一些技术方面的要求存在差异之外,逐渐趋同。

因此,特别治理是我国证券市场发展的客观需要,并且对我国上市公司治理水平的提高有很大的贡献。在中国对外开放的浪潮中,特别治理与一般治理相辅相成,共同保障我国上市公司的质量,并且逐步相互融合,最终达到上市公司治理规则统一,当然,这也是我国证券市场始终追求的目标。

(一)关于规范运作的特别治理

由于境外上市公司是到境外募集资本的公司,在公司治理结构和信息披露等方面有较高的要求。针对实践中境外上市公司规范运作及内部管理等方面存在的实际问题,进一步促进其严格遵循境内外有关法律和法规,切实履行对投资者的相关责任,树立公司在境内外资本市场的良好形象,根据1999年3月29日,国家经贸委和中国证监会联合颁布的《关于进一步促进境外上市公司规范运作和深化改革的意见》的规定,公司在规范运作方面应当做到:

(1)公司的经营机构与控股机构必须分开;

(2) 进一步深化控股机构和公司的改组工作;
(3) 明确公司决策程序,强化董事责任;
(4) 强化董事会的战略决策功能,积极利用好社会咨询力量;
(5) 保持公司高级管理人员的稳定,提高公司高级管理人员素质;
(6) 逐步健全外部董事和独立董事制度;
(7) 加强公司监事会的建设。

(二) 关于股东大会的特别治理

根据1994年8月4日,国务院颁布的《关于股份有限公司境外募集股份及上市的特别规定》,公司召开股东大会,应当于会议召开45日前发出书面通知,将会议拟审议的事项以及会议日期和地点告知所有在册股东。拟出席股东大会的股东应当于会议召开20日前,将出席会议的书面回复送达公司。书面通知和书面回复的具体形式由公司在公司章程中作出规定。

公司召开股东大会年会,持有公司有表决权的股份5%以上的股东有权以书面形式向公司提出新的提案,公司应当将提案中属于股东大会职责范围内的事项,列入该次会议的议程。

公司根据股东大会召开前20日时收到的书面回复,计算拟出席会议的股东所代表的有表决权的股份数。拟出席会议的股东所代表的有表决权的股份数达到公司有表决权的股份总数1/2的,公司可以召开股东大会;达不到的,公司应当于5日内将会议拟审议的事项、会议日期和地点以公告形式再次通知股东,经公告通知,公司可以召开股东大会。

对内资股股东,股东大会通知也可以用公告方式进行。公告,应当于会议召开前45日至50日的期间内,在国务院证券主管机构指定的一家或者多家报刊上刊登。

(三) 关于独立董事的特别治理

上市公司独立董事是指不在公司担任除董事外的其他职务,并与其所受聘的上市公司及其主要股东不存在可能妨碍其进行独立客观判断的关系的董事。相对于执行董事(内部董事)而言,独立董事能够站在比较客观公正的立场上,敢于质询、批评甚至公开谴责公司管理层,确保公司遵守良好治理守则。在决定公司战略和政策,保护投资者利益以及增强公司董事会的效率方面,独立董事都能发挥不可替代的作用。

早在1997年12月,证监会在《上市公司章程指引》中规定"公司根据需要,可以设独立董事"。虽是以选择性条款出现的,由公司自由确定,但它是国内首次引入独立董事制度,表明了证监会完善公司治理结构的决心。1999年3月,证监会在《关于进一步促进境外上市公司规范运作和深化改革的意见》中明确要求境外上市公司应逐步建立健全外部董事和独立董事制度。尽管这一规定仅限于境外上市公司,但对于取得投资者的信任和支持与国际接轨,增强公司信用具有重要意义。2001年8月,证监会发布了《关于在上市公司建立独立董事制度的指导意见》,对上市公司独立董事的任职条件、任免程序及方式、具体职责、报酬机制等问题提出指导性的意见。2005年《公司法》修订,独立董事制度被正式纳入了法律规范。

（四）关于信息披露的特别治理

信息披露制度是指证券市场上的有关当事人在证券发行、上市和交易过程等一系列环节中依照法律、证券主管机关和证券交易所的规定，以一定方式向社会公众公开与证券有关信息而形成的一系列行为规范和活动标准。正如著名的美国法学家路易斯·D.布兰迪希所言，"太阳是最有效的消毒剂，灯光是最有能力的警察"，信息披露制度是证券市场的监管机构赖以保护市场公平原则的基础，是对上市公司监管的核心内容。信息披露的目标是为了保证所有有关的信息都得到最公平地披露。对于境外上市公司，由于公司的所在地是在国内，而投资者和所处的证券市场都在境外，因此，信息披露的准确、完整、及时就显得格外重要。

境外上市公司关于信息披露的规定可见于1994年8月4日国务院颁布的《关于股份有限公司境外募集股份及上市的特别规定》，其中第12条规定，公司分别发行境外上市外资股和内资股的计划，应当在公司各次募集股份的招股说明材料中全面、详尽披露。对已经批准并披露的发行计划进行调整的，必须重新披露。第28条规定，公司所编制的向境内和境外公布的信息披露文件，内容不得相互矛盾。分别依照境内、境外法律、法规、证券交易场所规则的规定，公司在境内、境外或者境外不同国家和地区披露的信息有差异的，应当将差异在有关的证券交易场所同时披露。

第十五章　外国公司分支机构

第一节　外国公司分支机构概述

一、外国公司的定义和特征

（一）外国公司的定义

外国公司是相对于本国公司而言的，两者区分的标准是公司的国籍。通常认为，凡是具有本国国籍的公司就是本国公司，凡是具有外国国籍的公司就是外国公司。

至于公司国籍的确定，世界上主要有以下几种不同的立法例或学说：(1) 准据法主义，即以公司成立依哪国法律、在哪国登记为准来确定其国籍。(2) 住所地主义。这是以公司住所所在国来确定公司的国籍。至于公司住所地的认定，存在着两种不同的标准：一是以公司管理中心为公司住所地；二是以公司营业中心为公司住所地。(3) 控制股东国籍主义。根据该说，公司中控制股东的国籍就是公司的国籍。除此以外，理论上还存在第四种标准，即以公司经济活动中心所在地来确定其国籍。[①] 在上述几种标准中，准据法主义是大多数国家采取的标准。我国《公司法》第 191 条规定："本法所称外国公司是指依照外国法律在中国境外设立的公司"，显然也是采取了准据法主义。

（二）外国公司的特征

1. 外国公司必须依据外国法律设立

这里所指的"外国法律"系针对我国而言，对该外国公司来说则为其"本国法律"。由于我国和外国公司立法界定的公司形态不尽一致，即使其不属于我国《公司法》上的公司，但只要其依据本国法律被视为公司，我国就认定其为外国公司。

2. 外国公司必须在中国境外设立

所谓外国公司在中国境外设立，是指公司的设立、登记行为发生在中国境外，至于该公司股东的国籍如何则在所不问。

二、外国公司分支机构的定义和特征

（一）外国公司分支机构的定义

所谓外国公司分支机构，是指外国公司依照中国公司法的规定，在中国境内设立的从事生产经营活动的分支机构。

外国公司欲进入中国开展生产经营活动，主要可以采取以下两种方式：一是依中国法

---

① 参见江平主编：《新编公司法教程》（第二版），法律出版社 2003 年版，第 237 页。

律在中国境内设立一个合资或独资子公司,在这种方式下,该合资或独资公司其实是公司法意义上的中国公司;二是依中国法律在中国境内设立一个不具有独立人格的分支机构,此即外国公司分支机构。

(二) 外国公司分支机构的特征

1. 外国公司分支机构由外国公司设立,具有与外国公司相同的国籍

外国公司不是中国法人,其在中国境内设立的分支机构也不具有中国国籍。因此,各国公司法往往要求外国公司分支机构应在其名称中标明国籍。我国《公司法》第194条第1款规定:"外国公司的分支机构应当在其名称中标明该外国公司的国籍及责任形式。"

2. 外国公司分支机构不具有独立的法人资格

外国公司分支机构是外国公司的一个组成部分,其不具有独立的法人资格,这主要体现在以下方面:分支机构没有独立的公司名称和公司章程,它不能以自己的名义对外享有权利和承担义务,只能以外国公司的名义进行活动;分支机构内部没有股东会、董事会、监事会等完整的公司组织机构,一般是由外国公司指定代表人或代理人负责该分支机构;分支机构没有自己独立的财产,其实际占有、使用的财产是外国公司拨付的,是作为外国公司的财产而列入其资产负债表中,外国公司应以其全部财产对分支机构的经营活动所产生的债务承担责任。我国《公司法》第195条规定,外国公司在中国境内设立的分支机构不具有中国法人资格。外国公司对其分支机构在中国境内进行经营活动承担民事责任。

3. 外国公司分支机构须以营利为目的,并在中国境内开展营业活动

广义上讲,外国公司分支机构包括下列两种:一种是直接从事营利性活动的分支机构,如外国公司的分公司;另一种是不直接从事营利性活动而只是外国公司派驻我国境内的办事机构,如代表处。这类以外国公司办事处、代表处、联络处等名义设立在我国境内的机构,也是外国公司的分支机构,但其是外国公司设在我国的联络、服务性机构,不以营利为目的,本身也并不直接从事生产经营活动,因此不是我国《公司法》意义上的外国公司分支机构。

第二节　外国公司分支机构的设立

外国公司分支机构的设立,是指外国公司依照我国《公司法》规定的条件和程序,在我国境内为其分支机构取得经营资格而实施的一系列法律行为。由于跨国公司在当代国际经济生活中的重要地位,各国政府一般都根据本国国情并参照国际惯例,制定有关外国公司在本国设立分支机构的法律法规,在设定条件和程序上作出一定的要求。

一、外国公司分支机构的设立条件

根据我国《公司法》的规定,外国公司在中国境内设立分支机构应具备下列条件:

(1) 外国公司的分支机构应当在其名称中标明该外国公司的国籍及责任形式。

(2) 外国公司必须指定在中国境内负责该分支机构的代表人或者代理人。

(3) 外国公司必须向分支机构拨付与其所从事的经营活动相适应的资金。国务院另行规定了营运资金最低限额的,拨付的资金必须达到该最低限额标准。

(4) 外国公司的分支机构应当在本机构中置备该外国公司章程。

二、外国公司分支机构的设立程序

我国《公司法》第192条第1款规定:"外国公司在中国境内设立分支机构,必须向中国主管机关提出申请,并提交其公司章程、所属国的公司登记证书等有关文件,经批准后,向公司登记机关依法办理登记,领取营业执照。"由此可知,外国公司拟在中国境内设立分支机构的,应遵循下列程序:

(一) 外国公司提出设立分支机构的申请

外国公司拟在中国境内设立分支机构的,必须向中国政府主管机关提出设立申请,在获得中国政府主管机关的批准后,才能实施进一步的设立行为。由于外国公司分支机构的经营范围和所处行业不同,受理该项申请的主管机关也不同。例如,受理设立贸易机构的申请由商务部负责。

外国公司设立分支机构的申请,应以书面的形式提出。申请书应载明的内容包括:(1)申请人的基本情况。如该外国公司的名称、住所、种类、国籍、公司的经营范围、资本总额等等。(2)拟设立的分支机构的基本情况。如分支机构的名称、住所、经营范围、资金数额、负责人等。此外,根据我国的法律规定,申请人还须向主管机关提交该外国公司的公司章程和所属国的公司登记证书等文件。

(二) 中国政府主管机关的审批

我国法律对外国公司分支机构的设立采取的是核准主义原则。中国主管机关对外国公司设立分支机构的申请一经受理就应进行审查,经审查符合条件者即应予以批准,对不符合法定条件的设立申请将不予批准。

(三) 外国公司分支机构的设立登记

经中国政府有关主管机关批准后,外国公司应持批准证书及有关文件到我国公司登记管理机关申请设立登记。经核准登记并核发营业执照后,外国公司分支机构即告成立,并得以在中国境内开展经营活动。

第三节 外国公司分支机构的撤销与清算

一、外国公司分支机构的撤销

外国公司分支机构的撤销,是指已经合法成立的外国公司分支机构因法定事由的出现而归于消灭的情形。导致外国公司分支机构被撤销的具体事由是各种各样的,主要有以下几种情形:

(1) 该外国公司出于调整经营策略或调整内部机构的需要而主动撤销其在中国的分

支机构。

(2) 因该外国公司本身解散而导致其分支机构的撤销。由于分支机构没有独立的人格,它是依赖于外国公司的存在而存在的,在外国公司解散时,分支机构当然也要被撤销。

(3) 外国公司分支机构因违法经营而被撤销。《公司法》第 196 条规定:"经批准设立的外国公司分支机构,在中国境内从事业务活动,必须遵守中国的法律,不得损害中国的社会公共利益……"外国公司分支机构在我国境内开展经营活动必须遵守我国的法律法规,若违反我国法律法规且情节严重的,我国有关主管部门可责令其停止经营,并由公司登记机关吊销其营业执照。

(4) 外国公司分支机构因无故歇业而被撤销。根据我国法律规定,外国公司分支机构成立后,无正当理由超过 6 个月未开业,或者开业后自行停业连续 6 个月以上的,视为歇业,可以由公司登记机关吊销其营业执照。

二、外国公司分支机构的清算

外国公司分支机构的清算,是指外国公司分支机构被撤销后,为了终结其现存的各种法律关系、了结分支机构的债权债务而进行的清理行为。我国《公司法》第 197 条规定:"外国公司撤销其在中国境内的分支机构时,必须依法清偿债务,依照本法有关公司清算程序的规定进行清算。未清偿债务之前,不得将其分支机构的财产移至中国境外。"由此可知,《公司法》上有关我国公司清算程序的规定同样适用外国公司分支机构的清算。

外国公司分支机构的清算程序如下:(1) 在解散后的法定期限内成立清算组。(2) 通知、公告债权人申报债权。清算组应当自成立之日起 10 日内通知债权人,并于 60 日内在报纸上公告。债权人应当自接到通知书之日起 30 内,未接到通知书的自公告之日起 45 日内,向清算组申报其债权。(3) 清算组在清理公司财产、编制资产负债表和财产清单后,制订清算方案。(4) 依法定顺序清偿分支机构的债务。(5) 清算结束后,外国公司分支机构应制作清算报告报有关主管机关确认,并向原登记机关申请注销登记、缴销营业执照,正式注销登记后,公告分支机构的终止。

第十六章 公司集团

第一节 公司集团概述

一、公司集团的定义

自 19 世纪末期以来,企业联合的现象就开始在西方国家出现,并逐渐受到反垄断法的规制,但传统的公司法对此并未给予足够的重视。直到 20 世纪中期以后,一些国家的公司法才开始调整这一现象,"公司集团""关联公司""关联企业""关系企业"等诸多概念也随之在不同国家出现,这些概念之间并不存在实质区别。在本章中,我们使用公司集团这一表述。

在德国,根据 1965 年制定的《德国股份公司法》第 15 条的规定,关联企业是指具有法律独立地位的企业,它们通过对其他企业的多数参股或通过相互参股、企业合同等形式与其他企业进行联合。[①]

我国台湾地区采用了"关系企业"这一概念,根据其"公司法"第 369-1 条的规定,关系企业是指独立存在而相互间具有控制与从属关系的公司或具有相互投资关系的公司。公司持有他公司有表决权股份或出资额,超过他公司已发行有表决权股份总数或资本总额半数的为控制公司,该他公司为从属公司。此外,公司直接或间接控制他公司的人事、财务或业务经营者亦属控制公司。公司与他公司的执行业务股东或董事有半数以上相同者,或者公司与他公司已发行有表决权股份总数或资本总额有半数以上为相同的股东持有或出资者,则推定为有控制与从属关系。所谓有相互投资关系,是指公司与他公司相互投资各达对方有表决权的股份总数或资本总额 1/3 以上,但相互间尚未达到控制与从属关系。

在我国,由于改革开放的不断深化和社会主义市场经济体制的确立,在大力推行建立现代企业制度和资本市场不断发展的情况下,公司集团已成为现实经济生活中越来越重要的一种经济现象。1991 年颁布的《外商投资企业和外国企业所得税法实施细则》第 52 条规定,关联企业是指与企业有如下之一关系的公司、企业和其他经济组织:(1) 在资金、经营、购销等方面,存在直接或者间接的拥有或者控制关系;(2) 直接或者间接地同为第三者所拥有或者控制;(3) 其他在利益上相关联的关系。1997 年 5 月 22 日财政部印发的《企业会计准则——关联方关系及其交易的披露》详细列举了关联方关系的类型以及不视为关联方关系的几种情形。在《公司法》中,关联关系是指公司控股股东、实际控制人、董

[①] 参见〔德〕托马斯·莱塞尔、吕迪格·法伊尔:《德国资合公司法》(第 3 版),高旭军等译,法律出版社 2005 年版,第 776 页。

事、监事、高级管理人员与其直接或者间接控制的企业之间的关系,以及可能导致公司利益转移的其他关系。但是,国家控股的企业之间不仅仅因为同受国家控股而具有关联关系。

有学者认为,在一个公司拥有另一个公司全部股份或大部分股份(通常指50%以上)的情况下,前者被定性为母公司,后者为子公司,母公司依据其拥有的股权对子公司实行管理和控制。公司集团即指母公司和一个或数个子公司的总和。① 这一定义揭示出了形成公司集团的一种主要途径,即股份持有,但还不够全面。实践中,公司集团形成的基础并不限于持股,还包括合同、人事联锁等。本书认为,公司集团是具有独立法律地位的受支配企业统一管理的企业联合。②

需要强调的是,公司集团是一个结合概念,它本身不是一个独立的法律主体,而仅仅是表明众多公司之间具有的一种特殊关系。就此而言,国家工商行政管理局于1998年4月6日发布的《企业集团登记管理暂行规定》要求,组建企业集团要在工商行政管理局进行登记,并需提交公司集团章程,此类规定似乎将公司集团也视为一个独立的法人,在法理上存在问题。

二、公司集团的法律特征

(一) 公司集团不是独立法人

法人是以独立的财产和独立的责任为标志的。按照大陆法系民法的基本原理,在一项财产上,只能存在一个所有权。由于公司集团的成员一般具有法人地位,公司集团就不能再有法人资格。否则,如果公司集团和集团成员同时作为法人进行登记,就会发生一项财产同时作为两个法人的财产进行登记的情况,违背了一物一权的原理。一旦就这项财产发生了债权债务关系,两个法人都不能独立地承担民事责任。

就实质而言,公司集团只是两个以上独立公司的联合,其不是独立的组织体,不具有法人资格。在经济生活中,集团各成员单位对外以自己的名义进行活动,并承担相应的责任。公司集团可设立所谓的"领导"机构,但其主要功能在于规划和协调,而不在于形成集团的意思。

(二) 公司集团是若干独立公司基于持股或合同形成的联合

公司集团是由法律上各自独立的若干成员公司共同构成的公司群体。在法律地位上,各成员公司是平等的。但是事实上,集团中的母公司(或控制公司)能够对其他成员公司的经营和决策施加重大影响,从而形成控制和从属关系。

从法律上看,公司集团内部控制与从属关系的形成主要有以下两个原因:

1. 股份持有

当一公司持有另一公司一定数量的股份时,其就有可能对另一公司的决策和经营施

---

① 参见江平主编:《中国公司法原理与实务》,科学普及出版社1994年版,第95页。
② 参见吴越:《企业集团法理研究》,法律出版社2003年版,第123页。

加决定性影响,控制和从属关系相应形成。传统上认为,一公司须持有另一公司50%以上的股份才能被视为控制公司。但在公司股份结构比较分散的情况下,形成控制和从属关系可能只需要更少的股份,例如20%。此外,在两个公司相互投资的场合,如果每一公司均持有另一公司的多数股份,这两个公司将被视为互为控制公司和从属公司。

2. 合同控制

公司集团也可以通过两个公司签订合同而形成,这在《德国公司法》实践中尤为普遍。此类合同的一种是控制合同,基于控制企业和从属企业之间订立的控制合同,从属企业将其领导权正式转移给控制企业。除控制合同外,利润转移合同也较为常见。根据该合同,一个企业有义务将其全部盈利上缴给另一个企业,或者该企业有义务为另一个企业的利益经营本企业。[①]

三、公司集团的分类

根据不同的标准,可对公司集团作不同的划分,最主要的分类有以下两种:

(一) 股权式公司集团和合同式公司集团

根据公司集团成员发生联系的方式不同,可将公司集团分为股权式公司集团和合同式公司集团两种。股权式公司集团是通过股份持有关系形成的公司集团;合同式公司集团是通过订立合同的途径形成的公司集团。

与股权式的公司集团相比,合同式公司集团是一种相对比较松散的联合。实践表明,仅仅在合同基础上建立的联合往往不是很稳定的,特别是在市场供求关系和国家经济形势发生变化时,集团成员往往会要求重新调整协作关系,才能使联合持续下去。而股权式的公司集团由于有股权作为联结纽带,无论出现什么情况,只要成员之间的股权关系没有变化,它们之间的联合就能继续保持,始终是一个经济利益共同体。

(二) 纯粹控股型公司集团和混合控股型公司集团

1. 纯粹控股型公司集团

纯粹控股型公司集团是指公司集团的核心企业(母公司)设立的初始目的只是为了掌握子公司的股份或其他有价证券,本身不再从事其他方面业务活动的公司。

2. 混合控股型公司集团

混合控股型公司集团是指公司集团的核心企业(母公司)除了掌握子公司的股份外,本身也从事经营活动。混合控股型公司集团的核心企业(母公司)设立的目的并不在于控制或持有别的公司的股份,对其他公司的控制关系是因设立宗旨以外的原因形成的,如公司发展到一定规模,出于经济利益上的需要,通过独立出资、控股、参股等方式控制一批公司从而形成公司集团。

---

① 参见〔德〕托马斯·莱塞尔、吕迪格·法伊尔:《德国资合公司法》,高旭军等译,法律出版社2005年版,第777页。

四、公司集团的作用

(一) 公司集团的积极作用

1. 有利于打破"条块分割"的旧体制,合理调整产业组织结构

在旧的计划经济体制下,地方所有制和部门所有制将企业禁锢在一个个封闭式的"堡垒"中。人们形象地将由中央各部门直接管理的经济称为"条条"经济,将地方政府直接管理的经济称为"块块"经济。这种做法与社会主义市场经济体制对建立统一市场的需要是相违背的,它人为割断和阻碍了不同"条条块块"下企业间的经济和技术联系。通过公司集团进行跨地区和跨部门的经济联合,能够打破这种"条块分割"的经济状况,推动不同地区和不同部门之间资源的自由流动和有效使用,促进社会主义市场经济体制的建立。

2. 实现规模经济,提高市场竞争力

过去,旧的经济体制导致分散的小生产模式,从而也限制了我国企业规模经济的发展。其主要表现是,大多数企业在产品结构上是"大而全"和"小而全",除了生产产品之外,还生产自己所需要的原材料和半成品。这种生产结构降低了企业的专业化生产水平,不符合现代社会化大生产分工协作的要求。公司集团可以提高企业的专业化水平,实现生产要素优化组合和资源的合理配置,扩大企业的生产规模,实现单位成本的下降,从而实现规模优势,促进经济结构和经济布局的合理化。此外,公司集团能够实现企业间的优势互补,使企业进入多个市场,进行多样化经营,可以增强企业抵御市场风险的能力,从而提高企业的市场竞争力。

3. 有助于政府改善宏观调控

当市场上的公司集团具有一定规模和数量后,政府只要通过与少数大集团对话,就可以间接影响一大批属于公司集团或者与公司集团有依附关系的中小企业,有助于政府的各种宏观调控目标顺利实现。

(二) 公司集团的消极作用

公司集团的消极作用主要体现在两个方面:

1. 产生市场势力,形成市场垄断

当公司集团发展到一定规模后,在市场上具有很强的势力,此时往往容易导致垄断。由于在市场经济条件下企业本身具有限制竞争的自发倾向,公司集团便容易滥用自己的市场支配地位来限制竞争,如制定垄断价格从而影响市场竞争机制功能的正常发挥。此外,经济力量的过度集中还会引起生产和技术的停滞,因为有着市场势力的公司集团客观上不存在市场竞争的压力,它们就失去了开发新技术、改善产品质量、增加产品品种等的积极性,失去了改善经营管理和降低生产成本的动力。这与实行市场经济、进行资源最优配置的要求是不相符合的。

2. 滥用控制和从属关系

公司集团可以利用控制与从属关系进行各种内部活动和安排,如果公司集团滥用了这种控制和从属关系,违背正常购销活动中的定价原则,针对公司集团成员之间的业务往

来制定内部转移价格,就可能逃避国家税收。此外,如果控制公司滥用其支配地位和有限责任原则,就可能造成从属公司及从属公司少数股东、债权人利益的损失。

总之,公司集团的积极作用不可否认,但其消极作用也不可忽视。有鉴于此,需要对公司集团进行法律规制,以达趋利避害之目的。具体来讲,从法律上对公司集团加以规制的目的有以下几方面:第一,防止垄断。对公司集团滥用市场势力的垄断行为作出规制,保护有效竞争;第二,从外部对公司集团基于内部关系产生的活动和安排进行管制,保护从属公司及其股东、债权人的利益。

第二节　对公司集团的法律规制

在公司集团内部成员的关系中,母子公司之间的法律关系居于主导地位。西方许多国家公司法对公司集团的规制,是以对母子公司关系的规制为核心的。

由于母公司与子公司的关系本质上是股东与公司的关系,因此公司法中关于股东与公司相互关系的一般规定均可用来处理母子公司关系。除此之外,由于母子公司之间存在着控制与支配的特殊关系,公司法上需要对此予以特别规制。

一、对子公司利益的保护

对子公司利益的保护主要可通过以下几种途径实现:

(一)赋予子公司董事诚信义务

现实中,由于公司集团中子公司的董事大都由母公司任命或指派,或是由其控制的股东会选举产生,董事在作出经营决策时往往会接受母公司的指令,即使该指令有害于子公司的最大利益。此时为保护子公司利益,各国公司法赋予董事以诚信义务,即董事必须为公司和全体股东的最大利益而忠实、勤勉地工作。据此,子公司董事在行使职责时,应主要考虑子公司而非母公司的利益。当母公司的指示损害子公司的利益时,子公司的董事应促使母公司重新考虑或不予接受,否则,子公司董事就违反了自己的义务,需要对由此造成的损失承担相应的法律责任。

(二)母公司对子公司的补偿和赔偿

1. 补偿制度

《德国公司法》规定,控制企业(母公司)可以暂时性地对从属企业(子公司)施加不利影响,只要这种损害将来可以得到补偿。一般而言,补偿应在当年营业期间内完成,如果不能做到,则最迟必须在从属公司遭受损害的营业年度终了时确定何时以及通过何种方式补偿该损害。[①]

---

① 参见〔德〕托马斯·莱塞尔、吕迪格·法伊尔:《德国资合公司法》,高旭军等译,法律出版社 2005 年版,第 822—824 页。

2. 赔偿制度

在《德国公司法》中,前述补偿要求如未得到落实,控制公司将对从属公司承担损害赔偿责任。我国台湾地区也有类似制度,其"公司法"第369-4条规定,控制公司直接或间接使从属公司为不合营业常规或其他不利益之经营,而未于会计年度终了时为适当补偿,致从属公司受有损害者,应负赔偿责任。控制公司负责人使从属公司为前项之经营者,应与控制公司就前项损害负连带赔偿责任。控制公司未为赔偿的,从属公司的债权人和继续1年以上持有从属公司已发行有表决权股份总数或资本总额1%以上的股东,得以自己名义行使前述从属公司之权利,请求对从属公司为给付。此外,第369-5条规定,控制公司使从属公司为前条第(1)项之经营,致他从属公司受有利益,受有利益之该他从属公司于其所受利益限度内,就控制公司依前条规定应负之赔偿,负连带责任。

(三)股东代表诉讼制度

当母公司滥用股东权利造成子公司利益损害时,子公司可能怠于起诉追究母公司的责任,此时赋予子公司股东代表诉讼的提起权,能够在一定程度上维护子公司的利益。

二、对子公司少数股东利益的保护

现代各国公司决策一般奉行"资本多数决"原则,即公司的决策应当以股东大会中持多数股份的股东的意思为准,持少数股份的股东必须服从股东大会基于法定程序作出的决议。"资本多数决"原则既反映了股东平等、资本民主的理念,又有利于公司决策的顺利通过。但它毕竟是以牺牲少数股东的意思为代价的,在实践中,多数股东,尤其是控股股东,往往利用这一原则压迫、排挤少数股东,侵害少数股东的合法权益,这种情况在公司集团中也同样存在,因此需要对子公司少数股东的合法权益加以保护。

对少数股东的保护主要有这样几种途径:第一,赋予控制股东诚信义务。传统公司法理论并不认可股东相互之间负有义务的主张。但随着大股东滥用权利的危害日益显现,西方司法实践逐渐承认了控制股东对少数股东负有诚信义务。据此,母公司不得滥用表决权优势以损害子公司少数股东的利益,否则必须负损害赔偿责任。第二,当母公司的行为对少数股东构成不公平损害行为,或少数股东对子公司即将发生的重大变化持有异议时,母公司或子公司必须以经过评估的公正价格购买少数股东持有的子公司股份。第三,赋予少数股东对损害自己利益的行为提起诉讼的权利。

三、对子公司债权人利益的保护

在公司法上,对子公司债权人利益的保护主要有以下几个内容:

(一)母公司承担子公司的债务和责任

在一般情况下,母公司作为子公司的股东,仅以其持股为限对子公司债务承担责任,子公司以其全部财产对外承担责任,这是股东有限责任这一基本原则在公司集团中的体现。但当母公司滥用有限责任原则,损害子公司债权人利益时,仍然恪守这一原则无疑不能体现法律的公平和正义。对此,英美等普通法国家在其司法实践中形成了公司法人格否认的做法,即"揭开公司面纱"原则。如果子公司成为母公司的"代理人",或母公司对子公司有不当行为、过度控制,以及母子公司间存在资产、机构、人员、财务等方面的过度混同时,法院倾向于认定母子公司是同一法律实体,母公司因此必须对子公司的债务负责。

(二)母公司对子公司债权的劣后清偿

在公司集团的经营过程中,子公司常常有融资的需要,融资可以通过发行股票、债券或向银行借贷等方式实现。但这些融资方式程序较为烦琐,在有些时候,母公司也会向子公司提供贷款。此时,母公司进一步成为子公司的债权人。当子公司破产时,是否允许母公司以子公司债权人的身份,与其他债权人一起就子公司的全部财产主张权利?由于母公司对子公司具有控制支配力,如果其通过种种不正当行为恶意减少公司财产,而于子公司破产时其又享受与其他债权人相同的待遇,这对其他债权人是不公平的。因此,早期英美法院严格适用"揭开公司面纱"原则,否认母公司对子公司的债权。上述做法虽有助于保护子公司债权人的利益,却忽视了一些情形中母公司债权的合理性,因而不利于子公司的业务开展。于是,在泰勒诉标准电气石油公司案中,美国法院确立了所谓的"深石原则"。在本案中,美国最高法院认定,原告深石石油公司(以下简称"深石公司")在成立之初即资本不足,且其业务经营完全受被告公司所控制,经营方法主要为被告公司的利益,因此判决被告公司对深石公司的债权应次于深石公司的其他债权受清偿。[①] 我国台湾地区"公司法"第369-7条也借鉴了"深石原则",规定控制公司直接或间接使从属公司为不合营业常规或其他不利益之经营者,如控制公司对从属公司有债权,该项债权无论有无别除权或优先权,均应次于从属公司的其他债权受清偿。

四、对相互投资公司的规制

在公司集团中,母公司比较固定的持有子公司的股份。当子公司转投资母公司,对母公司持有股份时,将产生交叉持股的问题。相互投资除了虚增资本外,由于子公司在母公司的控制之下,母公司可轻易指挥子公司按照母公司的意思行使子公司所持母公司股份

[①] 本案的基本情况是:1919年,深石公司成立于美国特拉华州,其业务是生产、提炼、销售汽油、石油以及其他石油产品。公司成立后,标准电气石油公司(以下简称"标准公司")通过一系列交易拥有了深石公司全部的普通股股份,深石公司的大多数经理系标准公司或其全资子公司的经理或董事。尽管对公司的发展和运营有一定的自主权,但深石公司管理层总是听从标准公司管理层的指示,深石公司所有的会计事务均由标准公司完全控制。1933年,深石公司被接管,并从1934年起开始进入破产程序。标准公司以记载的其和深石公司之间交易的公开账目为证据,主张其是深石公司的债权人。这遭到了接管人、受托人和深石公司两名优先股股东的抵制,他们指责账目中记载的许多交易是欺诈性的,并认为深石公司已沦为标准公司纯粹的代理人和工具,因此标准公司不能将自己从深石公司的所有者转变成债权人。标准公司对其主张作了妥协,并达成了一份重整计划。但该计划仍对深石公司的优先股股东极为不利,故仍然招致反对。该项重组计划经地方法院和巡回上诉法院裁定成立。但最高法院认为,如若批准该计划,则对深石公司的优先股股东极为不利,违背了公平合理原则,于是将该重组计划予以撤销。最高法院的理由是:深石公司在成立之初即资本不足,且业务经营完全受标准公司控制,并完全为标准公司的利益而经营。例如,标准公司指示深石公司与另一家子公司签订一份对深石公司极为不利的租赁契约,而另一家子公司再把获得的租赁费转给标准公司;标准公司指示深石公司与另一家子公司签订一份管理合同,为此,深石公司要付出极不合理的管理费;标准公司通过与深石公司的往来账目索取高额利率;标准公司于深石公司不具支付能力时仍要求获得股息红利等。因此作出判决,标准公司对深石公司的债权,应次于深石公司的优先股股东获得清偿。See Taylor v. Standard Gas & Elec. Co., 306 U. S. 307(1939).

之表决权,包括使母公司董事续任,从而影响母公司股东会应有功能的发挥。因此,各国(地区)公司法都对相互投资公司作出了一些规定。

(一) 子公司能否取得母公司股份

美国的公司法并不禁止子公司取得母公司的股份。在英国,其1948年《公司法》禁止半数以上股份被母公司持有的子公司取得母公司的股份,但子公司以受任人身份取得者不在此限。[1] 在大陆法系的德国,从属子公司拥有的母公司的股份不得超过10%;在《法国公司法》中,如果母公司持有子公司10%以上的股份,则禁止子公司取得母公司的股份。

(二) 子公司所持母公司股份表决权行使的限制

虽然一些国家的公司法不禁止子公司取得母公司的股份,但都对其表决权的行使作出了若干限制。在美国,其17个州的公司法和《示范商业公司法》明文规定,如母公司持有子公司过半数的股份,子公司所持母公司股份无表决权。《加利福尼亚州公司法》甚至规定,如母公司持有子公司25%的股份,子公司所持母公司股份无表决权。《德国股份公司法》第71条第6项规定禁止股份公司行使其所取得的自己股份的表决权,由于该法同时推定子公司取得的母公司股份为母公司所有,因此子公司拥有的母公司股份实际上就被剥夺了表决权。[2]

五、集团合并财务报表

公司集团中的母子公司虽各为独立的法人,但公司集团作为一种客观存在的经济组织,追求整体经济效益最优是其设立的主要目的。为加强对公司集团的监管,许多国家公司法都对公司集团的整体性作出了规定。

《德国公司法》规定,集团控股公司必须准备集团结算,即把集团内所有从属公司的资产负债表和损益表与集团控股公司本身的结算汇总进行。对于在德国有子公司的外国集团控股公司,《德国公司法》不要求进行此种结算。另外,集团控股公司还必须准备集团的年度报告。对于集团结算的形式、结构和内容,法律作了细致而严格的规定。集团结算必须由集团控股公司的监事会进行审计、批准和确立,最后必须把集团结算提交集团控股公司的股东大会,以使股东了解结算情况,同时把集团结算呈送商事注册商署并予以公告。[3]

《意大利公司法》规定,公司委员会可以作出规定,要求那些股份将在证券交易所上市但尚未上市的公司建立联合集团结算。在每个公司的资产负债表上,必须分别载明该公司对联合公司(公司集团)享有的请求权。每个股份有限公司对其子公司和联合公司的参股情况必须附在该公司的资产负债表上,同时还需附上其子公司资产负债表的全文副本

---

[1] 参见刘连煜:《公司法理论与判决研究》,法律出版社2002年版,第77页。
[2] 参见同上书,第74—80页。
[3] 参见〔英〕P.迈恩哈特:《欧洲九国公司法》,赵旭东、杨仁家、顾永中译,罗典荣校,中国政法大学出版社1988年版,第92页。

和联合公司资产负债表主要部分的摘要。①

《瑞典公司法》规定,母公司必须准备联合结算,子公司的董事必须向母公司提供为计算公司集团的财务状况和经营效果所必要的材料和情况。②

六、关联交易的特别问题

关联交易,又称为关联方交易。根据我国《企业会计准则第 36 号——关联方披露》的规定,关联方交易是指关联方之间转移资源、劳务或义务的行为,而不论是否收取价款。《企业会计准则第 36 号——关联方披露》还列举了关联方交易的类型:(1) 购买或销售商品;(2) 购买或销售商品以外的其他资产;(3) 提供或接受劳务;(4) 担保;(5) 提供资金(贷款或股权投资);(6) 租赁;(7) 代理;(8) 研究与开发项目的转移;(9) 许可协议;(10) 代表企业或由企业代表另一方进行债务结算;(11) 关键管理人员薪酬。

关联交易既有积极的作用,也有负面的影响,这种双重性具体表现在:与遵循市场竞争原则的独立交易相比较,关联交易将市场交易转变为公司集团的内部交易,可以节约交易成本,减少交易过程中的不确定性,确保供给和需求,并能在一定程度上保证产品的质量和标准化。此外,通过公司集团内部适当的交易安排,有利于实现公司集团利润的最大化,提高其整体的市场竞争能力。从法律的角度说,关联交易的双方虽然在法律上是平等的,但在事实上却不平等,一方对另一方往往拥有控制权或重大影响力,导致关联方可轻易运用这种控制权,使关联交易违背公平合理的商业条款,产生不公平交易,损害交易一方及其中小股东、债权人等利益相关者的合法权益。此外,关联公司之间还存在为了实现避税、谋取垄断利润等非法目的而进行交易的情况,其结果往往是损害了公共利益。因此,需要运用法律措施来对关联交易进行规制。一般来说,世界各国对关联交易的法律规制主要有以下几方面的内容:

(一)信息披露制度

关联交易的信息披露制度是指关联交易的双方必须就关联交易的内容、数额、条件等签订关联交易协议,并向股东和社会公众披露。这一制度能够确保会计信息的相关性和可靠性,使投资者获得有关企业的真实信息,并可在一定程度上防止虚假关联交易的产生。

从国外的规定看,加拿大、新加坡和英国在对关联交易进行监管时,往往根据交易的重要性进行分类监管。不重要的关联交易,不需要进行信息披露;重要的关联交易,需要立即进行公告;特别重要的关联交易,不仅需要立即进行公告,而且需要获得股东大会的批准。在判断交易重要性时,这些国家不仅制定了定性的标准,而且还制定了具有实际可操作性的定量标准。

在多数国家和地区,关联交易的信息需要进行充分披露,包括关联方的姓名或名称、

---

① 参见〔英〕P. 迈恩哈特:《欧洲九国公司法》,赵旭东、杨仁家、顾永中译,罗典荣校,中国政法大学出版社 1988 年版,第 421 页。

② 参见同上书,第 146 页。

关联交易的背景、交易的各项条款、达成各项条款的依据、关联方从关联交易中所获利益、关联交易对上市公司的必要性以及关联方在就该交易进行表决时将放弃该表决权的承诺等。

根据我国《企业会计准则第 36 号——关联方披露》的规定，关联交易应当披露的信息主要有：

(1) 在存在控制关系的情况下，企业无论是否发生关联方交易，均应当在附注中披露与母公司和子公司有关的下列信息：① 母公司和子公司的名称。母公司不是该企业最终控制方的，还应当披露最终控制方名称。② 母公司和子公司的业务性质、注册地、注册资本（或实收资本、股本）及其变化。③ 母公司对该企业或者该企业对子公司的持股比例和表决权比例。

(2) 在企业与关联方发生交易的情况下，企业应当在会计报表附注中披露该关联方关系的性质、交易类型及交易要素。这些交易要素至少应当包括：① 交易的金额；② 未结算项目的金额、条款和条件，以及有关提供或取得担保的信息；③ 未结算应收项目的坏账准备金额；④ 定价政策。

(二) 独立董事发表意见制度

所谓独立董事发表意见制度，是指上市公司进行关联交易时，独立董事必须对关联交易是否有损公司和股东的利益发表意见。设立这一制度的目的，是希望独立董事凭借其利益中立的地位，代表中小股东对上市公司的关联交易行为进行监督，保证关联交易的公允性。在境外证券市场上，该制度已经得到了广泛的运用。

在我国，证监会在 2001 年 8 月发布的《关于在上市公司建立独立董事制度的指导意见》中明确要求，独立董事应当对上市公司重大事项发表独立意见：……上市公司的股东、实际控制人及其关联企业对上市公司现有或新发生的总额高于 300 万元或高于上市公司最近经审计净资产值的 5% 的借款或其他资金往来，以及公司是否采取有效措施回收欠款。此外，沪深证券交易所在其上市规则中也对独立董事必须对关联交易的公平合理性发表意见作出了明确的规定。

(三) 股东大会批准制度和股东表决权排除制度

股东大会批准制度是指关联公司的重大关联交易行为应经其股东大会表决通过，也就是把获得股东大会批准作为一些重大的关联交易合同生效的前提条件。从法理上说，股东大会是公司的最高权力机关，有权批准决定公司中的一切重大事项。股东大会批准制度的主要功能在于将关联交易的信息公开，确保其他股东能知悉有关情况，以便进行有效的监督。但必须指出的是，仅仅依靠股东大会批准制度并不能确保关联交易的公允性，从而维护公司和中小股东的利益。因为关联交易往往是在控制公司安排下进行的，在很多时候甚至就是控制公司直接充当关联交易的另一方当事人，由于控制公司掌握了从属公司多数有表决权的股份，股东大会批准制度就沦为形式和程序要求。因此，为实现对关联交易的有效监管，股东大会批准制度必须和其他制度，如股东表决权排除制度结合起来运用。

股东表决权排除制度,是指股东对于股东大会决议事项,有特别利害关系致有害于公司利益之虞时,该股东不得行使其表决权,也不得由他人代理行使,亦不得代理其他股东行使表决权的制度。根据股东平等的原则,股东所持每一股份有一表决权,此种权利原则上不得被剥夺和限制。但是,当股东对于股东大会决议事项存在有特别利害关系时,容易偏重个人利益滥用表决权,有害股东大会决议的公正性。尤其是在该股东直接或间接持有多数有表决权股份的场合下,如果不对其表决权加以限制,则股东大会的意志实际上仅是该股东个人意志的体现,这不利于保护公司及其他中小股东的利益。因此,许多国家和地区的公司立法规定有股东表决权排除制度。如我国台湾地区"公司法"第178条规定,股东对于会议之事项,有自身利害关系致有害于公司利益之虞时,不得加入表决,并不得代理他股东行使其表决权。

需要指出的是,股东表决权的排除只是一定条件下的一时性的休止,并非是恒久性地被剥夺或限制。① 同时,股东虽然不能行使表决权,但其作为股东的地位并不发生变化,其作为股东享有的其他股东权,如接受股东大会通知的权利、出席股东大会的权利、就股东大会议案发表意见的权利、提案权、质询权、分取股利等权利均不应受到侵犯。

(四) 不当关联交易的责任追究

面对实践中大量出现的不公允关联交易问题,《〈公司法〉司法解释(五)》规定,关联交易损害公司利益,公司请求控股股东、实际控制人、董事、监事、高级管理人员赔偿所造成的损失,被追责者仅以该交易已经履行了信息披露、经股东会或者股东大会同意等法律、行政法规或者公司章程规定的程序为由抗辩的,抗辩理由不能成立,仍应承担由此给公司造成的损失。

同时,如果关联交易合同本身存在无效或者可撤销情形,但公司没有起诉合同相对方的,股东可以行使代表诉讼请求法院确认合同无效或撤销,以维护公司利益。

在我国,公司集团的存在已经成为经济生活中的普遍现象,并对经济生活造成了很大的影响。然而,我国现行《公司法》仍然没有针对公司集团的问题作出专门规定,只是有一些零散的制度分布于《公司法》当中。例如,《公司法》第16条针对公司为股东、实际控制人担保规定的股东表决权排除制度、第20条规定的股东连带责任、第124条规定的董事回避表决制度等。

---

① 参见[韩]李哲松:《韩国公司法》,吴日焕译,中国政法大学出版社2000年版,第369页。

教 材 后 记

本教材(2020年版)是根据全国高等教育自学考试法律专业的考试计划,从造就和选拔人才的需要出发,按照全国高等教育自学考试指导委员会制定的《公司法自学考试大纲》的要求,结合自学考试的特点,由华东政法大学顾功耘教授担任主编、胡改蓉教授担任副主编编写而成的。吴斌、沙国华、曹政和刘志高曾参与过本教材第一版和第二版的写作。井涛、胡叶曾参与过本教材第三版的写作,其中,井涛在第三版中任副主编。对于他们对本书的贡献,表示衷心的感谢!

本教材(2020年版)的具体分工如下:

第一章第一节至第五节、第十一章、第十二章由顾功耘编写;第一章第六节、第八章、第九章由杨勤法编写;第二章、第十四章由陈岱松编写;第三章、第六章、第七章、第十三章由张璎编写;第四章、第五章、第十章由胡改蓉编写;第十五章、第十六章由伍坚编写。在此次2020年版的教材修订过程中,除第十四章外,其余各章由胡改蓉根据2013年、2018年《公司法》的两次修正以及最高人民法院先后发布的五个《公司法》司法解释、2019年修订的《证券法》、最高人民法院发布的三个《企业破产法》司法解释对相关内容进行了更新和初步修改,然后交各章节编撰作者审校,最后由顾功耘审核定稿。

参加本教材审稿并提出修改意见的有:中国人民大学刘俊海教授、北京大学刘凯湘教授、清华大学梁上上教授。在此,谨向他们表示诚挚的谢意。

全国高等教育自学考试指导委员会
法学类专业委员会
2020年1月